시낭송의 미학

시낭송의 대모 시인이 쓴

시낭송의 미학

장기숙

뱅크북

작가의 말

시를 좋아하는 사람은 가슴에 꽃씨를 심는 사람입니다
시를 즐기는 사람은 가슴에 꽃을 피우는 사람입니다
몸에서 시꽃이 피고 있음을 보았을 때
그 꽃이 시들지 않기를 바라며 매일 물을 줍니다

재능시낭송협회 회장 당시, 2002년
시낭송에 대한 이론의 필요성을 가지고
우리나라에서 처음으로
〈시낭송 이론과 실제〉 공저를 펴냈습니다.
그 후로 현장에서 시낭송을 들려주고
주문처럼 외운 시들이 가슴에 알알이 박힐 때
도끼로 찍은 듯 하나 흔적이 보이지 않고
숨은 듯한 기교(技巧)에 향유(香油)가 흐르고
그림이 그려지고 보여졌을 때
시낭송의 매력을 느낍니다.

가는 곳마다 시가 몸이 됩니다.
문학에 대한 갈증이 시수(詩水)로 목을 축이고 나면
일상은 맑은 정수기처럼 상큼한 길이 생겨납니다.
길 위에 또 다른 내가 있음을 느끼는 순간
나는 보았습니다.
낙엽은 부서져도 햇빛 속에 별처럼 빛나고 있음을
시의 부활이 낭송으로 빛나고 있음에 물고기도 춤을 춥니다
아름다운 시의 울림을 주신 모든 분께 감사드립니다.

2025. 3. 9
장기숙 시인. 시낭송가, 작가

추천사

시낭송의 맛과 향기

김소엽 시인
대전대 문창학부 석좌교수, 한국기독교 예총 회장

    시낭송에 대한 이론과 실제를 담아 낸 [시낭송의 미학]이 장기숙 시인이요. 시낭송가에 의해서 간행된 것을 우선 진심을 담아 축하드립니다. 지금부터 30여 년 전 시를 사랑하던 소년한국일보 김수남 사장과 파리 특파원이고 한국일보 편집국장이었던 김성우 명예시인과 함께 한국시인협회와 공동 주최인 시인 만세로 시 낭송의 불을 붙였다. 그와 동시에 재능에서는 전국소년소녀 시 낭송대회를 소년한국일보와 함께 개회하는데 스폰서로 동참하여 시 낭송에 활력을 불어 넣었다. 1992년 1월 제1회 재능 시낭송 대회에서 시낭송가로 등단했던 인물이 장기숙 시인이며 이후 한국 시낭송가의 대모 역할을 해 왔다.

    나는 제1회 전국 시낭송대회 때부터 심사위원으로 참석했기 때문에 그때의 시대 상황이나 사회적 분위기 등을 고려 종합적으로 판단했으며, 시가 시대정신이나 시낭송가의 음색과 음성 나이에 적합한지 하는 시의 선택까지도 고려했다. 무엇보다 시의 전달이 우선이기 때문에 시어 전달의 정확성 단어의 고저장단의 발성, 표현, 호흡, 리듬감 등을 주목했고 그다음에 전체적으로 시가 주는 감동이 얼마나 시낭송가에게 육화되어 전달이 되었는지, 시낭송가 자신이 그 시를 얼마나 이해하고 있으며 그 시에 얼마나 감동을 받았는지, 시가 낭송되었을 때 낭송자 자신이 그 시에 매료되어 감동해야 감동을 전 할 수 있다. 그러므로 이런 모든 것을 함께 봐야 하기 때문에 심사도 만만치 않았던 것이다.

시인이 시를 아무리 잘 써도 시가 알려지지 않으면 소용이 없다. 시가 활자로만 나와 있는 시를 누워있는 시라면 시 낭송이란 제2의 창작 예술이나 마찬가지이다. 알몸으로 누워있는 나체와 같은 시에 시낭송가가 아름다운 옷을 입히고 운율을 불어 넣고 생명을 불어 넣어 죽어 있던 시를 생명의 시로 거듭나게 하는 것이 낭송가들의 몫이다. 시가 꽃나무라면 시 낭송가는 그 꽃을 아름답게 피어나게 하는 꽃인 셈이다. 장기숙 낭송가가 어떻게 꽃을 피우냈는지 그의 평생을 통해서 경험하고 겪어왔던 모든 시 낭송의 예술 활동을 여러 가지 형태로 이 책 안에 소개하고 있다.

K-Culture가 전 세계를 휩쓸고 있는 이때에 우리의 전통문화를 이어 온 그 저력에는 시정신과 시의 혼이 모든 예술에 물이 스미듯 미치고 있었음을 우리는 알아야 한다.

바라기는 [시낭송의 미학] 출간을 계기로 시 낭송의 교과서가 되어서 이를 근간으로 우리나라에 더욱 눈부신 시 낭송의 발전을 바라 마지않는다. 세계 그 어느 곳에서도 찾아볼 수 없는 새로운 시 낭송의 기법이 창조적 발상으로 개발되고 발전하여 한국 문학의 세계화에 기여하며 더 나아가서 전쟁으로 부모와 자식을 잃은 사람들과 아프리카의 굶주린 사람들 난민들 등 이루 헤아릴 수 없는 상처 받은 영혼들에게 시로써 위로와 힐링을 주고 소망과 미래를 주게 되는 계기가 되기를 간절히 기원하는 바이다.

우리나라에 시 낭송의 실제와 이론서가 필요한 상황에서 좋은 책이 출간됨을 거듭 축하하며 이를 기폭제로 시 낭송이 세계화 되기를 다시금 간절히 기도한다.

추천사

시낭송 미학

이승하 시인
중앙대학교 문예창작학과 교수

 일찍이 시낭송 문화운동의 길을 걸어온 장기숙 낭송가가 시와 함께 살아온 자신의 열정을 담아 한 권의 책 『시낭송 미학』을 펴냈다.
 시낭송의 본산이라 할 수 있는 재능시낭송협회가 시초라고 볼 수 있는데 1991년 청와대 시낭송을 시작으로 1992년 1월 본선 대회가 처음으로 시작한 그때부터 30년 넘게 시낭송의 미학을 무대에서 실현하는 한편 시낭송과 공연을 하고 후학들을 가르치면서 경험한 것들이 이 책에 담겨 있다.
 요즘 전국적으로 시낭송 대회도 많아지고 사숙(私塾)도 많이 생겨났지만 현장에 가보면 낭독과 낭송을 구분하지 못하는 이들이 많다.
시의 맛을 잘 살려 낭송하면 시를 살리고 시인을 살리고
이 땅의 문학을 살릴 수 있다.
시는 애당초 시가였다.
민요나 판소리에만 가락이 있는 것이 아니다.
시의 운율을 살려 낭송함으로써 시가 우리의 삶 속으로 들어와야 한다.
바로 그 방법을 이 책은 우리에게 들려주고 있다.

목차

Ⅰ. 시낭송 운동
(1) 시를 사랑하던 사람 / 17
(2) 청와대 시인의 밤 / 22
(3) 타올라라 시의 불꽃이여! / 26

Ⅱ. 시에 대하여
(1) 시란 무엇인가 / 31
(2) 시의 이해 / 39
(3) 시의 갈래 / 45
(4) 시의 운율 / 50
(5) 죽은 시인의 사회 / 53
(6) 노벨문학상 작가 한강 / 55

Ⅲ. 말의 울림
(1) 발성의 기본요소 / 63
(2) 발성연습 / 67
(3) 발성을 위한 신체 호흡법 / 69
(4) 말하기 연출 / 76

⑸ 장단음(長短音)과 시의 실제 / 81
⑹ 받침의 발음 / 104

Ⅳ. 시낭송이란

⑴ 시낭송이란 / 115
⑵ 낭송문학 / 117
⑶ 시낭송의 흐름 / 119
⑷ 시를 날개한 시낭송가 / 123
⑸ 시낭송은 언어예술이다 / 126
⑹ 시 읽기의 즐거움 / 131
⑺ 암송은 별이다 / 133
⑻ 시 읊는 자세 (몸 가꾸기) / 137
⑼ 시 맛나게 표현하기 / 139
⑽ 시의 감정을 음악용어로 / 152
⑾ 시낭송 음보(音譜) 표기 부호 / 154
⑿ 시낭송 대회 심사기준 / 155

Ⅴ. 시낭송이 주는 향기

⑴ 힐링 시낭송 / 161
⑵ 빨갛게 익히는 시낭송 / 170
⑶ 예술로 승화시킨 시낭송 / 178
⑷ 시낭송의 맛과 향기 / 188
⑸ 열꽃같은 시의 파장 / 198

(6) 교감은 존재의 희망 / 204
(7) 시적 정신과 감동력 / 213
(8) 시로 소통하는 사회 / 222

Ⅵ. 낭독(朗讀)의 즐거움

(1) 낭독에 대해 / 237
(2) 낭독의 예문 / 243
  ① 달 항아리 / 243
  ② 사계(四季)의 환희(歡喜) / 245
  ③ 시계(時計)가 본 세상 / 247
  ④ 한강이 솟아 오른다 이근배 / 250
  ⑤ 젊은 별에게 이승하 / 254
  ⑥ 겨울 들판을 거닐며 허형만 / 257
  ⑦ 서울의 예수 정호승 / 259
  ⑧ 구부러진다는 것 이정록 / 261
  ⑨ 수싸움, 두통을 앓는다 안재찬 / 263
  ⑩ 소리풍경 나희덕 / 265
  ⑪ 원주율 조온윤 / 267
  ⑫ 달을 쏘다 윤동주 / 269
  ⑬ 인생의 시가서(詩歌書) / 272
  ⑭ 동방삭 사마천 / 276
  ⑮ 눈 내리는 저녁 숲 가에 멈춰 서서 로버트 프로스트(美) / 285

Ⅶ. 시낭송 공연

(1) 시낭송 공연 / 291
(2) 시낭송 공연의 형태 / 294
(3) 시낭송 공연의 다양한 방법 / 297
(4) 해설 시낭송 김소월 시세계 / 302
(5) 사부곡(思夫曲) 박경리 외 / 312
(6) 컵라면 증세-우울증 이규 / 317
(7) 그리운 어머니 신달자 외 / 320
(8) 아버지의 마음 김현승 외 / 327
(9) 풀잎의 노래 김소엽 / 332
(10) 국화 향기에 빠지다 / 336
(11) 시로 읽는 황진이 이생진 / 339
(12) 허난설헌과 허균 / 342
(13) 울리는 북이 되게 하소서 김영랑 외 / 348
(14) 윤동주의 사계(四季) / 353
(15) 가슴에 묻은 별 / 358
(16) 시낭송 행위예술 '병(甁)' 류인서 / 375

Ⅷ. 시가 있는 극본

(1) 시극·극본 / 383
(2) 우리의 등대 '월남 이상재' / 384
(3) 행복은 둥근거야 / 401
(4) 아름다운 귀천(歸天) / 415

IX. 시간을 함께한 사람들

⑴ 윤동주를 만난 문학관 / 431
⑵ 연변에 전한 시낭송 물결 / 435
⑶ 시낭송의 대모 mbc 이코노미 인터뷰 / 439

X. 시목록

⑴ 전국 시낭송대회 참가 시 목록 / 443
⑵ 수능 출제 작품과 꼭 읽어야 할 교과서 수록 현대시 작품 / 447

I
시낭송 운동

1. 시를 사랑하던 사람

시는 삶과 꿈을 가꾸는 언어의 집이다. 우리는 시로써 저마다의 가슴으로 노래로 채워 막힘에는 열림을, 어둠에는 빛을, 끊어짐에는 이어짐을 잇게 하는 슬기를 얻는다.

'시의 날' 선언문 중에서

11월 1일은 '시의 날'이다. 최남선의 신시 〈해에게서 소년에게〉가 1908년 〈소년〉지에 처음 발표된 날을 기념해 제정한 날이다.

최근 '시의 날' 한국시인협회가 문학평론가 10명에게 의뢰해 10대 시인과 대표시를 선정한 것은 문학사적 의미가 있다고 본다.

10대 시인과 대표 시로 결정된 시는 김소월 〈진달래꽃〉, 한용운 〈님의 침묵〉, 서정주 〈동천〉, 정지용 〈유리창〉, 백석 〈남신의주 유동 박시봉방〉, 김수영 〈풀〉, 김춘수 〈꽃을 위한 서시〉, 이상 〈오감도〉, 윤동주 〈또 다른 고향〉, 박목월 〈나그네〉이다.

시가 대중 앞에서 읊기 시작한 것은 당시 김성우(한국일보 논설위원. 주간 한국사장)님이 「시인 만세」에서 시낭송 콩쿠르를 부활시켰고 1987년에는 신시(新詩) 80년을 기념하는 「시인 만세」를 세종문화회관에서 행사를 대대적으로 열면서 시 낭송 바람이 일기 시작했다.

잠자던 시들이 일어나 소리를 발하고 감동이 밀려올 즈음, 진실로 시를 사랑하는 사람이 있었다. 소년한국일보 사장이셨던 김수남 선생님이다. 선생님은 시 낭송의 확산을 위해 동분서주했다. 재능교육 박성훈 대표의 적극적인 지원으로 1991년 8월 어린이 시 낭송대회를 열고, 이어서 1991년 10월 25일 한국일보와 재능교육 공동 주최로 제1회〔전국 어머니 시낭송 대회〕예선이 서울 한국일보 강당에서 열렸다.

이듬해 1992년 1월 22일 본선을 치루면서 처음으로 '시낭송가'증이 발급됐는데 심사 위원장이신 미당 서정주 이름으로 발급됐다.

우리나라 처음으로 생긴 또 하나의 이름! '시낭송가' 새로운 칭호가 탄생된 것이다. 그리고 그해, 1992년 '청소년의 해'를 맞아 5월에서 6월까지 「시와 시가곡의 무대」가 열렸다. 고등학교(계성 여자고등학교, 배재 고등학교, 대광 고등학교 등) 강당에서 진행되는 행사에는 시인, 음악가, 시낭송가가 참여하면서 학생들의 가슴속에 시낭송의 불씨를 던져주었다. 학교 순회공연을 마치고 시가 들어오고 보이기 시작했다. 1993년에는 민주자유당 「시와 음악의 밤」 행사를 비롯, 시인과 시낭송가의 행사는 이어졌다. 김수남 선생님은 정치, 경제, 교육, 문화 모든 분야에 시인과 시낭송가를 초대했다. 팜프렛에 시낭송가 장기숙이라는 이름을 만났을 때의 감회는 길 잃은 양이 길을 찾은 기분이었다.

그 후로도 백상 기념관(지금의 안국동 로터리에 있는 송현공원)에서 시 낭송회를 열어 시상도 하고 매월 시 카드(재능교육 제작)를 만들어 보급하였다.

무딘 가슴에 건네준 시 카드는 시유(詩油)였다. 그로 하여 눈빛과 마음이 부드러워지고 시를 통해 정서적 교육적 변화가 달라지고 상투적인 언어에서 시적 언어들로 감정 표현들이 마음을 움직이면서 거리 곳곳마다 문화 공간마다 시 낭송의 꽃이 다양하게 피어나기 시작했다. 그렇게 꿈틀거리던 시들이 날개를 달고 날기 시작하면서 1993년 '시사랑 어머니회' 시낭송의 모임이 잠시 운영되다가 해체되었다. 그 후 김수남 명예시인과 회원들이 다시 모여 1996년 12월 김송희 시인을 추대하고 '재능 시사랑회'가 새롭게 출발했다. 그리고 1997년 3월 17일 제1호 '시사랑 회지'도 발행하며 새로운 도약을 시작했다.

지역마다 지부(支部)가 생기고 시의 물결은 시 낭송의 열기로 뜨거워지고 있었다. 이듬해 1998년부터 시낭송가(1기 지영란)가 회장직을 맡으면서 명칭도 재능시낭송협회로 변경. 지금까지 이어오고 있다.

그렇게 이어온 재능시낭송협회는 우리나라 시낭송운동의 본산(本山)이 되었다.

그 뒤로 시낭송의 물결은 KBS TV 낭독의 발견, 북 채널, 조선일보 책 함께 읽자, 4월 23일 '세계 책의 날' 릴레이 시낭송에 이어 전국적으로 시낭송 문화가 확산되었으며 지금은 시낭송대회도 많이 생겨났다. 시낭송 르네상스 시대를 맞은 것이다. 가는 곳마다, 행사장마다 시를 낭송하는 사람들이 관객들에게 시의 울림을 주고 사랑받고 있다는 건 즐거운 일이다.

해마다 경연 대회가 성황리에 이어지고 전국 재능 시낭송대회로 전국 시낭송 경연대회로 자리를 잡아가는 동안 나비효과가 일어났다.
전국 각지에서 시인별, 지역별 시낭송 대회가 열리고, 시낭송 모임도 다양해졌다. 말(言)만 무성한 사회는 부패할 수 있지만, 시(詩)가 무성한 사회는 꽃을 피울 수 있다. 바로 문학이 주는 감동이다.

영국인들은 셰익스피어의 대사를 외우며 품격과 긍지를 심어주고, 프랑스인들은 어려서부터 명시를 외우게 하여 모국어의 중요성을 일깨운다고 한다. 우리는 무엇을 심어줄 것인가. 우리말처럼 아름다운 말이 없다. 일제의 탄압 당시 한국어 말살 정책에도 윤동주 시인은 마지막까지 아름다운 모국어를 놓지 않았다. 이재무 시인은 말한다. 윤동주의 시를 읽는 것은 우리의 자부심이자, 축복이라고. 시를 읽고 민족에 대한 자긍심을 갖게 하고 들려주는 일, 시인의 몫이요. 시낭송가의 몫이라 생각한다.
시를 진실로 사랑하던 사람은 지금 보이지 않지만 그 이름 가슴에 남아있다. 아름다운 우리나라 시를 보급하기 위해, 정서함양을 위한 시교육을 위해 나에게 주어진 하나뿐인 인생 무대에 시낭송으로 찬란한 횃불을 든다. 살아있는 날까지.

재능시낭송협는 1991년 10월 25일 전국 시낭송 서울 대회를 기점으로 「시낭송의 날」로 정했다.

2. 청와대 시인의 밤

1991년 10월 31일 저녁 8시 청와대 춘추관에서 '시 문학의 밤' 행사가 진행됐다. 나는 제1회 전국 시낭송 서울대회 수상자 대표로 참가해 낭송했다.

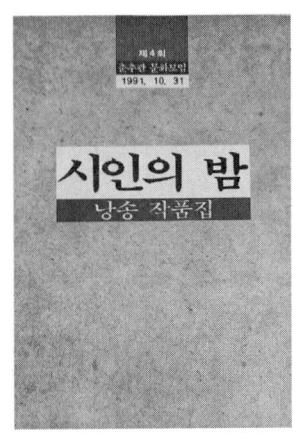

청와대에서의 시인의 밤

청와대 춘추관에서 '시인의 밤'에 대한 추억입니다.

1991년 10월 31일 저녁 8시에 가을의 정취가 한창 깊어가는 밤이었습니다.

대통령 내외분을 비롯하여 초대된 시인들과 몇몇 관계자들이 자리를 잡았습니다.

시인이며 당시 소년한국일보 사장 김수남 선생의 사회로 진행된 참으로 낭만이 있는 모임이었습니다.

이 행사는 연출가 임영웅씨가 연출을 했었으니 작은 모임이지만 참으로 알차고, 매끄럽고, 그리고 유연한 진행이었습니다.

저녁식사를 겸한 모임이어서 더욱 따뜻함이 있었습니다.

자작시의 낭송으로 홍윤숙 시인의 '네가 오는 가을 산 눈부심을' 첫 테이프를 끊었습니다. 이어서 황금찬 시인의 '별과 고기', 김후란 시인의 '눈의 나라', 박재삼 시인의 '울음이 타는 가을 강'으로 끝을 맺었습니다.

이어 명시 낭송은 텔런트 김혜자씨의 '김영랑의 모란이 피기까지는', 국민배우라 일컫는 안성기씨가 이육사의 '청포도'를, 후에 장관을 지낸 연극인 손숙씨가 한용운의 '님의 침묵'을 프로답게 감정의 깊숙한 곳을 우려내는 듯한 목소리로 낭송을 했습니다.

다시 자작시 낭송 순서에서 박성룡 시인이 '생활'을, 시인 유안진 교수가 '밤'을, 오세영 시인이 '꽃씨를 묻듯', 강계숙 시인이 '동반·5'를, 지금 현대시학 사장으로 있는 정진규 시인이 '들판의 빈집이로다'라는 인생과 세상의 무게가 담겨 있는 시를 낭송했습니다.

이어 순서를 바꿔 당시 경원대 교수 성악가 임정근씨가 김소월의 '초혼'과 정지용의 '향수'를 박원후씨의 반주로 청와대에 깊어가는 가을밤을 멋진 가곡으로 분위기를 가꾸었습니다.

다시 명시 낭송은 시낭송대회 수상자로 초대된 장기숙씨가 변영로의 '논개'를 낭낭하게, 그리고 가슴 깊은 곳에서 배어나온 감정으로 낭송해 주었습니다.

또 다시 자작시 낭송에서는 신달자 시인의 '꽃'을, 이근배 시인이 '겨울행'을, 허영자 시인이 '휘발유', 이형기 시인이 '낙화'를 낭송 분위기가 고조되었습니다.

그리고 국악인 박윤초씨가 유치환의 '그리움'을 시창으로 또 다른 시의 세계를 표출해낸 것이 의미가 있었습니다.

그 가운데서도 이창동 감독의 영화 '시'로 2010 대종상 여우주연상을 받은 윤정희씨가 '서정주'의 '자화상'을 완전히 암기하여 낭송하는 모습은 그날 밤의 압권이었습니다.

-전략-

스물세 해 동안 나를 키운 건 팔할(八割)이 바람이다.
세상은 가도 부끄럽기만 하드라.
어떤 이는 내 눈에서 죄인을 읽고 가고
어떤 이는 내 입에서 천치(天痴)를 읽고 가나
나는 아무것도 뉘우치지 않을란다.
찬란히 피워오는 어느 아침에도
이마 위에 얹힌 시(詩)의 이슬에는
몇 방울의 피가 언제나 섞여 있어
볕이거나 그늘이거나 혓바닥 늘어트린
병든 수캐 마냥 헐떡거리며 나는 왔다.

참석한 모든 이들이 숙연해졌고 그 자화상이 참석자 모두의 자화상인 듯했습니다.

그날 노태우 대통령은 참석자들의 요청을 받아들여 '베사메무쵸'를 노래하여 좌중을 즐겁게 해주었습니다.

메마른 국사(國事)만 다루는 것만 같은 청와대 안에서 비록 작은 홀 안에서 이루어진 행사이긴 해도 따뜻함이 전해지는 행사였습니다.

필자는 시낭송은 하지 못했어도 행복한 초대가 되었던 것만으로도 추억이 되었습니다.

유화웅 백영고등학교 교장. 시인
(안양광역신문)

시낭송 운동을 일으킨 김수남 명예시인에게 띄우는 이근배 시인의 추모시

타올라라 시의 불꽃이여! 이 땅의 노래여!

김수남 명예시인 10주기에 부쳐

하늘 울리는 소리 들립니다
산과 물을 울리는 소리 들립니다
시로 해가 뜨고 해가 지는 나라
먼 옛날부터 이 겨레 가슴에 솟구치던
그 시의 불꽃을 온몸으로 터뜨리던
김수남 시인의 목소리가 들립니다

지금은 하늘과 땅이 손잡고
푸르러만 가는 신록의 계절
나무도 풀도 꽃도 새도 모두 일어나
이 산천 굽이굽이 넘쳐나는
시의 목소리에 귀를 기울입니다
아니 저마다의 빛깔 고운 목청으로
낭랑하게 시를 외우고 있습니다

누가 잠들었던
이 땅의 시를 깨웠습니까
메말라가는 이 시대의 마음 밭에
누가 시의 우물을 길어 올리고
씨앗을 뿌리고 꽃을 피웠습니까

오랜 밤을 시를 품고 안으로 끓이며
시의 아침을 기다리던 사람
더불어 시의 잔치마당을 열고
「시인만세」를 부르고 싶었던 사람
마침내 한 사람을 만났습니다
1987년 11월 1일
시의 나라에 「시인만세」가 생기고
서울 광화문은 시에 목마른 사람들로
시의 산, 시의 강물을 이루었습니다.

II
시에 대하여

1. 시란 무엇인가

　시란 문학의 한 부분으로 자연, 인생들의 모든 사물에 대하여 일어나는 정서, 감흥, 상상, 사상 등을 운율적 형식으로 표현 서술한 것이다. 라고 사전에 적고 있다. 언어의 의미, 소리, 운율 등에 맞게 선택 배열한 언어를 통해 경험에 대한 심상적인 자각과 특별한 정서를 일으키는 문학의 한 장르이다.

　시인들은 시를 어떻게 말하는가?

　T.S 엘리어트는 시는 오류의 역사이다.
　에드거 A 포우는 시는 미의 운율적 창조다.
　윌리엄 워즈워드는 시는 강한 감정의 자연적 발로다.
　라이너 마리아 릴케는 시는 체험이다.
　토마스 칼라일은 음악적 사상을 시라고 부른다.
　조지훈은 우주의 생명적 진실이 사상의 정서적 감동으로 쓴 언어의 율동적 조형이다.

김기림은 시는 언어의 건축이다.

 오래전 계간 시인세계 가을호 특집에 '시인에게 시를 묻다'가 실렸다. 44명의 시인의 말 중 메모해 두었던 한 마디. 김종철 시인은 똥이라 말한다. 미아리 낡은 강의실에서 목월도 말했고, 미당도 말했고, 김규용도 학생들에게 담배를 빌려 피우며 말했고, 소설 창작을 가르치는 동리도 불쑥 한마디 했던 그것! 오늘은 나도 한마디 할란다. '똥'이야.

시는 만든다고 만들어지는 것이 아니다. 가슴에 뭔가 넘쳐서 토해내는 것들이라 말한다.

김종해 시인은 '살아있는 시의 혼을 담아 내 사람의 마음을 움직이는 일'이 시인의 몫이다.

이근배 시인은 시는 개똥참외. 누구든지 먼저 본 사람아 따먹는 것, 이라고

오래전 타계한 이오덕 시인은 시에 대해 많은 것을 우리에 말하고 있다.

시는 사람의 마음을 따뜻하게 해 주는 것이다.

시는 우리 겨레가 가진 가장 소중한 것을 찾아내는 것이다.

시는 야성의 소리다.

시는 사람의 마음을 뒤흔들어 놓는 압축(壓縮)한 말이다.

뒤흔들어 놓는다는 것은 '참 그렇구나'하고 감동하게 한다는 말이다.

시인이 느끼고, 관찰하고, 상상한 경험을 창고로부터 발췌하고 결합한 언어의 창조물을 본다. 독자를 위해 고통도 축복으로 승화시키고 자

기만의 밀월을 떠나도 보고, 보이는 듯 보이지 않는 세계로 여행을 즐기기도 한다.

좋은 글을 만났을 때는 심장도 할 일을 잊은 체 섬뜩 멈춰버린다.

시는 음악적으로 형성화 된 운율이 있어 언어예술이라고 말들을 한다.

시낭송을 하면서 맑은 샘에서 터져 나온 보석같은 시어들을 컵에 담아 마셔본다. 천천히 품격이 다른 말들을 마시다 보면 무언가 정화되는 느낌이 든다. 이 물은 우리들 마음 밭에서 사랑과 그리움을 움터나게 하고 마음의 허물을 씻어주기도 한다.

나태주 시인이 쓴 '시'를 읽어보자.

   그냥 줍는 것이다

   길거리나 사람들 사이에
   버려진 채 빛나는
   마음의 보석들

나태주 시인의 '시' 시작(詩作)을 보면 시가 보이는 듯하지만 마음의 보석을 찾기란 쉬운 일이 아닐 수도 있다. 시를 쉽게 풀이한 글이다. 마음이 따뜻해진다.

위대한 시인은 위대한 상상력의 소유자다. 남이 못 보는 것을 보고 남이 듣지 못하는 것을 듣는 사람이다. 시를 읊는 사람도 이와 같은 생각이다.

함민복 시인의 '긍정적인 밥' 전문을 읽으면 애틋하면서도 편안하다.

시 한 편에 삼만 원이면
너무 박하다 싶다가도
쌀이 두 말인데 생각하면
금방 마음이 따뜻한 밥이 되네

시집 한 권에 삼천 원이면
든 공에 비해 험하다 싶다가도
국밥이 한 그릇인데
내 시집이 국밥 한 그릇만큼
사람들 가슴을 따뜻하게 덥혀 줄 수 있을까
생각하면 아직 멀기만 하네

시집이 한 권 팔리면
내게 삼백 원이 들어온다
박리다 싶다가도
굵은 소금이 한 됫박인데 생각하면
푸른 바다처럼 상할 마음이 하나 없네

- 함민복 시집 '모든 경계에는 꽃이 핀다' 「창비 1996」

시를 쓰는 일이란 꼭 집어서 말하기란 어려울 수도 있지만 시를 쓰는 일은 자신과의 싸움이다. 언어의 보석을 캐내는 일이다. 자신과 이웃, 영적인 관계에서 일어나는 순수한 감정들이 어떻게 자신을 이겨내고 걸어왔는지 자연과 모든 사물들을 만나 인사하면서 느끼는 감정들이 무엇인지 적어본다.

함민복 시인의 '긍정적인 밥'을 읽으면 마음이 평온해진다. 어렵고 힘든 가운데서 쓴 시가 우리에게 울림을 주는 것은 시의 진정성이다. 좋은 시를 만나면 그냥 기분이 좋고 힐링이 되고 감동이 된다.

지금은 시집 한 권에 일만원에서 일만 오천원으로 가격세가 올랐어도 시인은 여전히 외롭고 언어와의 신성한 다툼은 계속되고 있다.

시는 시인만의 소유물이 아니라 우리 모두가 소유할 수 있는 문화의 소산이기에 정신적인 면에서도 필요한 것이다.

'자서(自序)'라는 김기택 시인의 시가 있다.

> 한때 내 가슴에서 떨며 살았던 순진하고 둔한 말들,
> 아직도 내 머리를 고정관념과 편견으로 둘러싸고
> 싫어하는 이 말들로부터 벗어나,
> 이제 다시 가난한 주머니가 되고 싶다.
> 배고픈 내장이 되고 싶다. 가벼운 머리가 되고 싶다.

시인의 마음이 잘 그려진 자서. 우리는 생각에 순한 말들이 돌아다녀

도 그것들을 표현하지 못할 때가 많다. 시를 읊다 보면 표현이 생각대로 안될 때가 있다. 표현 행위가 부족하기 때문일 것이다. 글을 쓰고 마음이 느낀 감정들을 텍스트로 옮기다 보면 이탈되기도 하고 가슴을 후벼파며 삭히기도 하고 언어와 격투를 벌이기도 한다. 나도 가벼운 머리가 되고 싶다. 삶 속에 시가 살아움직인다는 것, 그건 살아있음을 몸으로 느끼는 것이다.

김광섭 시인의 '시인(詩人)'

꽃은 피는대로 보고
사랑은 주신대로 부르다가
세상에 가득한 물건조차
한 아름 꽉 안아 보지 못해서
전신을 다 담아도
한 판에 2천원 아니면 3천원
가치와 값이 다르건만
더 손을 내밀지 못하는 천직(天職)

늙어까지 아껴서
어릿궂은 눈물의 사랑을 노래하는
젊음에서 늙음까지 장거리의 고독!
컬컬하면 술 한 잔 더 마시고
터덜터덜 가는 사람

신이 안 나면 척도 안 하다가
쌀알만 한 빛이라도 영원처럼 품고

나무와 같이 서면 나무가 되고
돌과 같이 앉으면 돌이 되고
흐르는 냇물에 흘러서
자국은 있는데
타는 놀에 가고 없다.

- 제1호 「시사랑」 1998. 1. 19.

    김종삼 시인은 50년 오랜 세월을 시인으로 살면서 시인의 세계와 그 일생을 진지하게 보여주고 있다. 꽃은 아름다운 진실에 따라 음미하고, 사랑은 신이 주신 진실에 따라 노래한다. 세상 사람들은 부귀를 향해 전신을 던지기도 하겠지만 시인은 시에 전신을 던지고 있다. 물질에 사는 것이 아니라 정신에 살고 있음을,
    우리는 영원한 정신의 꽃인 시를 사랑하는 것이기에 시와 살고 있다. 시인의 삶은 모든 일상이 시처럼 보일 때가 있다. 밥도 사랑하기에 시처럼 보이는 것이다. 시인은 시가 삶이요. 인생의 그림자이고 생명이고 사랑이고 호흡이기에 신이 주어진 가장 가치 있고 아름다운 작업이다.
    그리스에서 시는 신탁이라 해서 신의 뜻을 전하는 사람을 시인이라 했다. 구약시대 선지자들은 하나님의 말씀을 받아 진술할 뿐 자기의 생각을 보탤 수 없었다. 공자도 술이부작(述而不作)이라 하여 그냥 뜻을

진술할 뿐 자기가 짓지 않는다고 했다.

허형만 시인은 아송문학 인터뷰에서 시를 쓸 때에는 세 가지 신비가 있다고 한다. 첫 번째는 빛과 소리의 신비, 두 번째는 만남의 신비, 세 번째는 은총의 신비입니다. 시는 체험이지 상상이나 지식만으로는 쓸 수 없다고.

한국시인협회장을 지낸 유자효 시인은 '시에 대하여' 이렇게 적고 있다.

시에 쓰이는 언어를 시어(詩語)라 한다. 시어는 일상어를 선택하고 가다듬어서 그 시에 알맞은 형태로 변형시킨다. 시어를 선택하고 갈고 닦는 작업을 시적 조사법(詩的 調査法)이라고 한다.

시의 기본 정신은 노래하는 정신이며 창조하는 정신이다.

시를 쓰는 사람은 시인이지만, 시의 감동을 가장 효과적으로 전달하는 사람은 시낭송가이다. 나는 시낭송가가 부럽다. 그는 시인의 고통을 알 필요가 없기 때문이다. 시인이 창조해 낸 아름다움과 감동만 즐기면 되기 때문이다. 라고

요즈음은 시낭송가라는 명칭이 없어도 시를 낭송하거나 낭독하는 분들을 자주 만난다. 시를 쓰고 즐기는 분들이다. 시로 소통하는 사회는 아름답다.

2. 시의 이해

 시를 이해하기 위해 적어도 시란 무엇인가에 대한 최소한의 감정적인 이해가 필요하다. 감정적(感情的)이란 말을 쓰는 것은 독자가 시는 이렇다 정의하는 것보다는 시를 감상하는 것이 효과적이기 때문이다. 왜냐하면 시어는 다른 사물들을 비유해서 말하기도 하고 다른 경우로 쓰이기 때문이다.
 수영을 배우려고 하는 사람이 제일 먼저 해야 할 것은 물속으로 들어가 몸을 놀리는 일이다. 마찬가지로 좋은 시를 많이 읽으면 시 이해에 도움이 된다. 시안(詩眼)이 트이고, 좋은 시와 그렇지 못한 시에 대한 분별이 생기게 된다.
 시를 이해하기 위한 질문을 자신에게 던져보자.
 첫째, 누가 화자이고 어떤 상황에 쓰인 글인가?
 독자가 실수하는 것 중에 하나는 시의 화자를 시인 자신이라고 보는 시각이다. 자신의 감정과 사상을 말하고 표현하기도 하지만 개인보다 평범한 인간을 대변해 쓰기도 하고, 다른 사람의 문제를 내 문제처럼 다룰 수도 있기 때문이다.

둘째, 시의 중심 의도가 무엇인가?

시는 산문과 달리 모호하고 애매한 속성이 있다. 그것을 시의 속성이라고 한다.

김소월의 시를 일반적으로 쉬운 시라고 치부하지만 깊이 들어가면 그의 시처럼 모호하고 애매한 시가 많다고 한다.

시의 의도가 인간의 무제를 다루기도 하고 어떤 사건을 시적으로 그리기도 하고, 사상이나 태도의 감정을 생생하게 전달하기도 한다. 시를 시답게 하는 시어를 찾아 떠나서 돌아올 때 독자는 그들의 기능과 의미를 충분히 이해할 수 있다.

시는 의사소통에 관한 것이 아니라 우리의 삶을 의식하고 지각하고 사물과 존재를 예리하게 확대시킨다. 시적 언어를 직접 전달하지 않고 어떤 현상이나 사물을 빗대어 비유법을 표현한다. 직유법, 은유법, 의인법, 돈호법, 강조법(과장, 반복, 영탄, 점층, 열거, 대조)이나 변화법(도치, 설의, 대구, 생략)을 써서 시문을 사용하여 시에 생명력과 친밀감을 주기도 한다. 독자들이 이해하는 차이가 다를 수 있겠으나 시의 중심의도가 무엇인지 들여다보는 시적 안목을 키워야겠다.

시는 시로서 이해하고 읽어야 한다.

어느 시인이 노래로 만들어진 시를 성악가가 부르는데 이해가 되지 않아 물었다 한다. 가사가 이해되지 않은 상태에서 불렀을 때와 시를 바로 이해하고 혼신의 힘을 다해 불렀을 때의 차이는 클 것이다. 바른 이해를 가지고 불렀을 때 진정성이 나오는 것이고 감동을 하는 것이다.

언어는 언어로만 존재하지 않는다. 감성적인 언어를 몸에서 우려내야 하는데 이해를 못한 상태에서 우려낸다면 말뿐인 자리에 머물고 말 것이다. 특히 시를 낭송하는데 이미지가 쉽게 그려지는 시는 이해가 쉽다해도 시가 무슨 말을 하는지 어디에 비유하고 환유한 것인지 이해하고 낭송한다면 깊이 있는 낭송이 될 것이다.

시가 밥 먹여 주냐? 지금도 시가 육체적 밥이 되기 어렵지만 빵이 절실히 요구될 때 시를 먹으라고 한다면 잔인하겠지요. 그러나 시는 때로 슬픔도 아름다움이 되고 평화와 아름다움을 상징한다. 그래서 시는 예술이다. 예술로 승화시키기 위해 유연한 상상력을 발휘해서 읽어야 한다.

예로 윤동주 시인의 '투르게네프의 언덕'과 투르게네프가 쓴 '거지'를 읽어보면 보인다.

투르게네프의 언덕 - 윤동주

나는 고갯길을 넘고 있었다 ──그때 거지가 나를 지나쳤다.
첫째 아이는 잔등에 바구니를 둘러메고, 바구니 속에는 사이다병, 간즈메통, 쇳조각, 헌 양말짝 등 폐물이 가득하였다.
둘째 아이도 그러하였다.
셋째 아이도 그러하였다.
텁수룩한 머리털, 시커먼 얼굴에 눈물 고인 충혈된 눈, 색잃어 푸르스름한 입술, 너덜너덜한 남루, 찢겨진 맨발,

아아, 얼마나 무서운 가난이 이 어린 소년들을 삼키었느냐!
나는 측은한 마음이 움직이었다.
나는 호주머니를 뒤지었다. 두툼한 지갑, 시계, 손수건…… 있을 건 죄다 있었다.
그러나 무턱대고 이것들을 내줄 용기는 없었다. 손으로 만지작 만지작거릴 뿐이었다.
다정스레 이야기나 하리라 하고 「얘들아」 불러보았다.
첫째 아이가 충혈된 눈으로 흘끔 돌아다볼 뿐이었다.
둘째 아이도 그러할 뿐이었다.
셋째 아이도 그러할 뿐이었다.
그리고는 너는 상관없다는 듯이 자기네끼리 소곤소곤 이야기하면서 고개로 넘어갔다.
언덕 위에는 아무도 없었다.
짙어가는 황혼이 밀려들 뿐

'거지' - 투르게네프

거리를 걷고 있노라니
늙어빠진 거지 하나가
나의 발길을 멈추게 한다.
눈물어린 충혈된 눈, 파리한 입술, 다 헤진 누더기 옷,
더러운 상처
오, 가난은 어쩌면 이다지도 처참히
이 불행한 인간을 갉아먹는 것일까!
그는 빨갛게 부푼 더러운 손을 나에게 내밀었다.
그는 신음하듯 중얼거리듯 동냥을 청한다.
나는 호주머니란 호주머니는 모조리 뒤지기 시작했다.
지갑도 없다. 시계도 없다, 손수건마저 없다.
나는 아무 것도 가진 것이 없었다.
그러나 거지는 기다리고 있다.
나에게 내민 그 손은
힘없이 흔들리며 떨리고 있다.
당황한 나머지 어쩔 줄을 몰라,
나는 힘없이 떨고 있는
그 더러운 손을 덥석 움켜잡았다.
"용서하시오, 형제, 아무 것도 가진 게 없구려"
거지는 충혈된 두 눈으로 물끄러미 나를 바라보았다

그의 파리한 두 입술에 가느다란 미소가 스쳤다.
그리고 그는 자기대로 나의 싸늘한 손가락을 꼭 잡아주었다.
"괜찮습니다, 형제여" 하고 속삭였다.
"그것만으로도 고맙습니다. 그것도 역시 적선이니까요"
나는 깨달았다.
나도 이 형제에게서 적선을 받았다는 것을.

투르게네프의 산문 '거지' 장만영 시인 번역

'투르게네프 언덕'은 투르게네프의 '거지'와 흡사한 부분이 있다. 윤동주 시인은 아무런 손해도 없이 감사와 인심을 획득하는 투르게네프의 '거지' 식의 차선이 지니는 자기 기만성과 부정직성을 폭로하는 작품을 써서 〈투르게네프의 언덕〉이라고 했다

작품 구도를 보면 주머니에 '지갑, 시계, 손수건-----.' 등 있을 것을 설정해 놓았다. 우리의 뿌리 깊은 가식과 헛된 이웃사랑을 거침없이 조롱하고 풍자한 풍자시다.

시를 이해하지 못하면 윤동주는 다 가지고 있으면서 왜 머뭇거렸지? 잘못 오해하며 읽을 수 있다. 다른 감성의 표현이 나오므로 시를 이해하고 시대적 상황을 들여다 보고 낭송하면 좋겠다.

3. 시의 갈래

◆ 형태상의 분류

* 정형시(定型詩)

정형시는 한자어 그대로 시의 구조나 시구, 또는 리듬에 있어서 정해진 정형화된 시를 말한다. 시의 배열이 규칙적으로 드러나 있어 운율이 일정한 시다.

우리나라 경우에는 음수율이나 음보율을 지닌 정형시가 많다.

* 자유시(自由詩)

형식이나 운율이 어떠한 형식적 제약을 거의 받지 않고 자유롭게 쓰는 시다. 주로 오늘날 우리가 쓰고 있는 모든 현대시가 여기에 해당된다.

* 산문시

시의 행과 연의 구분이 없이 자유로운 형식으로 쓴 산문 형태로 된 시다. 산문시는 정형시처럼 외형적 운율이 없고, 자유시처럼 다양한 리듬의 변화나 행, 또는 연의 구분이 분명치 않은 산문체로서 서정적인 내용을 가진 것을 말한다.

◆ 내용상의 분류

* 서정시(抒情詩)

서정시란 개인의 주관적인 사상과 감정, 체험이나 생각, 느낌을 주관적으로 쓴 시. 그래서 읽는 이에게 시인이 느꼈던 감동과 체험을 그대로 전이시키는 것에 관심이 많은 시다. 시 낭송대회에 주로 서정시가 대세를 이루고 있으며 서정시가 주는 힐링의 힘이 많은 사람의 가슴을 울리고 있다.

* 서사시(敍事詩)

역사적 사실이나 체험, 영웅의 사적이나, 전설 실화 등을 서사적 형태로 쓴 시다. 개인적인 느낌이나 정서표현 위주가 아니고 역사적· 신화적 사실에 대한 서술이니 만큼 객관적 묘사가 위주가 되어야 마땅하겠지만 민족적 영웅들의 일화나 신화, 전설 등을 다룬 서사시에서는 필자의 주관적 감정이 많이 개입되어 어떤 인물의 찬양이 도에 지나친 경우도 없지 않아 있다.

서양의 서사시로서 대표적인 것에는 호머의 『일리아드와 오디세이』가 있다. 일리아드는 기원전 700년경에 쓰인 대서사시다. 그리스 작가 호머(Homer)의 작품으로 트로이를 배경으로 쓰인 오디세이

(Odyssey)와 더불어 서양 문학에 가장 큰 영향을 미친 작품이다. 일리아드가 트로이 전쟁의 원인과 경과를 그리고 있는 반면 오디세이는 전쟁 후 고향으로 돌아가는 오디세우스가 겪는 모험을 노래하고 있다. 이 두 서사시는 트로이 전쟁에 관한 가장 오래된 기록물로 수천 년간 유럽인들의 사랑을 받아왔다.

시의 내용은 트로이 전쟁 영웅 오디세우스(Odysseus)의 10년간에 걸친 귀향 모험담이다. 때문에 서양 문학사에서는 모험담의 원형으로 주목된다. 일리아드와 마찬가지로 시는 총 24편으로 나누어지며, 6각운(Hexametre)으로 작곡되었다. (사전 참조)

그 외 중세 독일의 『니벨룽겐의 노래』, 『롤랑의 노래』 등이 있으며, 우리나라의 서사시로는 이규보(李奎報)의 『동명왕기(東明王記)』, 이승휴(李承休)의 『제왕운기(帝王韻記)』 등이 있으며, 우리나라의 대표적인 작품으로 유엽의 '소녀의 죽음'과 김동환의 '국경의 밤' 김용호 작가의 '남해찬가'를 뽑을 수 있다. 남해찬가는 재능시낭송협회에서 윤송으로 여러 번 무대에 올려져 갈채를 받은 작품이기도 하다. 2023년에는 '시의 날' 기념 시민과 함께하는 시낭송회가 '광화문 충무공 동상 옆 특설무대에서 한국시인협회와 현대시인협회가 주최하는 행사가 진행됐다. '광화문에서 시를 노래하다' 행사에는 배우와 시인, 성악가, 시낭송가 문인들이 시민과 함께 격조 높은 시 문화를 즐길 수 있는 의미 있는 행사였다. 이날도 이순신 장군 동상 앞에서 서사시 '남해찬가'가 울려퍼졌다. 많은 사람들 가슴속에 큰 울림을 준 윤송 낭송이었다.

세종문화회관
차혁수, 국혜숙, 윤성옥, 김경복, 전지영, 장기숙, 홍성훈

'시의 날' 광화문
김경복, 정영희, 윤정희, 이주은, 이숙자

* 극시(劇詩)

극시는 서정시·서사시와 더불어 시의 3대 장르의 하나이다. 극시란 사전적 의미로 보면 극의 형식을 가진 시라는 뜻이다. 그러므로 극시는 희곡과 밀접한 관계가 있어 희곡의 형식을 빌려 쓴 시, 연극적 요소를 담고 있는 장편의 시로 제1차 세계대전 이후 시정신을 찾자는 표현주의 연극 운동이 일어나면서부터 시극(詩劇, Poetic Drama)이 생겨났다고 한다.

우리나라에서는 '시극 동인회'로부터 시극 운동이 전개되었다 한다. 1966년 6월에 단막 시극 〈그 입술에 패인 그늘〉 국립극장에서 상연했다. 그 외 작품을 발표했다는 기록이 있어 옮겨 적는다.

재능시낭송협회에서는 시가극 무대를 1997년부터 공연을 무대에 올렸다. 시극 대본이 전무한 시점에서 시를 소리로 몸짓으로 연기로 표현해 내기 위한 시극을 지향한 새로운 도전이었다. 또는 여러 편의 운문 시를 집시(集詩)나 조시(組詩)로 엮어 낭송과 연극적 몸짓을 담아 새로운 기법을 보여준 운문극 낭송이었다. 시가 가지고 있는 의미에 퍼포먼스를 담아낸 것이다. 작품으로는 지상의 양식 (앙드레 지드), 미당 시극, 춘향전, 남과 북(박목월, 김소월), 고향, 향수(정지용) 군무 형식의 불사조의 노래(박두진), 한강(이근배), 질마재의 신화(서정주), 참회록(윤동주) 등이었다. 독무 낭송 그날이 오면(심훈), 이별을 하느니(이상화), 시가면극 '자화상'은 국내는 물론 국제무대에서도 손색이 없다는 평을 받은 바 있다.

　시극으로 김수남 선생님의 일대기를 그린 작품과 2003년 예술의 전당 국악당에서 올린 '서정주 시인의 일대기'를 구성한 시극 〈사내자식 길들이기〉 등이 있다. 시인의 시와 연기, 춤으로 기획하여 연출한 작품이다. 그때 나는 서정주 역을 맡아 공연했다. 모시옷을 입고 시인의 분위기가 느껴지도록 분장하고 처음부터 끝까지 남성 이미지를 가지고 가는 것 쉽지 않았다. 공연장은 육백석이 모자라 입장을 못한 분들이 무대 밖에서 화면으로 볼 정도로 큰 관심을 가졌으며 시를 바라보는 시각도 달라졌다.

　시극은 작품을 통해 시의 예술성을 종합문화예술로 극대화 시키고 낭송 기법이나 연기 훈련이 있는 분들의 감성이 요구되는 작품이다.

〈사내자식 길들이기〉
서정주역-장기숙 시낭송가

4. 시의 운율

시에서 쓰는 소리는 말소리이다. 자연의 소리는 순환과 반복의 원리에 의해 지배되는 소리로 순환의 리듬이라 한다.

시에서 느껴지는 리듬을 운율이라 한다. 시를 구성하는 요소 중에 운율은 중요하다. 정서적인 언어, 심상, 역설 등은 다른 장르에서는 찾아보기 힘든 특징이 있다.

시의 운율을 강조하다 보면 시의 의미를 소홀히 하게 된다.

시의 운율은 시의 의미와 유기적 상관 관계하에 있다

내용의 전개방식, 낱말의 구조, 어조, 분위기, 종결 유형 등에 의하여 운울이 달라진다.

이 시(詩) 어떤가?"

"이상해요."

"이상하다니, 무슨 뜻이야? 무서운 비평가로군."

"아뇨, 시가 아니라 목소리가 이상하다구요."

"느낌이 어땠는데?"

"모르겠어요. 단어가 왔다 갔다 하는 것 같았어요."
"바다처럼 말이지?"
"맞아요. 바다처럼요."
"그건 운율이라는 거야."
"멀미까지 느꼈어요."
"멀미?"
"마치 배가 단어들로 이리저리 튕겨지는 느낌이었어요."

운율에 대한 글은 '일 포스티노' 영화에 네루다가 제자와 함께 나누고 있는 대화이다.

운율은 음의 장단, 강약, 고저 또는 같은 음이나 비슷한 음이 소리처럼 지각되고, 규칙적으로 반복되기도 하고, 음악적인 느낌을 주고, 배를 탈 때 흔들리는 멀미 같은 느낌이 있다. 노래 같은 가락에서, 시에 쓰인 말의 가락에서, 언어의 여러 가지 쓰임새 속에서, 운율과 밀접한 관계에 있는 시의 뜻에서 의미에서 드러나곤 한다.

리듬은 형식에서 나오는 것이 아니라 온몸에서 터져 나오는 시인의 호흡이요. 숨은듯한 숨결이 느껴질 때 나오는 가락이다.

시의 의미와 서로 어우러져서 시의 전체적인 분위기를 음미하는 것이다.

운율의 운(韻)은 울림, 소리의 여음, 음성의 동화(同化)를 말하며 소리의 여음은 소리가 그친 뒤에도 남아있는 울림을 나타낸다. 여음은 운율에 맛을 내기도 한다.

운율에는 외형률과 내재율로 나뉜다.

외형률(外形律)은 겉으로 뚜렷하게 나타나는 리듬을 말하며 음격에 의해 생기는 운율을 말한다.

내재율(內在律)은 겉으로 드러나지 않은 안에 있는 가락으로 시의 내용이나 시어의 배치에서 느낄 수 있는 잠재적인 운율이다. 운율을 찾아 시의 음보를 내것으로 만들어 전달하고자 하는 의미가 무엇인지 찾아야 한다.

이것이 영혼의 가락이며 리듬이다. 한자로는 흥(興)이 되는 것이다. 우리 민족은 흥이 많은 민족이다. 흥이 나면 춤을 추기도 하고 가락있는 노래를 부르고 시를 읊조렸다.

가락을 통해 사람과 사람이 어우러지듯 음성과 음운의 조화로운 어울림, 시와 시낭송의 어울림, 이것이 아름다운 운율을 타고 어우러지면 시낭송 예술이 된다.

5. 죽은 시인의 사회

1990년에 상연된 피터 위어가 감독한 〈죽은 시인의 사회〉라는 영화가 있다. 명문 고등학교에 부임한 키팅 선생님과 학생들과의 갈등을 그린 영화로 명대사를 기억하는 분들이 많다.

"틀리고 바보 같은 일 일지라도 시도해 봐야 해."

"너희들의 목소리를 찾을 수 있도록 투쟁해야 해."

어린이들에게 이야기를 들려주거나 학생들을 가르칠 때도 느끼는 것은 자기 목소리를 내려고 하지 않는 학생이 많다는 것이다. 내 목소리를 찾도록 투쟁해야 하고 말할 줄 알아야 하고 그렇게 가르치는 교사가 필요하다.

죽은 시인의 사회라는 동아리를 만든 키팅은 교과서에 실린 평가하는 시에 대한 구절을 찢어버리라하고, 시구를 읊으며 공을 차라고 한다. 상상할 수 없는 수업을 진행한다. 시에 메스를 데지 말라는 것이다.

그리고 프리차드 박사가 쓴 〈시의 이해〉라는 글을 읽게 한다,

"시를 완전히 이해하려면 운율, 음조, 비유를 해독하라. 그다음 두 가지를 물으라. 첫째 대상의 예술적 표현도, 둘째 대상의 중요도. 첫째

것은 시의 완성도 측정이며, 둘째 것은 시의 중요도의 판단이다. 이 두 가지 질문에 대한 해답이 나오면 시의 위대함이 쉽게 판별된다. 시의 위대함은 완성도와 중요도에 달렸다. 이 책에 수록된 시를 읽는 동안 이 평가 방법을 연습하라. 시를 평가하는 능력이 커져서 시를 통해 얻는 기쁨과 이해가 클 것이다."

이에 대해 키팅 선생은 "쓰레기!" 하고 소리친다. 나는 프리차드 박사의 견해를 쓰레기로 본다. 시는 이렇게 재는 것이 아니다. 그 페이지를 찢어버려라."

머뭇거리던 학생들이 선생님의 재촉에 책장을 찢기 시작한다. 그리고 중요한 이야기를 한다. 키팅 선생은 우수한 명문 고등학생들에게 시를 측정하게 만드는 것에 반문하는 것이다.

"이제 내 제자들은 언어의 맛을 알게 될 것이다. 말과 생각이 세상을 바꾼다. 의학, 법률, 기술 같은 것은 삶을 유지하는데 필요하지만 시(詩), 미(美), 낭만(浪漫)은 삶의 목적이다."

결국 교육의 목적은 사색하는 것을 가르친다고 말이죠. 얼마나 멋진 말인가. 낭만은 현실과 공상의 세계를 즐기면서 정서적이고 이상적인 인생을 만들며 살아가는 게 아닐까요.

6. 노벨문학상 작가 한강

상상력이 뛰어난 작가 한강. 2024년은 노벨 문학상을 받은 한강 작가의 이야기로 가득차고 행복해하는 분들이 많다. 우리나라뿐 아니라 아시아에서 최초로 노벨문학상을 받았기에 가슴이 뛰고 감동을 느끼는 건 당연하다.

작가의 책이 서점에서 불티나게 팔리고 책을 읽고 싶은 충동을 갖게 한다.

그 자체만으로도 작가는 엄청난 마법을 건 것이다. 시인이요, 소설가로서 인간의 내면을 시적으로 상상력이 주는 몽한적 문체로 독자를 사로잡았다. 글을 쓰는 작가들에게 도전을 주었기에 그에 대한 관심과 사랑의 농도가 자꾸 깊어지는 것 아닐까.

어느 작품이건 빛을 볼 때가 있다. 숨은 듯이 보이던 작품들이 독자들의 감성을 두드리고 독서 문학회에서도 한강 작품을 낭독하고 시를 새롭게 조명해 보며 읽고 낭송하는 것은 바람직한 일이다. 두 편을 낭송해 본다.

한강 작가의 '괜찮아'라는 시에 보면 아기를 키우면서 느끼는 어미의 마음을 그대로 담아냈다. 쉬운 듯하지만 결코 쉽지 않은 이야기를 끌고 가는 시적 감성이 남다르다.

괜찮아

태어나 두 달이 되었을 때
아이는 저녁마다 울었다
배고파서도 아니고
어디가 아파서도 아니고
아무 이유도 없이
해 질 녘부터 밤까지 꼬박 세 시간
거품 같은 아이가 꺼져버릴까 봐
나는 두 팔로 껴안고
집 안을 수없이 돌며 물었다
왜 그래,
왜 그래,
왜 그래,
내 눈물이 떨어져
아이의 눈물에 섞이기도 했다
그러던 어느 날
문득 말해봤다

누가 가르쳐 준 것도 아닌데
괜찮아.
괜찮아.
이제 괜찮아.
거짓말처럼
아이의 울음이 그치진 않았지만
누그러진 건 오히려
내 울음이었지만,
다만, 우연의 일치였겠지만
며칠 뒤부터 아이는 저녁 울음을 멈췄다
서른 넘어서야 그렇게 알았다
내 안의 당신이 흐느낄 때
어떻게 해야 하는지
울부짖는 아이의 얼굴을 들여다보듯
짜디짠 거품 같은 눈물을 향해
괜찮아
왜 그래, 가 아니라
괜찮아
이제 괜찮아.

시를 읊으면서 시가 몸이라는 걸 느끼곤 한다. 시를 좋아하는 사람은 몸에 꽃을 피우는 사람이다. 그래서 머리부터 발끝까지 향기가 있다.

자녀를 키우면서 그럴 때 많았다. 괜찮아라는 말보다 피곤에 찌든 말을 던지지는 않았는지 점검도 해보게 되고 다시금 어미의 마음을 울컥하게 한다. 작가는 '거품 같은 아이가 꺼져버릴까 봐 나는 두 팔로 껴안고 집 안을 수없이 돌며 물었다. "왜 그래"라고.

힘들 때일수록 긍정의 말을 쏟아내는 것 자체가 쉽지 않을 수 있다. 우리는 살리는 말보다 죽이는 말을 많이 했는지도 모른다. 긍정의 말은 살리는 말이니까. 나도 힘들 땐 스스로 나에게 마법을 건다.

'괜찮아', '잘될 거야' 그렇게 작가는 아이를 안고 긍정하고 있다. 긍정의 말을 들으면서 자라나는 자녀는 긍정의 맛을 안다. 자녀를 키우면서 그뿐이겠는가. 우리는 살아가면서 '왜 그래'라고 반문할 때가 많다. 쉼표로 물음표로 따옴표로 느낌표로 기호에 따라 다르게 반응하는 그 말. 나이 들어가면서 내려놓으면서 비로서 느끼는 말 '괜찮아' 몸이 듣고 반응하고 있다. '괜찮아'라는 짜디짠 눈물의 의미를! 그런 어미의 마음으로 낭송해보면 그 시절로 돌아가 새로운 느낌이 들 것 같다.

그때

내가 가장 처절하게 인생과 유박전을 벌이고 있다고 생각
했을 때,
내가 헐떡이며 클러치한 것은 허깨비였다
허깨비도 구슬땀을 흘렸다.
내 눈두덩에, 뱃가죽에 푸른 멍을 들였다.

그러나 이제 처음 인생의 한 소맷자락과 잠시 악수했을 때,
그 악력만으로 내 손뼈는 바스러졌다.

시를 읊으면서 시가 몸이라는 걸 느끼곤 한다. 허깨비도 구슬땀을 흘리고, 뱃가죽에 푸른 멍을 들여가며 살아내야 하는 일들. 처음으로 인생의 한 소맷자락과 악수했을 때… 한강의 시적 표현력에 갑자기 가슴에 무언가 확 스치게 한다. 읽으면서 뼈가 바스러지는 느낌! 시를 좋아하는 사람은 어느 상황에서도 몸에 꽃을 피우는 사람이다. 그래서 머리부터 발끝까지 향기가 있다. 그 향기를 눈을 감고 즐겨본다.

한강 시집.「서랍에 저녁을 넣어 두었다」
문학과 지성사 2013.

Ⅲ
말의 울림

1. 발성의 기본요소

발성의 기본요소에는
음조(Tone), 음속(Tempo), 음성(Voice), 음색(Timber), 음량(Volume), 어간(Pause), 어세(Emphasis), 억양(Intonation), 명확성(Articuration)이 있다.

1) 음조(Tone)

음조는 수도 파이프의 굵기와 같다. 소리에는 고저장단(高低長短)과 강, 약, 중간약, 빠르고 느린 것, 가늘거나, 굵고, 탁한 것 등이 있다. 음조란 말하는 사람의 소리 개성을 말한다. 소리에는 개인적, 신체적, 심리적인 어조가 있는데 설교하시는 분이나 교사, 구연자나 낭송인에게 있어 좋은 음조는 듣는 이에게 편안함을 준다.

2) 음속(Tempo)

음속이란 말의 속도를 말한다. 말에는 일정한 속도가 있다. 말의 속도는 휴지(休止)와 더불어 어조를 형성하는 중요한 요소의 하나이다. 말의 속도에 따라 듣는 사람은 긴박감을 갖기도 하고 평온한 마음을 갖기도 한다. 그러므로 감정전달을 위해 적절히 조절하여 변화를 주어야 한다.

3) 음색(Timber)

음색이란 감정 표현에 대한 말의 색깔이다. 시마다 전달되는 느낌과 색깔이 전혀 다르다. 말에 자기 감정을 끌어들이는 것! 한 편의 시를 읽고 표현하는 것, 시에 담겨있는 감정을 언어의 색깔로 옷을 입히는 것이 음색이다.

4) 음량(Volume)

음량이란 소리의 성량을 의미한다. 물을 따라 마시는 그릇의 크기가 다르듯이 사람마다 소리의 크기와 굵기가 다 다르다.

낭송을 하시는 분은 듣는 사람의 인원수나 공간과 장소에 따라 적절한 소리의 양을 조절할 줄 알아야 한다.

5) 음성(Voice)

음조를 수도관에 비유한다면 음성은 물감에 비유할 수 있겠다.

상대방의 음성을 들으면 그 사람의 얼굴이 그려지고 색깔이 느껴진다. 음성은 성대의 작용에 의해 비롯된다. 성대가 팽팽히 펴 있을 때는 높은 소리를 내고, 움츠렸을 때는 낮은 소리가 나온다. 또한 소리의 크고 작음도 폐에서 나오는 공기의 강약에 대소(大小)의 차이를 보인다.

공기가 맑은 곳에서 나오는 소리와 탁한 공장에서 있을 때의 소리는 다르다. 시낭송의 경우 성악가의 발성을 요구하지는 않지만 무리하지 않게 적합한 음성훈련이 필요하다.

6) 어세(Emphasis)

내용을 강조할 때 설정하는 말을 어세라고 한다.

낭송할 때 분명히 강조할 부분에만 어세를 두어야 한다.

시에 따라 어세(Emphasis)를 강조하는 경우는 다르기 때문에 낭송자가 체크하도록 한다.

7) 강음(Accent)

Accent는 표준어에 정해진 소리의 높임말(고음)을 뜻하는 것이다. 보통 우리가 악센트라 하면 명사에 관한 것으로 알고 있지만 형용사나 동사에도 악센트가 올 수 있다.

· 주어나 주어를 수식하는 수식어에 강세를 준다.
· 음절이 한 음절인 경우나 명사로 끝나는 경우
· 두 단어가 합쳐진 경우는 앞머리에
· 띄어 읽기 다음이나 호흡을 끊었다 들어갈 때.
· 수를 셀 때 앞 음절에 (한 번째, 두 번째, …)

8) 명확성(Articulation)

시낭송은 올바른 발음을 통해 명확하게 내용을 전달해야 한다.

행이나 연에 연결되는 시적 언어를 또렷하게 발음하며 음도 발성연습, 자모음 발음 연습을 통해 자신의 발음이 명료해짐을 스스로 느낄 때까지 연습해야 한다.

9) 어간(Pause)

말과 말의 사이, 시어와 시어 사이를 말한다. 시어 사이에 간격을 잘

못 두면 뜻이 달라지거나 느낌이 약해지는 경우가 있다. 간격을 둘 때 숨, 시선, 얼굴 표정에 변화를 주어 전달하는 데 효과를 줄 수 있지만 혹 잘못 처리하면 잊어버려서 잠시 쉰 듯한 느낌을 주지 말아야 한다.

10) 억양(Intonation)

억양이란 말의 높낮이를 말한다. 우리 나라 말은 사투리를 제외하고는 높낮이가 그다지 많지 않다. 그렇기 때문에 억양을 통하여 내면적 갈등이나 감정, 생각 따위를 억양 속에 많이 나타내보인다. 그러므로 정확한 발음, 띄어구연, 어세처리, 장단(長短)음과 더불어 억양을 정확하고 밀도있게 표현하는 것이 매우 중요하다.

2. 발성연습

낭송하기 전 입술 털기로 입술을 푼 다음 기본음 발음을 정확하게 읽는 연습을 해보세요. 너무 쉬운 듯 보인 듯 보이지만 기본 발성에 토대가 되는 자모음 연습을 하면 도움이 된다.
기본에 도움이 되는 발성연습을 하면 발음뿐 아니라 모든 신체기관도 순조롭게 돌아간다.

자모음 연습

가 갸 거 겨 고 교 구 규 그 기 개 게 괴 귀
나 냐 너 녀 노 뇨 누 뉴 느 니 내 네 뇌 뉘
다 댜 더 뎌 도 됴 두 듀 드 디 대 데 되 뒤
라 랴 러 려 로 료 루 류 르 리 래 레 뢰 뤼
마 먀 머 며 모 묘 무 뮤 므 미 매 메 뫼 뮈
바 뱌 버 벼 보 뵤 부 뷰 브 비 배 베 뵈 뷔
사 샤 서 셔 소 쇼 수 슈 스 시 새 세 쇠 쉬

아 야 어 여 오 요 우 유 으 이 애 에 외 위
자 쟈 저 져 조 죠 주 쥬 즈 지 재 제 죄 쥐
차 챠 처 쳐 초 쵸 추 츄 츠 치 채 체 최 취
카 캬 커 켜 코 쿄 쿠 큐 크 키 캐 케 쾨 퀴
타 탸 터 텨 토 툐 투 튜 트 티 태 테 퇴 튀
파 퍄 퍼 펴 포 표 푸 퓨 프 피 패 페 푀 퓌
하 햐 허 혀 호 효 후 휴 흐 히 해 헤 회 휘

한 음절 한 음절 또박또박 읽는다.
어려운 발음일수록 천천히 또박또박하게
낭독훈련을 열심히 하다 보면 어느 순간 느낄 것이다.
파열음은 자음 가운데 발음 기관의 어느 한 부분을 막았다가 일시에 터뜨려 내는 음으로 ㄸㅃㅂㅍ 이 대표적인데 부드럽게 발음하도록 한다.

비음 → ㅇ, ㄴ, ㅁ
유음 → ㄹ
마찰음 → ㅎ, ㅅ, ㅆ
마찰음 → ㅂ, ㅍ, ㅃ, ㄷ, ㅌ, ㄸ, ㄱ, ㄲ
파찰음 → ㅈ, ㅊ, ㅉ

3. 발성을 위한 신체 호흡법

호흡법과 발성법

　발성의 사전적 의미를 보면 성대를 진동시켜 음성을 만들어 내는 생리현상으로 조음과 함께 말소리를 만들어 낸다고 적혀있다.
　우리의 몸은 공명기다. 성대가 바이올린의 현이라고 한다면 몸은 소리를 공명시키는 바이올린의 나무통과 같다.
　소리를 공명시키려면 복근 훈련도 중요하지만 흉강, 구강, 인강, 인두강을 충분하게 공명시켜야 한다. 성대만으로 아름다운 소리를 낼 수 없다. 혀와 입술 주위에 있는 조음기관이 제 기능을 활용하여 발음이 정확하게 나도록 해야 한다.
　언어와 발성은 나라마다 다르고 기후와 환경 풍토에 따라 다르다. 같은 민족이라도 지역마다 톤이 다르고 발성법도 다르고 억양도 다르다. 그래서 표준 발음법에 따라 발음을 체크하면서 발성하는 것이다.
　성대는 근육이다. 근육은 쓰면 쓸수록 단련되어 좋은 소리를 낸다.

그리고 말하는 사람은 자기 소리를 들을 수 있어야 한다. 자기 소리를 듣지 못하면 시를 읊긴 읊었는데 전달력이 없이 들려지는 경우가 많다. 내 목소리가 관객에게 흡인력 있는 목소리를 준비해야 한다

호흡의 소리
① 진성(眞聲) 생소리로 호흡할 때 의식하지 않고 나오는 소리
② 흉성(胸聲) 가슴속에서 울려 나오는 소리. 비교적 낮은 소리
③ 복성(腹聲) 주로 단전(丹田) 배꼽에서 한치 닷 푼 되는 곳. 아랫배 해당하는 곳
④ 두성(頭聲) 소리를 머리로 띄워서 내는 소리
⑤ 가성(假聲) 소리를 꾸며서 내는 소리. 뒤집어지는 것 같은 소리

음색도 중요하다. 본인의 음색을 분석해보고 짧은 호흡과 단음을 평소에 연습해두자. 호흡이 짧으면 흔히 말하는 '쪼'가 생기기 쉽다. 소리가 잘 안 나와요 하시는 분은 낮은 소리를 길게 빼는 연습을 하면 유익하다. 시의 의미와 내용을 잘 파악하고 띄어 읽기를 잘하면 화자의 입장이 달라진다는 걸 느낄 것이다.

발성 연습하기

발성연습해요 하면 주로 성악가들을 떠올린다. 성악가뿐 아니라 스피치 직종을 가진 분이라면 발성법에 관심이 많을 것이다.
누구나 "좋은 소리를 가졌어요"라는 말을 듣고 싶어한다. 좋은 소리

란 예쁜 목소리를 말하는 것이 아니라 듣기 편하고 거슬리지 않는 자연스런 목소리다. 선천적으로 좋은 소리를 타고난 분도 있지만 소리도 성형시킬 필요가 있다. 낭송을 하고 나면 읊는 소리가 참 좋아요. 감동했어요. 목소리 어떻게 관리하세요. 말하는 분들이 있다.

좋은 발성을 위해 복식호흡으로 복근을 단련시킨다.

흉식호흡과 복식호흡 두 호흡을 적절히 응용한다.

호흡을 어떻게 조절하느냐에 따라 깊이와 느낌이 달라진다.

또 하나 감사와 용서를 빼놓을 수 없다. 몸이 말하기 때문이다. 긍정의 마음이 몸을 편하게 하고 마음을 다스리게 한다. 몸이 망가지면 세포가 즉각 반응을 한다. 목소리가 탁해지고 표정근이 뒤틀리니 표정이 자연스러울리 없다.

발성은 긴장과 이완의 연속이라 말하기도 한다. 구체적으로 어디를 이완시키고 팽창시킬까? 몸의 힘을 빼고 호흡에 관계되는 곳은 팽창시키고 다른 부분은 이완 시키며 읽는 것을 말한다.

- 3단계 음성으로 발성 연습하기 (낮은 음, 중간 음, 높은 음)
- 힘 기르기 발성 연습하기 (소리를 삼키지 말고 멀리 내보내기)
  파파파, 타타타, 카카카, 라라라, 파타카라, 발성해보기

소리는 벽을 치듯 내보내야 한다. 소리를 예쁘게 내려고 입안에서 굴리거나 웅얼거린다면 명확성이 떨어지고 전달력이 약하다.

소리는 군인이 앞으로 전진히듯이 밀어내되 깊이 있는 소리, 안정되

고 부드러운 소리를 내도록 훈련해야 한다.

호흡 훈련하기
① 발은 어깨 넓이만큼 벌리고 팔은 힘을 빼고 편하게 떨군다.
② 입과 턱에 힘이 들어가지 않도록 하되 턱을 올리지 말고 안으로 당기듯 자세를 취한다.
③ 안면 근육이 긴장하지 않도록 양손으로 마사지를 해준다.
④ 목을 열어주기 위해 입안의 근육을 풀어주고 하품을 크게 여러 번 반복한다.
   - 들숨과 날숨을 조절하며 호흡해 본다.(허리 펴고 턱은 당기고)
   - 들숨은 입을 다물고 숨을 들이마신채로 멈추었다가 천천히 내뱉는다. 느리게, 고르게, 천천히 내뿜는다. (20회 이상 반복)
⑤ 날숨은 혀뿌리를 아랫니에 두고 '스'하고 내뱉는다.
   - 숨을 들이 마신 후 호흡이 끊길 때까지 큰소리로 아 에 이 오 우 소리를 내본다. 심호흡을 하고 아~ 호흡이 멈출 때까지 소리를 내본다.(개별 폐활량 조절하며 하기)
   - 들숨 날숨 할 때 아 에 이 오 우 스타카토 식으로 보내본다.
⑥ 목운동 상하좌우 좌우로 목 돌리기 (5번 이상)
   - 입술 털면서 노래 부르기 (쉬운 동요부터 연습하기)
   - 볼펜이나 연필을 입에 물고 정확하게 시 읽어보기
   - 아래턱을 크게 움직여주며 시 읽어보기

신체호흡법

1) 숨쉬기 운동 (1분)
   ① 몸의 균형을 바르게 하고 편하게 서서 눈을 감고 자신의 신체 내부에 집중한다.
   ② '프'소리를 내면서 호흡을 밖으로 조금씩 내보내는 동작을 되풀이한다.

2) 신체 감지 운동 (3분)
   ① 손끝에 힘을 주고 팔을 머리 위로 올려 쭉 폈다가 상체에 힘을 빼고 허리 아래로 천천히 떨어뜨린다.
   ② 두 손을 위로 천천히 올려준다.
   ③ 목을 뒤로 젖이면서 좌우(左右)로 360도 굴린 다음 목을 떨어뜨려 천천히 올려준다.
   ④ 양손으로 아래턱을 가볍게 잡고 상하(上下) 동작을 반복한다.
   ⑤ 혀를 빼내어 긴장을 풀고 이완시킨다. (상하좌우(上下左右) 말고, 풀어주고, 돌리고)
   ⑥ 턱 돌렸다 천천히 내리기(연구개 이완운동)
   ⑦ 하품과 기지개를 마음껏 한다.

3) 소리내기 (1분)
   ① 신체 감지 운동의 느낌을 가지고 "아 -" 소리를 내면서 진동을 몸 전체로 느껴 본다.

4) 혀 운동 (1분)

　① 단전으로부터 한숨 쉬듯 소리를 내며 혀의 긴장을 푼다.

　② 같은 음의 동작을 고저(高低)로 되풀이 한다.

　③ 상체를 떨구고 천천히 고개를 들면서 되풀이 한다.

5) 연구개 운동 (1분)

　① 속삭임 같은 소리로 날숨과 들숨 동작을 되풀이 한다.

　② 한숨 쉬듯 "하이-야이" 하고 소리를 점점 높였다가 천천히 낮춰가며 소리낸다. (이어서 하기, 끊어서 하기)

　③ 혀를 움직여 주어 긴장을 푼다.

　　· 혀를 구부려 입 천장을 쓸면서 안으로 굴려 내려오기.

　　· 입을 최대한 옆으로 벌리고 상하좌우(上下左右) 돌려 풀어주기.

6) 목구멍 운동 (1분)

　머리를 뒤로 젖히고 목구멍을 열리게 한 다음 "야-호" 하고 소리를 반복적으로 한다.

7) 목소리 풀기 (2분)

　① 타령조로 "에-이" 소리를 흔들면서 몸 밖으로 뺀다. 목, 어깨 아래로 몸 전체를 흔들고 뛰면서 소리를 몸 밖으로 털어 낸다.(이 때 손은 위아래로 탁탁 내리뻗으면서 노래하고 춤을 춘다)

　② 목을 돌리면서 "헤에이, 헤에이" 외쳐 본다.

　③ 상체를 떨어뜨리면서 같은 소리를 내며 천천히 상체를 일으킨다.

8) 공명 확인 운동 (2분)
   ① 머리를 뒤로 넘긴 상태에서 "하-아-아-아"하고 소리가 가슴에서 울리는지 확인한다.
   ② 똑바로 서서 "헤에-헤에-헤에" 소리를 밀었다 닫을 때 소리가 입 안에서 울리는지를 확인한다.
   ③ 머리를 숙이고 "허-이 허-이" 소리를 내밀 때 앞니에서 소리가 울리는지를 확인한다.

9) 소리울림 (2분)
   ① 공명 상태에서 "허-허" 소리를 입술에서 느껴 본다.
   ② 입술 전체를 상하좌우(上下左右)로 움직이며 소리를 내 본다.
   ③ 입술을 앞뒤로 뺐다 밀어 넣는 동작을 계속한다.
   ④ 윗입술과 아랫입술을 상하(上下)로 움직인다.
   ⑤ 입을 엄지와 검지로 좌우(左右)로 당겼다가 '탁' 놓아 준다.
   ⑥ 고음(高音)부터 시작해서 한음씩 끊어서 소리를 내 본다.
   ⑦ 목 운동을 좌우(左右)로 번갈아 하면서 음(音)의 높이를 바꿔본다.
   ⑧ "아" 소리를 내면서 상체를 떨어뜨렸다 일으키며 소리를 머리 끝으로 보낸다.
   ⑨ 음(音)의 고저(高低)를 번갈아 가며 계속해 본다.
   ⑩ 소리울림을 느꼈으면 허리를 좌우로 흔들어 주고 두 팔을 뒤로 쭉 뻗어 스트레칭을 해 준다.

4. 말하기 연출

가. 나는 어떻게 말하는 사람일까?

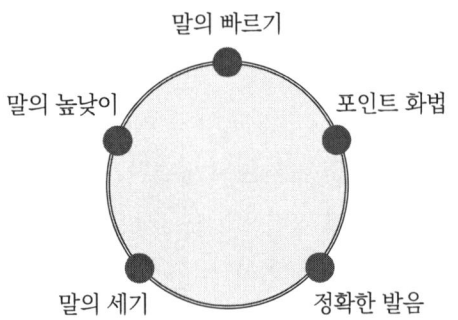

항목	강도				
말의 빠르기	①	②	③	④	⑤
말의 높낮이	①	②	③	④	⑤
말의 세기	①	②	③	④	⑤
정확한 발음	①	②	③	④	⑤
포인트 화법	①	②	③	④	⑤

※ 자신이 생각하는 항목의 강도까지 색칠해보세요.
※ 수와 강도는 비례합니다.

나. 말하기 표현 노하우

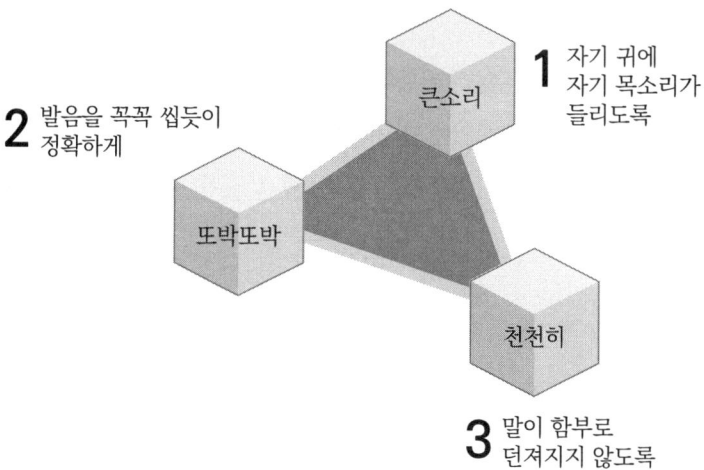

다. 목소리 연기를 위한 신체운동

· 가슴을 열어주는 근력 키우기
  - 데드리프트: 대표적인 뒷근육 운동 중 하나이며 코아/등/하체 근력을 동시에 잡아주는데 가장 필요한 근육운동
  - 로우: 등 안쪽 근육을 강화하기 위해서 필요한 운동이며 말려 있는 어깨 근육(라운드 숄더)을 펴주기 위해서 꼭 맞은 운동 방법 중 하나
  - 와이드 스쿼트: 일반 스쿼트는 허벅지 앞쪽 근육을 운동한다면

와이드 스쿼트는 허벅지 안쪽과 엉덩이 근육을 단련하는 운동 방법. 모든 힘의 근원은 하체 근육 중 엉덩이 근육이 제일 중요한 역할을 함
- **런지**: 허벅지 앞근육과 엉덩이 위쪽 근육을 키워주는 밸런스 및 코어트레이닝이 복합적으로 이루어지는 운동

※ 운동을 할 때 호흡은 자연스럽게 하되, 호흡을 들이쉴 때는 코로 들이쉬고 내뱉을 때는 입으로 내쉼

· 호흡과 횡격막
- 횡격막호흡(정확한 몸의 반응 알기: 풍선, 스틱
- 풍선: 입으로 공기를 주입해보고 옆구리와 뒤 허리에 근육을 느껴보기
- 스틱: 풍선을 불 때 쓰였던 근육을 기억하며 스틱에 입을 대고 입 공기를 주입하고 흡입을 반복

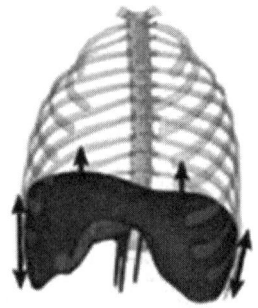
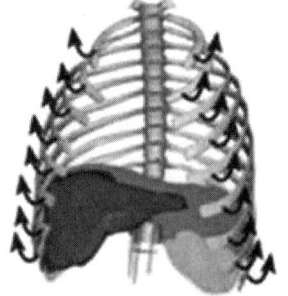

· 발성과 횡격막

    - 발성

        → 횡격막 호흡 때 익혔던 근육을 사용하여 발성

        → 모음(오, 우, 아, 이)으로 점차 소리를 여리게 내기 시작하여 강하게 끝맺기

    ※ 소리를 점차 여리게 시작하여 강해질 때, 소리도 점점 전하는 느낌으로 끊이지 않고 길게 소리를 내야 함

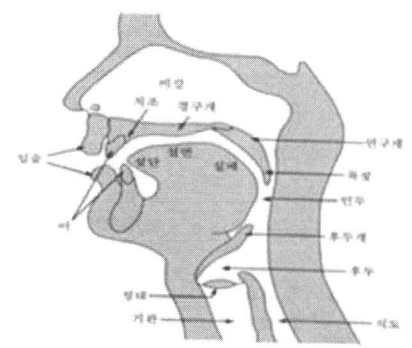

· 호흡과 표현

    - 호흡으로 감정표현(연기 기초)

        → 들숨: (외적표현) 사랑해, 멋있어, 기쁘다, 감동받았어

        → 날숨: (내적표현) 아프다, 나쁘다, 슬프다

    - 띄어읽기(감정 포인트)

        한 문장에 각각 의미하는 절을 나눈 뒤, 절이 시작하는 첫 단어에

의미를 부여하며 읽어보자.
→ (예시) 당신을 존경하고 사랑합니다.
→ (예시) 나는 이제 너 없이도 너를 좋아할 수 있다.
→ (예시) 나는 언제나 나를 멈추게 한 힘으로 다시 걷는다.
※ 띄어 읽을 때 호흡을 이용해보자 – 감정이 풍부해짐
※ 어미도 같이 연구해보자

· 구분하기 어려운 장단음

고유어		한자어	
눌리다 조금 태워 눋게 하다	눌 : 리다 누름을 당하다	가장 家長	가 : 장 假裝 (거짓으로 꾸밈)
말다 국수나 밥을 물에 넣어 풀다	말 : 다 그만 두다	부자 父子	부 : 자 富者
묻다 땅 속에 넣고 가려지게 덮다	묻 : 다 남에게 질문하다	선수 先手	선 : 수 選手
배다 촘촘하다	배 : 다 뱃속에 가지다, 스미어 들다	정당 政黨	정 : 당 正堂
패다 사정없이 마구 때리다	패 : 다 파이다의 준말	향수 鄕愁	향 : 수 享受 예술적인 감동을 음미하고 즐김

함께 연출하다 (사) 한국성우협회

5. 장단음(長短音)과 시의 실제

1. 장단음(長短音)과 시의 실제

가 (①주격조사 '아기가' ②加 더함 ③그 방면의 전문인 '소설가' ④노래종류 '애국가' ⑤價 값 뜻함 '판매가')
네가 새 아침에 꼭 해야 할 일 - 황금찬〈새 아침에〉

가: (①물건의 바깥쪽 부분 책상가 ②可 옳음 ③임시, 가석방 ④가짜, 가성명)
님께서 괴로울 때면 물가:로 나섰습니다 - 김석〈물 위에 쓰다〉

가마 (질그릇 만드는 것)
불가마서 솟아난 참 넋두리 훌쩍 떠남 더 가슴 뜨거워라
　- 정태린〈로터리의 시계탑 7〉

가:마 (탈 것)
개구리 가:마를 타고 시집간다 - 이경순〈애내 강변〉

가정 (家庭 가족이 함께 생활하는 집단)
어느 시인의 가정에는 알 전등이 켜질 무렵 - 박목월〈가정〉

가:정 (①假定 임시로 정함 ②苛政 가혹한 정치)
  아름다운 이 절대의 가정 - 성찬경 〈화형둔:주곡火刑遁走曲〉
갈다 (새것으로 대신하다. 문질러 닳게 하다. 털갈이, 이름을~)
  저녁마다 램프에 심지를 갈고 - 오장완 〈신생의 노래〉
갈:다 (곡식, 채소농사를 짓다, 밭을~)
  나는 갈:고 심을 땅이 없으므로 - 한용운 〈당신을 보았습니다〉
거리 (①길거리의 준말 ②재료-김장~, 반찬~)
  이런 날 거리에서 친구를 만나도 반갑지 않다 - 황금찬 〈심상〉
  저녁거리가 없어서 조나 감자를 - 한용운 〈당신을 보았습니다〉
거:리 (①서로 떨어져 있는 두 곳 사이의 길이 '거:리가 멀다' ②서먹한 사이 '거:리감')
  이 산들은 거:리가 멀다 우리는 누구도 - 황금찬 〈보리고개〉
  당신과의 거:리를 좁힐 수가 - 박두진 〈오늘도 홀로 서서〉
거:부 (①큰 부자 ②거부(拒否) 승낙하지 않음)
  끝끝내 목숨을 거:부(拒否)하는 칼 - 오세영 〈사랑〉
게 (①거기의 준말 ~ 누구 있느냐 ②것이의 준말)
  새벽이 오면 나팔소리 들려올 게외다 - 윤동주 〈새벽이 올 때까지〉
  전철이 나를 덜 움직이게 하고 게다가 게으름을 심어줄까 봐
    - 김원석 〈전철〉
게: (갑각류 절지동물)
  어미를 따라 잡힌 어린 게: 한 마리 - 김광규 〈어린 게의 죽음〉
고가 (①고가〈高架〉 땅위에 높다랗게 건너지름 ②고까〈高價〉 값이 비쌈)

고:가　머언 고가선 위에 밤이 켜진다 - 김광균 〈데상〉

고가에 낙찰된 오기의 구세대 - 김지향 〈고양이의 성토대회〉

고:가　(①高歌 옛노래　②古家 지은지 오래된 집)

신비에 빗기운 고:가(古家)가 보였다 - 노천명 〈길〉

고문　(①피의자에게 주는 신체적 고통　②高文 격조 높은 문장　③高門 지체높은 가문　④자문에 의하여 의견을 말하는 직책)

시의 여백에서 그를 고문하는 시인이었다

- 이활 〈낙서가 된 앗시리아의 벽화〉

고:문　(古文 옛글)

고성　(①高聲 높은 목소리　②孤城 외딴 곳에 떨어져 있는 성　③鼓聲 북소리)

옥상에 밤늦게 올라 별에게 삿대질운 하며 고성방가를 하였다

- 황지우 〈의혹을 향하여〉

고:성　(①古城 옛성　②古聖 옛 성인)

내 고:성(古城)엔 밤이 무겁게 물들어 가는데 - 이육사 〈해조사〉

고장　(일정한 지방)

내 고장 칠월은 청포도가 익어가는 시절 - 이육사 〈청포도〉

고:장　(기계가 ~나다)

램프가 고:장나서 수리를 맡겼더니

- 류시화 〈램프를 고치러 성좌읍 화동에 가다〉

굴　(음식) 해뜨자 바위 위에 굴 캐러 가고요 - 양주동 〈해곡 3장〉

굴:　(동굴) 날락빠꼼 산짐승이 살아갈 굴:을 만들고 - 권기환 〈산〉

귀　(①耳 신체　②모난 물건의 모서리)

5. 장단음(長短音)과 시의 실제　83

    바다를 듣는 귀의 의미도 정지될 때 - 박두진 〈너〉
    네모났던 섬돌이 귀가 갈리어 두루뭉실하게 된 - 양명문 〈어머니〉
귀: (첫음절이 貴, 鬼로 시작하는 모든 단어)
    부질없는 방문객이 귀:빈을 맞는 이 밤에도 - 김동명 〈손님〉
    바람이 들어도 단단히 든 귀:신이, 손만 보이는 투명인간이 - 최영미 〈사랑이, 혁명이 시작되기도 전에〉
기적 (①기관차, 선박등의 소리 ②불가능한 일 ③바둑두는 사람끼리의 맞수)
    우는 기적의 소리가 들린다 - 이장희 〈봄철의 바다〉
    살아온 기적이 살아갈 기적이 된다고 사노라면 - 김종삼 〈어부〉
기:적 (기생의 신분을 등록해 놓은 근거)
그리다 (간절히 생각하다)
    그 뉘를 그려 애타는 정열이뇨 - 김태오 〈전원풍경〉
그:리다 (①사물의 형상을 선, 빛깔로 나타내다 ②사상, 감정을 말이나 글로 나타내다 '농촌 생활을 그린 소설')
    그:리라 하면 그:리겠습니다 - 전봉건 〈뼈저린 꿈에서만〉
금 (①금이 가다 ②금속원소의 한가지)
    번개처럼 번개처럼 금이 간 너의 얼굴은 -김수영 〈사랑〉
    우거진 산마루에 금빛 기름진 햇살은 내려오고 - 박두진 〈청산도〉
금: (행동을 못하게 하다)
    아무렇게나 날아도 금:지 구역이, 횡단보도가 없는 하늘은
     - 김지향 〈비상벨은 없는지〉
김 (어떻게 된 기회, 온 ~에 만나보다)

김: (①액체가 열을 받아서 된 기체 ②논밭의 잡풀 ~을 매다 ③먹는 김)
    태고의 김:서리는 순결 그 물건인 시원의 바다 - 박희진 〈바다〉
    온 새벽 동무들, 저 저 혼자…… 산경(山景)을 김:매이는
      - 김소월 〈바라건대 우리에게 우리의 보섭 대일 땅이 있었더면〉

깨다 (①파괴하다 ②일을 방해하다 흥을 ~ ③무릎을 ~ ④약속 따위를 취소하다 ⑤기록을 ~)
    저리 산밑에서 들려오는 돌 깨는 소리 - 이용악 〈다시 항구에 와서〉

깨:다 (①잠, 꿈, 생각 등에서 벗어나 정신이 들다 ②알을 까게 하다) 꿈을 깨:면 참말 생시가 된 것인가 - 김선현 〈바다〉

내 ('나의' 준말) 내 마음은 호수요. - 김동명 〈내 마음은〉

내: (①밖으로의 뜻 '내놓다' '내걸다' ②힘있게의 뜻 '내닫다' '내던지다' ③일정한 한계의 안[內] ④시내보다 크고 강보다 작은 물줄기)
    내: 던진 네 죽음은 - 김춘수 〈부다페스트에서의 소녀의 죽음〉
    내:를 건너서 숲으로 고개를 넘어서 - 윤동주 〈새로운 길〉

눈 (①目 신체 ②초목의 싹이 되어 돋아날 자리)
    내 고향 남쪽바다 그 파란 물 눈에 보이네 - 이은상 〈가고파〉
    묵은 눈 터 새순 돋듯 허구 많은 자연 중 너는 - 신동엽 〈너에게〉

눈: (雪) 눈:이 내리면 어이 하리야 - 서정주 〈푸르른 날〉

대신 (大臣 의정을 통틀어 이르는 말-정승)

대:신 (代身 대리자 다른 것의 대용)
    어린 상주의 울음대:신 그믐달은 조용히 - 이성환 〈그믐달〉

대학　(교육기관)
　　　대학노트를 끼고 늙은 교수의 강의 - 윤동주 〈쉽게 쓰여진 시〉
대:학　(자사가 지은 책 四書의 하나)
　　　숯덩이 몇 개로 대:학, 논어를 썼지 - 김지향 〈임금님의 놀이터〉
대:한　(①大韓 ②大寒 24절기 중 하나
　　　대:한(大韓)의 혼이 소리쳐 - 모윤숙 〈국군은 죽어서 말한다〉
　　　소:한 대:한 추위를 불러오고 말아 - 유안진 〈서신〉
돌　　(만 1년 되는 날)
　　　사진틀 밖으로 나온 가족들 흥겹게 돌잔치 재연 - 이문재 〈돌사진〉
돌:　　(돌멩이)
　　　돌:이어라 나는 여기 절정 - 박두진 〈돌의 노래〉
돌:다　(①회전 ②순회 ③우회 ④가동되다)
　　　몸을 도:는 피의 소리를 들으며 내 무엇이 - 김선핑 〈도미의 배〉
떨:다　(①바르르 흔들다 ②겁내다 ③인색하여 몸을 사린다 ④경망스러운 행동을 자꾸하다 '아양을 떨:다' ⑤떨어지게 하다 '곡식을 ~')
　　　하루에도 여나므번씩 애증에 떨:고 겨울을 냅다 버리고 싶은
　　　　- 김지원 〈지난 겨울〉
동화　(同和) (감화되어 같게 됨)
동:화　(①童畵 어린이가 그린 그림　②童話 어린이를 위하여 만들어진 이야기)
　　　고향은 가을의 동:화를 가만가만 내게 들려준다 - 김용호 〈가을의 동화〉
등　　(①사람 신체 ②등불 ③등나무)
　　　나의 다리. 나의 엉덩판. 나의 등이 되어 때로는 지하 8척 아래로

　　　　　- 김종문 〈의자〉

　　우울한 날엔 네 목소리에 등(燈)을 달고 바다로 가자

　　　　　- 김소엽 〈8월 바다〉

등:　너구리, 여우, 사슴, 산토끼, 오소리, 도마뱀, 능구리 등:

떼:다　(①붙어 있는 것을 떨어지게 하다　②한동아리로 있는 두 사이를 갈라놓다　③봉한 것을 뜯어서 열다 '편지의 겉봉을 ~' ④아기를 유산시키다　⑤걸음을 옮기어 놓다　⑥입을 열다　⑦꾸어준 것을 받을 수 없게 되다)

　　아뭇소리 마라 뚝뚝 떼:서 수제비 한 사발 뜨끈뜨끈 - 이은봉 〈좋은 세상〉

말　(馬) 빈 밭에 밤바람 소리 말을 달리고 - 정지용 〈향수〉

말:　(言語) 이따금 네가 허공에 던진 실없는 말:한마디

　　　　- 오명규 〈너를 바람이라고 불러도 좋으랴〉

말다　(①돌돌 감다　②국에 밥을 ~)

　　파도는 억센 율동으로 내 몸을 통째로 말아 올려 - 조태일 〈사모사〉

말:다　(하던 일을 그만두다)

　　더 가까이도 말:고 지금 이대로 더 뜨겁게도 말:고

　　　- 김대규 〈지금 이대로, 그냥 그대로〉

모:국어　(母國語 자기 나라의 말)

　　겸허한 모국어(모:구거)로 나를 채우소서 - 김현승 〈가을의 기도〉

모자　(머리에 쓰는 쓰개)

　　모자를 깊게 눌러쓴 여자도 아름답다 - 마광수 〈비밀〉

모:자　(어머니와 아들)

　　모:자가 한숨으로 가꾸는 한 뼘의 땅 - 이성부 〈백제〉

못 (①연못 ②쇠못 ③굳은살)
   못물은 찰랑찰랑 넘칠 듯하면서 넘치지 않고
     - 박재삼 〈그대가 내게 보내는 것〉
   이승의 하직으로 검은 관에 못을 친다 - 김남조 〈촛불〉
못: (금지, 불가능 부정. 모든 못:부정〈否定〉은 장음)
   새끼 둔 고산 땅. 소는 못: 오네 - 이광수 〈서울로 간다는 소〉
   못 잊어(몯:니저) 생각이 나겠지요 - 김소월 〈못잊어〉
반 (①소반, 쟁반따위 ②학교의 반 ③행정조직 통, 반)
반: (①절반 ②反 ③半 '거의'의 뜻)
   내 살의 반:을 찾으리 - 김남조 〈아가(雅歌)〉
   반:쯤 올려진 건물의 셔터사이 새벽은 붉게 갈라져 들어오고
     - 마종하 〈여름비의 사랑〉
발 (사람 신체)
   옥같은 물에 사슴은 암사슴 발을 씻는다 - 박목월 〈산도화 1〉
발: (①무엇을 가리는 데 쓰는 물건 ②국수 발:이 곱다, 천 발:이 곱다)
   아침볕이 발:틈에 비쳐들고 난초 향기는 물밀 듯 - 이병기 〈난초〉
   발:이 고운 그물을 펴서 뭇뭇 잡소리들을 걸러
     - 김지향 〈달아난 열다섯개의 고정관념〉
밤 (낮의 반대)
   고향에 돌아온 날 밤에 내 백골이 따라와 - 윤동주 〈또다른 고향〉
밤: (열매) 밤: 하나 놓아 줘도 - 신현득 〈아가 손〉
배 (①사람신체 ②선박 ③과일)

배들은 찬물에 배 담그고 닻 줄 거머잡고 떨며 - 황동규 〈바닷새들〉
바다로 배를 내어 밀 듯이 그넷줄을 밀어라 - 서정주 〈추천사〉
그 과수원은 싱그러운 가을바람 사과, 배, 청포도 - 구경서 〈정물〉

배ː　(倍 갑절)
　　우리 기쁨을 나누면 배ː로 불어나게 하시듯 - 정려성 〈사랑의 기도〉

배ː다　(①물기가 스며젖다 ②버릇이 되어 익숙해지다 ③새끼를 가지다)
　　비늘과 허무는 뼈, 염기 밴ː 머리칼이 묻어온다 - 김강태 〈바다새3〉
　　몸에 밴ː 습관이 나를 허물때가 있다 - 장기숙 〈습관〉

베ː다　(연장으로 자르다)
　　벼 베ː고 난 빈 들녘 고즈녁한 볏단으로 - 문정희 〈가을 노트〉

벌　(①벌판 ②체벌 ③셈 단위 '옷 한벌')
　　넓은 벌 동쪽끝으로 옛이야기 지줄대는 - 정지용 〈향수〉
　　억겁을 두고 나눠도 남을 벌이올시다 - 한하운 〈나〉
　　허물 같은 것 한 벌 벗어놓고 - 김지원 〈고향시편〉

벌ː　(곤충)
　　낮이면 벌ː떼와 나비가 날고 - 박두진 〈어서 너는 오너라〉

병　(그릇) 왜 병에 물은 채우니 - 박영종 「물을 마시는 병」

병ː　(건강 이상)
　　병ː이 깊은 어머님은 고향집에 누워계시데… - 황금찬 〈바다〉

보고　('~에게'의 뜻을 가진 부사격 조사 '너~')
　　아빠 보고 까까 달래라 하였더니 어린 것 아빠 까까 내일, 까까
　　　- 구상 〈까까와 내일〉

보:고 (①주어진 임무의 결과를 알림 ②귀중한 것이 있는 곳)

    유서를 보여 주시겠습니까 이력서 말고 보:고서 말고
      - 최세균 〈유서를 보여주시겠습니까〉
    밤은 아시아의 가진 무진장의 보:고이다
      - 오상순 〈아시아의 마지막 밤풍경〉

부자 (아버지와 아들) 父子

    부자(父子)뒤에서 가장 실한 새벽은 열리고 있다 - 신동집 〈부자〉

부:자 (재산이 많은 사람)

    5백원짜리로 만난 밤에도 연애하는 사람들은 부:자다
      - 문병란 〈연애하는 사람은 강하다〉

부정 (①不正 바르지 못한 일 ②不定 일정하지 않음 ③父情 아버지의 정)

    이 살 속의 부정(不正)과 치욕의 간(肝)을 이제는 고요히
      - 김영석 〈빈 들판 하나〉

부:정 (否定 그렇지 않다고 함)

    서로가 서로를 부정만 하여 서로의 멸망을 자초하지 말자
      - 구상 〈마치 벌과 꽃이 호혜 속에 살 듯〉

분수 (분자 분모)

분:수 (①자기 처지에 마땅한 한도 ②물을 뿜어내는 것)

    분:수인양 치오르는 가슴을랑 네게 맡기고 사양에 서면
      - 김용호 〈5월의 유혹〉

비:다 (①속에 든 것이 없다 ②가진 것이 없다 ③아는 것이 없다 ④수량, 액수가 모자라다)

　　　　개간의 땅은 빈:들로 버려져 있고 피워야 할 꽃들은 눈 속에
　　　　　- 이근배 〈한강〉

비단　(다만의 뜻)

비:단　(피륙)

　　　　그 때의 여왕님이 금관을 쓰고 비:단 수레를 타고 오셔 - 신현득 〈첨성대〉

사과　(나무열매)

　　　　굴비 한 광주리의 사과를 만지작거리며 - 곽재구 〈사평역에서〉

사:과　(잘못에 대해 용서를 빌다)

　　　　많은 이에게 피해를 주고도 사:과하기 보다는 비겁한 변명에만
　　　　　- 이해인 〈용서하십시오〉

사기　(①남을 속임 ②사사로운 기록 ③사기그릇)

　　　　아프더라도 스스로 사기칠 힘은 없을걸, - 최영미 〈그에게〉

사:기　(①역사적 사실을 적은 책 ②목숨이 다한 때 ③씩씩한 기개)

　　　　사:기가 충전하여 - 정상구 〈조국의 통곡〉

사방　(砂防 흙이 무너져 내리는 것을 막기 위해 돌을 쌓거나 하는 일)

사:방　(四方 동서남북 네 방향)

　　　　사:방은 춤추는 갈대밭, 갈대밭은 다시 - 김규동 〈바다의 꿈〉

사:자　(死者)

　　　　흙 한줌 남겨놓고 사:자(死者)들이 여기 흐른다 - 구상 〈강〉

산소　(무덤) 과부는 싫어. 상복 입고 산소에 가는 - 김동환 〈국경의 밤〉

산:소　(기체 원소)

　　　　나무들이 일제히 치이익! 산:소를 뿜어댈 때 - 황인숙 〈양생〉

살　(①나이 세는 말 ②화살의 준말 ③피부아래 연한 부분)

몇 백살 아니, 몇 억살 – 윤이형 〈바다〉

살이 와서 꽃힐지라도 독을 바른 살이 – 박두진 〈산맥을 간다〉

피와 살과 자녀까지 바쳐야 하는 도희는 – 주요한 〈전원송〉

상 (①소반 책상 등 ②얼굴 생김새 ③물체 형상)

상 위에 오른 봄나물 젓가락이 하나같이 봄나물로 간다
- 김원석 〈김장김치〉

의원은 여래 같은 상을 하고 관공(關公)의 수염을 드리워서
- 백석 〈고향〉

상: (①上 中 下의 上 ②상감의 준말)

새 (새로운)

새해엔 우리 모두 산같은 마음으로 살아야 하리
- 이해인 〈새해엔 산같은 마음으로〉

새: (①사이의 준말 ②날짐승)

지그시 깨문 입술 새:로 피어서 질 수 없는 꽃이 – 김송희 〈몰래 우습다〉

이카로스의 날개치는 눈먼 조국의 새:여 – 이근배 〈노래여 노래여〉

새:다 (①흘러 나오다 ②비밀이 외부에 알려지다 ③밝아 오다 ④새우다의 준말 '뜬눈으로 밤을 새다')

손으로 새:는 달빛을 주우려는 듯 – 구자윤 〈청자수병〉

날 새:면 물에서 멀리 떨어진 아아 나는 – 이근배 〈부침(浮沈)〉

새끼 (①새끼 줄 ②어린 것)

곳곳에 새끼 줄 치는 소리 – 문병란 〈땅의 연가〉

새끼 네 명을 키우며 중년에 접어든 – 문병란 〈불혹의 연가〉

샘 (땅에서 물이 솟아나오는 곳)

샘:터에 물고이듯 성숙하는 내 영혼의 슬픈 눈 - 이형기 〈낙화〉

성 (城높이 쌓아올린 구조)
나는 성터에서 숨가쁘지 아니하였습니다 - 김상억 〈성터에서〉

성: (①사람의 천성 ②암수, 남녀의 구별 ③생식에 관한 본능 ④姓 혈통끼리 가지는 칭호 ⑤聖 종교적인 사물 앞에 붙여 '거룩한' 뜻으로 쓰이는 말, 성:금요일 ⑥분노)
직행도 성:이 안 차 고속으로 달리다가 나는 그만 - 김광림 〈완행〉
시의원의 성(性):스캔들이 정치문제로 가진 않았다
   - 황지우 〈몬테비데오 1980년 겨울〉
성:자(聖者)의 세계 - 박인환 〈살아있는 것이 있다면〉
성:낸 해가 이빨을 갈고 입술은 붉으락 푸르락 소리없이
   - 이상화 〈이중의 사망〉

손 (①사람신체 ②손님 ③고등어 한 손(두 마리)
이 포도를 따먹으면 두 손은 함뿍 적셔도 좋으련 - 이육사 〈청포도〉
손 없는 향연을 벌이고 슬픔을 잔질하며 밤을 기다리로다
   - 김상용 〈손 없는 향연〉

손: (①자손의 준말 ②손해의 준말)

수 (①용언의 활용어미 '말할~ 없다' ②壽 오래 삶 ③운수의 준말)
세상 알 수 없어서 - 윤강로 〈물결 스케치〉

수: (①숫자의 준말 ②헝겊에 색실로 떠서 무늬 만들다 ③여럿이라는 뜻 '수백만, 수개월')
능금빛으로 물들었다가 금은으로 수:를 놓다가 - 구상 〈강〉

	내 눈물은 수:천 세월을 끊임없이 흐려 놓았다 - 김영랑 〈두견〉
수정	(①보석 ②바로 잡아 고침 ③암수의 생식세포가 하나로 합쳐지는 일)

　　　　이별의 눈물은 저주의 마니주요 거짓의 수정이다 - 한용운 〈이별〉

　　　　어느 시인의 말은 수정되어야 한다 - 김수영 〈푸른 하늘을〉

쉬:다　(①음식이~ ②숨을~ ③휴식 ④목소리가~ ⑤결근 모두 장음)

　　　　당신의 쉰:목소리에 한모금 취하여 비틀거리고 - 임만근 〈오첼로〉

　　　　일없이 한숨을 길게 쉬:시며 웃으시는 듯한 얼굴을
　　　　　- 홍사용 〈나는 왕이로소이다〉

시　　　(①詩 ②時)

　　　　혼자 시(詩)를 잃고 저무는 한 해, 그 가을에도 - 박성룡 〈과목〉

시:　　(①市 도시　②是 옳음)

　　　　포화에 이지러진 도룬 시(市):의 가운 하늘을 생각게 한다
　　　　　- 김광균 〈추일서정〉

시:내　(도시의 안)

　　　　시:내 위에 돌다리 아래 버드나무 - 이장희 〈고양이의 꿈〉

　　　　그녀를 무등태운 산 그림자가 시:내까지 따라온다
　　　　　- 황지우 〈에서 · 묘지 · 안개꽃 · 5월 · 시외버스 · 하얀〉

시장　　(배고픔)

　　　　웃음이란 얼마나 가볍게 스쳐가는 시장끼냐 - 한하운 〈자화상〉

시:장　(①市의 대표　②여러가지상품 사고 파는 곳)

　　　　높은 통제탑에서 시:장은 크게 흡족했다
　　　　　- 황지우 〈몬테비데오 1980년 가을〉

어머니는 시:장에서 물감장사를 하고 계셨습니다
  - 강우식 〈어머니의 물감상자〉

시비 (詩를 새긴 비)

'삐이닐니리 삐이닐니리' 한하운 시비에도 비가 내리고 있었네
  - 박종현 〈그 날 소록도에 내린 비가 오늘 아침 우리집 마당에 내리고 있었네〉

시:비 (①시중드는 여자 종 ②옳고 그름)

나는 벌거숭이다 시:비를 모르고 선악도 모르는
  - 김형원 〈벌거숭이의 노래〉

시집 (①시를 모아 엮은 책 ②결혼)

병신같은 여자, 시집(詩集)같은 여자 - 오규원 〈한 잎의 여자〉

그때 그대를 시집보내고 나의 마음이 - 나태우 〈겨울 달무리〉

신 (①신발 ②신이 나다 ③신하의 준말)

고운 맨발로도 오던 네가 신을 신고도 못 오는구나 - 김용택 〈길〉

신이란 이름으로써 우리는 최후의 노정을 찾아보았다
  - 박인환 〈검은 강〉

신: (①信 믿음 ②腎 신장의 준말 信, 腎으로 시작되는 낱말 모두 장음)

너의 신:념이 너의 정열이 너의 침묵이 모두가 그것들이
  - 박거영 〈바다여 너는 강자(强者)〉

신부 (①새색시 ②카톨릭 성직자)

돌에까지 스미면 금이 될 것이다 얼굴을 가린 나의 신부여
  - 김춘수 〈꽃을 위한 서신〉

유리판 같은 물등 아래 십자가를 맨 신부(神父)가

5. 장단음(長短音)과 시의 실제

    - 김지향 〈또다른 도시〉

신:고 가죽 가방에 넣어 전세 택시에 신고(시:꼬) - 황동규 〈풍장1〉

연기 (①연한 ②정한 기한을 물림 ③물건 탈 때 생기는 기체)
   연기 속에 눈 못 뜨고 때시던 생솔의, 타는 불꽃의, 저녁 나절의
    - 이근배 〈겨울행〉

연:기 (①관객 앞에서 연극, 노래, 춤 따위 재주를 나타내 보임 ②일부러 남에게 보이기 위해 하는 말, 행동)
   연:기? 우리도 연:기하고 있는 게 아닙니까
    - 황지우 〈인간적인, 너무나 인간적인 김형사에게〉

열 (①물건을 데우거나 태우는 힘 ②죽 늘어선 줄)
   열로 상기한 볼을 말없이 부비는 것이었다 - 김종길 〈성탄제〉

열: (①숫자10 ②문 따위를 열다)
   다른 여자 열:명은 더 속일 힘이 솟을 거야 - 최영미 〈그에게〉
   우리가 입을 열:면 합창이 되고 우리가 손잡으면 둘레춤 춘다
    - 석용원 〈목장의 노래〉

영:원 (永遠)
   영:원을 때리는 오묘로운 빛보다 그 앞에서
    - 권일송 〈레오나르도 다빈치 서설(序說)〉

운:명 (運命 초월적인 힘)
   어이 할까나 무슨 운:명의 여신이 나로 하여금 이렇게도
    - 신석초 〈처용은 말한다〉

울:다 (①새, 짐승이 부르짖다 ②눈물 흘리며 울다 ③도배, 바느질이 쭈글쭈글~)

　　　　　뒷동산에 부엉이 울음 울:던 밤인데요
　　　　　　- 홍사홍 〈나는 왕이로소이다〉
울리다　(①'울게 하다' ②감동을 일으키다 '가슴 울리는' ③북을 ~)
　　　　　용기로 먼 이 땅의 나를 울리고 - 서정윤 〈어린 몽상가에게〉
울리:다　(①소리가 나거나 퍼지다 '전화벨이~ ②명성, 평판이 널리 알려지거나 퍼지다)
　　　　　깊은 밤을 울리:는 발자국 소리 땅 속으로 잦아들 듯
　　　　　　- 신중신 〈회색 그림자〉
이　　　(①사람 ②접시 '이' ③벌레 ④치아)
　　　　　내 침실 열 이도 없으니 외나무다리 건너 있는 - 이상화 〈나의 침실로〉
　　　　　어두운 땅에서 사람들이 이를 갈며 울리라
　　　　　　- 황지우 〈대답없는 날들을 위하여 1〉
이:　　　(①理 이치 ②利 이익)
　　　　　이:해(利害)와는 먼 삶인데도 하루에도 - 구상 〈근황 2〉
이:상　　(①以上 그것을 포함하여 그것보다 더 많음 ②異狀 평소와 다른 상태 ③異常 정상이 아닌 상태 ④ 理想 마음에 추구하는 최상의 목표)
　　　　　각자 열 개씩 아니 그 이:상 - 김혜순 〈이 시대의 사랑법〉
　　　　　둘 있는 둘이 이:상하게 더 외롭다 - 오규원 〈하나와 둘〉
　　　　　현실보다 이:상이 너무 높아 고독한 이 땅에서 - 김용락 〈나팔꽃〉
일　　　(①日 날 ②일본의 준말 ③날짜 세는 단위 ④하나)
　　　　　일요일 나는 부활한다 무덤을 찾는 막달라 마리아도 없이
　　　　　　- 황명걸 〈요일 연습〉

일: (인간 활동)
      눈물에는 설탕을 치며 사람의 일:들을 노래한다 - 정현종 〈고통의 축제〉
장관   (腸管) 섭취한 음식물을 소화하고 흡수하는 기관 총칭
장:관 (①볼만한 경관 ②국무를 맡아보는 각부 책임자)
      이렇게 아름다운 장:관을 일찍이 보신 적 있나요?
         - 박희진 〈랑탕 히말트레킹〉
장수   (①목숨이 길다 ②장사하는 사람)
      얼마나 장수할까 얼마나 버틸까 - 김지향 〈얼음이 풀린 뒤〉
장:수 (군사를 지휘 통솔하는 장군)
      후고구렷적 장:수들이 의형제를 묻고- 신동엽 〈진달래 산천〉
재   (①타고 남은 것 ②높은 산의 고개)
      재 우에 뜻 없이 글자를 쓰기도 하며, 또 문밖에 나가지두 않구
         - 백석 〈신의주 유동 박시 봉방〉
      저 재를 넘어가는 저녁해의 엷은 광선들이
         - 신석정 「아직 촛불을 켤 때가 아닙니다」
재: ('다시'의 뜻을 나타냄)
      몸의 재:생 불능의 세포까지 탐지해낸다 - 김지향 〈나의 탐지기〉
전기   (①모든 기간 ②앞에 기록함 ③전기, 후기 ④개인의 사적을
      적은 기록)
전:기 (①전자의 이동으로 생기는 에너지 ②전환의 기회 ③전쟁이
      일어날 기미 ④전쟁의 기록)
      전:기도 없는 산장 방에서는 – 박희진 〈랑탕 히말트레킹〉
전:율 (놀랍거나 두려워서 몸이 떨림)

바람이 울 때마다 가랑잎이 전율(저:눌)하면 - 김용팔 〈기원〉

정: (①연장 ②正 옳고 바름)

밤을 낮을 삼아 정:소리가 요란하더니 - 김상옥 〈다보탑〉

종 (흔드는 쇠붙이)

들에 나아가 종소리를 들으며 긴 그림자를 - 김현승 〈나무〉

종: (①노비 ②씨, 종자)

애비는 종:이었다 밤이 깊어도 오지 않았다 - 서정주 〈자화상〉

중 (①中 가운데 ② ~하는 동안)

나무 중에도 소나무이기를, 생각하는 나무 춤추는 나무이기를
  - 양명문 〈송가〉

중: (①스님 ②重 크고 중대함 ~과실 ③겹침)

중:이지 너 안 보았니? 일전에 왔던 - 김동환 〈국경의 밤〉

국법을 중시하고 국토를 중:히 하야 - 허형만 〈허송시(許松氏)〉

차다 (①가득하게 되다 ②발로 내지르다 ③시계를~ ④온도 낮다 ⑤냉정하다 ⑥보람~ ⑦몸에 지니다

숨이 차서 풀밭에 그만 주저앉는다 - 강소천 〈아기와 나비〉

바릿밥 남 주시고 잡숫느니 찬 것이여 - 정인보 〈자모사12〉

창 (①窓 창문의 준말 ②槍 옛날 무기)

창을 닦는 시간은 또 노래도 부를 수 있는 시간 - 김현승 〈창〉

가시면류관도 창의 찔림도 받음이 없이 - 황명걸 〈요일 연습〉

창: (唱 국악)

포기 (①초목의 날개 ②거품과 같이 부풀어 오름)

엎드려 심는 포기포기에 단성이 어리었으니 - 유치환 〈식목제〉

포:기	(중도에 그만 두어 버림)

　　　스스로도 알 수 없는 방황과 그 포:기, - 박두진 〈영혼의 내 낡은 장막〉

한	(①하나 ②같은 ③대략 ④한창의 뜻)

　　　또 한 켜 지층을 물어 뜯었나니 - 김상용 〈굴뚝노래〉

　　　메말라서 재가 되었다가 한세상이 되었다 - 서정주 〈인연설화조〉

　　　한오십년 살고 보니 나는 나는 구름의 딸이요 바람의 연인이라
　　　　- 유안진 〈자화상〉

　　　수리부엉이 우는 이 겨울도 한밤중 - 유안진 〈자화상〉

한:	(①범위나 한도 '힘이 닿는 한' ②원한의 준말)

　　　어어 둥둥 내 사랑 끝도 없고 한:도 없다
　　　　- 정대구 〈사랑이 몸살을 앓는 바다〉

　　　恨:은 길건만 인생은 짧아 큰 슬픔도 지내다니 - 김해강 〈가던 길 멈추고〉

　　　차라리 목숨을 버리는 그대는 한:국인 - 신달자 〈잔설을 이고 선 소나무〉

향	(①제전에 피우는 ②향 냄새)

　　　흰나리꽃이 향을 토하는 저녁손길이 - 노천명 〈길〉

향:	(向 남향 북향)

　　　어디로 향:을 해야 너와 마주 서는 게냐 - 박두진 〈어서 너는 오너라〉

향수	(①향료 ②고향을 그리워함)

　　　풀냄새가 물씬 향수보다 좋게 - 노천명 〈푸른 오월〉

　　　향수의 안개비 자욱히 앞을 적시네 - 오일도 〈노변의 애가〉

향:수	(①오래 사는 복을 누림 ②복, 혜택 받아서 누림)

해	(①태양 ②年)

　　　낮엔 해가 밤엔 달이 - 윤석중 〈오색풍선 띄우자〉

다시 한 해를 보낸다 - 김규동 〈빈손으로〉

해: (①하다의 해체 명령형 ②하여의 준말 ③害 끼치는 나쁜 영향
④죽임, 인명을 ~하다)

어린 시절 그 분의 말씀 항상 봄처럼 부지런해:라
　- 조병화 〈해마다 봄이 오면〉

육십평생을 두고두고 사랑해:도 다 사랑하지 못하고
　- 이생진 〈그리운 바다 성산포〉

아무도 해:(害)한 일 없는 새로 뽑은 독
　- 김영랑 〈독(毒)을 차고〉

● 단어의 첫 음절에서만 긴소리가 나타나는 것을 원칙으로 한다.
(표준 발음법 제 6항)

예 : 얼음과 눈보라(눈:보라)를 지니고 있다
　- 허영자 〈얼음과 불꽃〉

말씨(말:씨) 말:없는 밤 작은 망아지의 마판 굴리는 소릴 들으며
　- 조지훈 〈정야(靜夜)〉

벌리다(벌:리다) 아! 입을 벌:리고 받아먹고 저운 귀여운 눈물이었다
　- 이상화 〈몽유병〉

● 둘째 음절 이하에서는 단음

예 : 첫눈 (천눈) 참말 (참말)

우리집 뜨락에 산망개 빛깔의 첫눈이 내립니다
　- 강현국 〈삽화〉

내가 어떻게 놀라 부렀는가 첨에는 참말로 귀신들이 아닌가 싶어

        - 안도현 〈뜨거운 밤〉

⦿ 다만 각기 장음의 음가를 지닌 합성어일 경우는 둘재 음절 이하에서도 장음으로 발음한다.
  *예- 반신반의 (반:신바:늬) 재삼재사 (재:삼재:사)

수(數)의 장,단음

(1) 0~9까지 수에서
   2: 4: 5: - 장음, 나머지는 모두 단음
   암기법 (245 ☞ 이사오오)
   5월 24일 (오:월 이:십 사:일) 9월 26일 (구월 이:십 뉴길)
      단돈 2:백원 땜에 아이들은 빨간 목젖으로 운다
        - 황지우 〈아내의 수공업〉
      이:천년 하루같이 새벽외출 외톨이 과객으로 - 김남조 〈새벽외출〉
      1930년대와 194:0년대의 - 임화 〈현해탄〉
      파랑치마를 두르고 4:월을 고대하는 항구에는 - 김기림 〈파랑항구〉
      만 이십사:년 일개월을 무슨 기쁨으로 바라 살아 왔는가 - 윤동주 〈참회록〉
      한 오:천년 떠 밀려 이 바다에 쫓기운 - 곽재구 「전장포 아리랑」

(2) 하나~열까지 수에서
   둘: 셋: 넷: 열: - 장음, 나머지는 모두 단음. *단, 열하나(11)부터의 열은 짧다.

암기법 (드세네 열 ☞ 열기가 드세다)
　　말도 없이 나의 눈물에 비쳐서 둘:도 되고 셋:도 됩니다 - 한용운 〈해당화〉
　　열:개의 손가락이 소나기처럼 - 정대구 〈사랑이 몸살을 있는 바다〉
　　이윽고 우람한 두:팔이 나의 허리를 어루만질 때면 - 김동명 〈바다〉
　　열두:시가 거의 다 되어 가는 이 깊은 밤에 - 김원석 〈장미꽃 한송이〉
　　열 여섯에 사:십이 넘은 홀 아비의 후처가 된 - 백석 〈여우난 곬족(族)〉

(3) 십, 백, 천, 만, 억, 조에서
　만: (萬) - 장음, 나머지는 모두 단음
　　온 길은 천리나 갈 길은 만:리다 - 김동환 〈송화강 뱃노래〉

6. 받침의 발음

① 받침소리는 ㄱ, ㄴ, ㄷ, ㄹ, ㅁ, ㅂ, ㅇ의 7개 자음만 발음하며(표준 발음법 제4장 8항) ㄲ, ㅋ은 ㄱ으로 ㅆ,ㅈ,ㅊ,ㅌ은 ㄷ으로 ㅍ은 ㅂ으로 발음한다. (표준 발음법 제4장 9항)

  닦다 (닥따) 키읔 (키윽) 옷 (옫) 꽃 (꼳)
  빚다 (빋따) 있다 (읻따) 솥 (솓) 덮다(덥다)

② 겹받침 ㄳ, ㄵ, ㄼ, ㄾ, ㅄ은 어말 또는 자음 앞에서 각각 ㄱ, ㄴ, ㄹ, ㅂ으로 발음한다. (표준 발음법 제4장 9항)

  넋 (넉) 앉다 (안따) 여덟 (여덜)
  외곬 (외골) 핥다 (할따) 없다 (없:다)

③ 다음과 같은 겹받침은 상황에 따라 다르게 발음한다.
  굵다란 (국따란)
   눈이 쌓인 흰눈과 굵다란 멜로디에 비정하게 흔들리는
    - 김동명 〈당신이 만약 내게 문을 열어 주시면〉

굵기 (굴:끼)
   길면 길수록 그 굵기의 희열을 - 김려옥 〈만남을 위해〉
굵고 (글:꼬)
   녀석들의 팔둑같이 굵고 붉은 밧줄에 - 구상 〈우리의 8월〉
굵다 (국:따) 굵지 (국:찌) 굵디 굵다 (국:띠 국:따)

긁고 (글꼬)
   여름밤 멍석 위에서 할머니는 내 등을 긁고 계셨다
      - 이성선 〈할머니의 손등〉
긁다 (극따)   긁게 (글께)   긁던 (극떤)   긁지 (극찌)

까닭이 (까달기)
   까닭이 없는 것이 아닙니다 - 한용운 〈사랑하는 까닭〉
   내일 밤이 남은 까닭이요 아직 나의 청춘이 - 윤동주 〈별헤는 밤〉
까닭만 (까당만)
   내가 온종일 울었다는 그 까닭만은 아니다 - 천상병 〈강물〉
까닭은 (까달근)
   강물이 모두 바다로 흐르는 그 까닭은 - 천상병 〈강물〉
까닭도 (까닥또)
   아우성 소리, 까닭도 없이 눈물겹구나 - 김광균 〈와사등〉
까닭없이 (까달겁:시)
   흰 돛을 보면 까닭없이 이 마음 그립습내다 - 양주동 〈해곡 3장〉
까닭에 (까달게)

스스로 사랑을 깨치는 것인 줄 아는 까닭에 - 한용운 〈님의 침묵〉

넓고 (널꼬)
　　이 넓고 깊은 우리들의 바다를 가로질러 - 이건청 〈가을바다〉
넓은 (널븐)
　　넓은 바닷가 모래 위에다 나는 내 아픈 마음을 쉬게 하려고
　　　- 박영희 〈월광으로 짠 병실〉
넓기도 (널끼도)
　　오월의 산에 올라 풀 베다 소리치니 하늘이 넓기도 해
　　　- 김동환 〈오월의 향기〉
넓게 (널께)
　　가슴속은 바다보다도 넓게 비워 놓고 - 채희문 〈바다〉
넓디 넓다 (널띠 널따)
　　벼가 떠나가며 바치는 이 넓디넓은 사랑 - 이성부 〈벼〉
넓다 (널따)
　　넓다좁다 이리저리 도는 골을 시름도 피로도 모르고 - 이병기 〈계곡〉
넓구나 (널꾸나)　　　넓지 (널찌)　　　넓습니다 (널습니다)
늙도록 (늑또록)
　　늙도록 거르지 않는 독백의 연습도 마친 다음 - 김남조 〈밤편지〉
늙고 (늘꼬)
　　웃고 있습니다 늙고 있습니다 가고 있습니다 - 이경순 〈인간적〉
늙게 (늘께)
　　나를 늙게 하는 동시에 젊게 한다 - 김수영 〈현대식 교량〉

늙지 (늑찌)
> 늙지 않는 너의 설렘이 바로 소나무 – 성찬경 〈소나무를 기림〉

늙다 (늑따)　늙거든 (늘꺼든)

떫:따 (떨:따)
> 도심지 공기의 맛이 떫다는 논리를 내 눈이 보지 않아도 믿음
> – 김지향 〈공기를 먹지 않으려고〉

떫고 (떨:꼬)　떫지 (떨:찌)　떫어 (떨:버)
떫은 (떨:븐)　떫디 떫다 (떨:띠 떨:따)

맑고 (말꼬)
> 맑고도 고운 그 모양 눈에 모여 어린다 – 이병기 〈아차산〉

맑은 (말근)
> 밝고 맑은 해와 달 모아서 비친다 – 하종오 〈식구 3〉

맑게 (말게)
> 서러운 눈 씻어 맑게 다스릴 줄 알고 – 이성부 〈벼〉

맑다 (막따)
> 진주 남강 맑다 해도 – 박재성 〈추억에서〉

맑다맑은 (맏띠말근)
> 맑다맑은 천지물은 자유와 평화의 애틋한 샘 – 김규동 〈통일의 빗살〉

맑겠다 (말게따)　맑지 (막찌)
묽거나 (물꺼나)　묽게 (물께)　묽다 (묵따)　묽던 (묵떤)
묽디묽다 (묵디묵따) 묽소 (묵쏘)　묽지 (묵찌)

밝다 (박따)
　　잃었던 빛깔 내게로 돌아와 환히 밝다 - 정한모 〈눈보라 속에서〉
밝고 (발꼬)
　　우물 속에는 달이 밝고 구름이 흐르고 - 윤동주 〈자화상〉
밝은 (발근)
　　불켜논 방 안같이 환히 밝은데 - 김동환 〈국경의 밤〉
밝아 (발가)
　　봄이 오면 죄를 짓고 눈이 밝아 - 윤동주 〈태초의 아침〉
밝게 (발께)
　　안개도 구름도 걷힌 얼굴로 밝게 웃는다 - 김지향 〈푸른 땅을 걷는다〉
밝기 (발끼)
　　꿈마다 기어와선 놀다기도 날 밝기 무섭게 - 김동환 〈오월의 향기〉
밝거든 (발꺼든)
　　날이 밝거든 곧 말게 손질을 고이해서 인장을 지어 - 김동명 〈손님〉
밝습니다 (박습니다)　밝는 (방는)　밝네 (방네)

* 'ㄱ' 앞에서 [발], 'ㄷ' 'ㅅ' 'ㅈ' 'ㅊ' 앞에서 [박], ㄴ앞에서
　[방]으로 발음

밟고 (밥ː꼬)
　　내가 삽붓 밟고 있는 것처럼 너도 나를 삽붓 밟아 - 남궁벽 〈풀〉
밟는 (밤ː는)
　　네 그림자를 밟는 거리쯤에서 오래 너를 바라보고 - 신달자 〈꽃〉

밟겠구나 (밥:께꾸나)
  마을 아이 다 모여서 무난히 밟겠구나 – 오일도 〈노변의 애가〉
밟습니다 (밥:씀니다)
  당신은 흙발로 나를 짓밟습니다 – 한용운 〈나룻배와 행인〉
밟지 (밥:찌)
  나는 아무도 밟지 않은 눈 위를 걸어 – 류시화 〈겨울날의 동화〉
밟다 (밥:따) 밟거나 (밥:꺼나)

붉다 (북따)
  밤이르도록 달래지지 않는 심사로 익고 익어 – 윤강로 〈산딸기〉
붉게 (불께)
  붉게 몸을 섞었다는 이유만으로 열에 열 손가락 – 도종환 〈봉숭아〉
붉디붉은 (북띠불근)
  한 점 붉디붉은 시의 응결을 찍기 위하여 – 이성부 〈이 볼펜으로〉
붉던 (북떤)   붉소 (북쏘)   붉지 (북찌)   붉고 (불꼬)

* 'ㄱ' 앞에서 [불], 'ㄷ' 'ㅅ' 'ㅈ' 앞에서 [북]으로 발음

넓게 (설:께)
  산꿩도 넓게 울은 슬픈 날이 있었다 – 백석 〈여승〉
넓고 (설:꼬)
  그저 넓고도 안타까워서 – 김동환 〈국경의 밤〉
넓다 (설:따)

햇볕에 녹을 물이 섧다고 달빛을 타고 - 김억 〈눈오는 밤〉
섧지 (설:찌)

얇게 (얄게)
　　얇게 깔린 살얼음을 디디며 너는 위태하게 - 박재롱 〈너와 나〉
얄다란 (얄따란)
　　분먹인 얄다란 종이 하나로 - 박종화 〈사(死)의 예찬〉
얄디얄다 (얄띠 얄따)
　　햇살에 닿아 얄디얄은 것들 - 베용제 〈식물 혹은 인간에 대한 관찰〉
얇다 (얄따)　얇고 (얄꼬)　얇아 (얄바)　얇으니 (얄으니)

읊는 (음는)
　　샘가에 앉아 노래 읊는 몸 - 모윤숙 〈샘가에 앉아〉
읊고 (읍꼬)
　　그리고 또한 때로는 시도 읊고 싶구나 - 이병기 〈냉이꽃〉
읊조리다 (읍쪼리다)
　　경(經)을 읽는다 시편을 읊조리다가 큰소리로 읊는다 - 장기숙 〈시편〉
읊다 (읍따)　읊게(읍께)　읊어 (을퍼)　읊기(읍끼)
읊습니다 (읍씁니다)　읊지 (읍찌)

읽고 (일꼬)
　　어떤 이는 내 눈에서 죄인을 읽고 가고 - 서정주 〈자화상〉
읽지 (익찌)

자꾸만 어두워져서 읽지 못하고 – 이수익 〈우울한 샹송〉
읽는 (잉는)   읽다 (익따)   읽던(익떤)   읽히다 (일키다)

짧기에 (짤끼에)
　　새벽꿈이 하 짧기에 근심도 짧을 줄 알았더니 – 한용운 〈꿈과 근심〉
짧더니 (짤떠니)
　　당신이 계실 때에는 겨울밤이 짧더니 – 한용운 〈여름밤이 길어요〉
짧든지 (짤뜬지)
　　손이야 낮든지 다리야 짧든지 – 한용운 〈정천한해(情天恨海)〉
짧다 (짤따)
　　'인생은 짧다'고 실없이 읊어본 노릇이 – 노천명 〈추풍에 부치는 노래〉
짧고 (짤꼬)
　　처음 열린 물결은 짧고 어색해서 – 마종기 〈우화의 강〉
짧게 (짤게)
　　가장 긴 이야기 가장 짧게 엮어 – 박경순 〈사랑〉

④ 필요없는 'ㅎ' 발음 첨가하지 않기 〈표준 발음법 제12항〉
　　흰눈은 내려 쌓여 (싸여O 싸혀×) – 김광균 〈설야〉
　　어머니 눈이 많이 (마:니O 만히×) 내린 – 이근배 〈겨울행〉
　　아무도 없는 뜰에 달밤이 나는 싫어 (시러O 실허×) – 박두진 〈해〉
　　어머님이 우리를 낳은 (나은O 나흔×) 공로훈장 – 황석우 〈초대장〉

⑤ 필요한 'ㅎ' 발음은 분명히 하기

  시낭송에 있어서 습관적으로 'ㅎ' 발음을 묵음(默音)으로 하는 경우가 많다. 그러한 습관이 노래를 버리고 'ㅎ'의 소리값을 분명히 하도록 한다.

IV
시낭송이란

1. 시낭송이란

시낭송의 낭(朗)은 한자어의 밝고 맑고 환하다. 송(誦)은 외다, 암송하다, 말하다 라는 뜻을 가지고 있다. 시낭송은 시문의 발음을 명료하고 정확하게 유쾌하게 또랑또랑하게 말하다는 의미와 뜻을 가지고 있다.

시는 아름답고 감동적인 문학이다. 시낭송의 본질은 아름다운 감동의 세계다. 시낭송은 단편적(斷片的)으로 표현하자면 한 편의 시를 외워서 시어들을 또랑또랑한 소리로 정확하게 전달하고 시에 운율을 담아 자연스럽게 들려주는 것을 말한다.

내가 그린 시의 악보를 나의 노래로 만들어 내는 일이다.

이미지의 시를 자신의 호흡으로 살아있게 만들어 내는 일이다.

내 목소리에 담아 몸이 익숙하도록 녹여 내는 일이다.

듣는 이의 가슴에 울림을 주고 감동을 주는 일이다.

가랑비같이 마음 깊이 스며들도록 적셔주는 일이다.

영혼의 파장을 비단(緋緞) 끈에 묶어 놓는 일이다.

시낭송은 시의 꽃이다. 한 편의 시를 낭송하기 위해 시를 깊이있게 묵독하고 낭독하고 암송의 단계를 거치면서 자기 존재를 확인하고 빨갛게 익어가는 즐거움을 갖는 것이다.

   감동의 세계로 초대하는 것이다.

   감동적이란 머리로 이해되는 것이 아니라 온몸으로 느끼는 기쁨이고 가슴이 충만해지는 풍요로움이다.

   발레리는 우주적 감각에서 경험하는 어떤 황홀경이나 공감의 심리상태를 가리켜 시적 감동이라고 하였다.

   낭송을 낭독이라고 말하는 경우도 있고, 낭독하고 있는데 낭송이라고 말하는 사람이 있다. 낭독(朗讀)의 독(讀)은 읽을 독이다. 낭독은 부담이 적다. 원고를 보고 또랑또랑하게 읽는 것을 말한다.

2. 낭송문학

낭송문학이란 말 그대로 문학작품을 음률적 감정을 담아 유창하게 읽거나 외우는 것을 말한다. 이는 작가의 문학성을 높여주고 가치와 이해도를 높이는 적극적인 방법으로 문자와 음성의 종합예술이다.

즉 음성이나 문자를 통해서 인간의 사상이나 감정, 의지, 생각, 체험, 사고 등을 통해서 느끼거나 깨달은 것을 표현하고 또 다른 사람에게 그러한 것이 있음을 알리고 전달해 주는 행위가 바로 낭송문학의 가치인 것이다.

언어란 원래 음성언어와 문자언어를 모두 포함한 것이다. 다만 그 표현 방법만 다를 뿐이다. 이런 점에서 본다면 시낭송 문학은 두 언어를 사용하여 시인의 생각과 느낌 감정 등을 문학적으로 승화시켜 낭송하기 때문에 더욱 완벽한 문학 형태라 할 수 있다. 그러기에 여러 사람이 함께 느끼고 공감할 수 있는 문학으로 끌어올려야 한다.

고대 사회에서나 일상생활에서는 물론 문화적, 예술적 행위에 있어서도 구전(음성언어) 음률이나 낭송 등이 더욱 많이 이용되었다 한다.

서사시도 예부터 전해오는 역사적 사건, 신화나 전설, 영웅담 등을 읊조리는 노래에서 비롯된 것이다. 고대 그리스의 시성 호매로스의 작품 〈일리아드〉와 〈오디세이〉도 사실은 전해 내려온 이야기의 역사적 사실 등을 문화적 재능으로 다듬고 재창조하여 만들어진 것이다. 시를 가리켜 마음의 음악이 언어로 된 노래라고 하는 것도 시가 음성언어로 출발했음을 보여준다.

  시는 어떤 작품이든지 시인의 마음속에서 우러나오는 말의 표현과 맛이 있다. 시인은 무엇인가 감격하고 감동한 자기의 심상과 이미지 구도를 살리는 상상을 중심으로 비유하고 환유시켜 작품을 만들고 창조해 간다. 우리가 논문이나 변설(辯說)보다 한 편의 시에 더 감응하는 것은 시가 마음에 울려서 인간 내부의 혼을 일깨우고 시를 통해 영적 교감을 실현시키기 때문이다.

  시를 읽을 때 맥박이 뛰지 않으면 생명이 없는 시다. 시가 우리 삶을 윤택하게 하는 건 사실이다. 인간의 내면이 기쁨과 고통이 공존하고 있기에 시에서 공감이 크면 감동으로 이어진다. 시는 여행의 초대이자 귀향이라 생각한다면 낭송문학이 우리 생활에 정착시킬 때 정서적 풍요도 누릴 것이다.

3. 시낭송의 흐름

　태초에 말씀이 있었다. 그 말씀을 누가 말하느냐에 따라 모든 사물뿐 아니라 사람의 마음까지도 변화하게 만든다. 인간이 태어나면서 활자가 만들어지기 전에는 의사소통을 몸짓으로, 기호로, 연기로, 불꽃으로 목소리 톤으로 자기의 뜻과 마음을 알리기 시작했으며 문자가 생기면서 큰소리로 책을 읽는 것이 생활화되었다.

　한국인들은 세계 어느 민족보다 시를 가까이하고 생활화하는 민족으로 알려져 있으며 시 또한 생활의 한 부분으로서 가까이한 민족이였다.
　음풍농월(吟風弄月)이란 말이 있듯 시는 글자로 쓰이기 이전에 소리내어 읊었다.
　고조선의 공무도하가(公無渡河歌)는 삼국유사에 실린 '향가' 가락국의 '구지가(龜旨歌) 고려가사, 판소리 등 구전되어 온 것들이 낭송시였다. 〈공무도하가〉는 〈구지가〉나 〈황조가〉와 더불어 가장 이른 시기에 출현한 고대가요 중 하나이다. 향가(鄕歌) 시인 월명사가 인기를 누릴 수 있었던 것도 그만큼 시가 대중적 공감을 얻고 있었기 때문이다.

公無渡河歌(공무도하가) - 백수광부의 아내

公無渡河(공무도하) 그 물을 건너지 마오
公竟渡河(공경도하) 끝까지 건너가시다가
墮河而死(타하이사) 물에 빠져 죽으면
當奈公河(당내공하) 강을 대할 수 없으니 어찌할꼬

잘 알려진 공무도하가는 가장 오래된 시가(詩歌)이다. 고조선에 말로 전해지다가 중국 진나라 최표라는 사람에 의해 한문으로 기록했다고 전해지고 있다. 이 시는 한자어 그대로 '임이여 강을 건너지 마오' 남편의 죽음을 애도하는 개인적 정서가 담긴 한을 노래하고 있다.

조선 초기에는 당대 선비들이 시회(詩會)를 열어 풍경 좋은 곳에서 시로 화답(和答)하며 풍류를 즐겼다. 사랑으로 시대를 넘은 기생 시인 황진이, 매창, 박어우, 한국 문학에 큰 몫을 한 시낭송의 삶을 산 여류 시인이 아니겠는가. 조선의 천재 시인 허난설헌, 신사임당, 유랑 시인 김삿갓의 삶은 그 자체가 시였다. 김삿갓은 위선에 찬 양반 세계를 해학적으로 풍자한 시를 읊으며 전국을 유람한 시인이다.

김삿갓이 개성에 갔을 때 어느 집 문 앞에서 하룻밤 재워주기를 청하자, 집주인은 문을 닫아걸고 나무가 없어 못 재워 준다고 하자, 그는 이런 시는 읊었다.

邑名開城何閉門 고을 이름은 개성인데 어찌 문을 닫아걸며,
山名松岳豈無薪 산 이름은 송악인데 어찌 나무가 없다 하느냐.

문재(文才)가 번득이는 장면이다.
이렇듯 옛날부터 시는 여러 가지 기능을 행사하는 것으로 인식되어 왔다. 논어 위정편에 '시를 300편 읽으면 나쁜 것을 생각하지 않는다'라는 구절이 있는가 하면 자로편에는 '시 300편을 외우면서 정사를 제대로 처리하지 못하고 또 외교사절로 나가 잘 응대하지 못하면 무슨 소용이 있겠는가'라 했으며 시경(詩經)과 성경 시가서(詩歌書)에도 243편의 주옥같은 시들이 있다.

고대 로마시대에는 귀족들이 주로 자신의 저택 내에 마련된 트리클리늄(Triclinium)이라는 공간에서 시연회(詩宴會)를 즐겼으며 음악과 시낭송 때로는 자작시를 지어 낭송하거나 예술인을 초청해 연회의 품격을 높이며 유대 관계를 가졌다고 한다.

시민들은 퐁네프의 다리에 모여 시낭송을 했다고 알려져 있다.

낭송시가 본격적으로 시작된 것은 소비에트 사회주의 국가에서 선전도구로 낭송이 발달됐다고 한다. '닥터 지바고' 영화로 우리에게 알려진 노벨문학상 수상자인 파스테르나크도 소설가이기 전에 시낭송으로 인기를 누렸으며, 러시아 시인 마야콥스키 등 시낭송으로 많은 사람을 군집시킨 낭송가로 알려졌다고 한다. 그뿐 아니라 프랑스 한 시인이 미국에서 시를 낭송했는데 시낭송에 감동한 미국이 "여기에 남아 있어라. 그러면 행복한 생활을 할 것이다." 그 말을 들은 시인은 "아니오,

내가 떠나면 내 조국은 병든 어머니와 같다. 그러니 나는 가야만 합니다."라고 그만큼 시가 생명의 소리로 들려졌을 때 감동하는 것이다. 시가 주는 감동은 언어에 의해서 창조된 예술품이다.

그리스의 시성(詩性) 호메로스는 유럽의 서사시(敍事詩) '일리아드와 오디세이'를 읊은 최초의 시낭송가로 볼 수 있다. 그는 음유시인(吟遊詩人)으로 하프를 들고 유랑하면서 서사시를 읊고 다녔다. 두 서사시는 고대 그리스의 문학, 교육에 큰 영향을 끼쳤으며 서사시의 규범이 되었다. 고대 올림픽에는 스포츠 경기뿐만 아니라 음악, 연주, 철학자 강의, 시인과 문학가들의 낭송 경연도 열렸다고 한다.

이는 올림픽이 단순한 경기가 아닌 지덕체(智德體)가 어우러진 경기였음을 알 수 있다.

4. 시를 날개한 시낭송가

전문적으로 시를 낭송하는 사람을 '시낭송가'라고 한다.

덴마크 작가 '루이스 세풀베다'의 〈갈매기를 날게 한 고양이〉에 이런 이야기가 있다. 갈매기가 알을 낳다가 죽게 되자, 전혀 다른 성질을 가진 고양이가 갈매기를 부화하고 갈매기를 기르게 된다. 갈매기는 고양이와 똑같은 행동을 하면서 고양이의 자식으로 자라가자, 고양이 엄마는 고민하기 시작한다.

갈매기를 날 수 있도록 만들어야 하는데 나는 법을 모르기 때문이다. 고양이 엄마는 어떻게 하면 갈매기를 날게 할 수 있을까 의논을 한다.

어떤 고양이는 정치가는 힘이 있고 권력도 있으니까 정치가를 모시자 하고. 다른 고양이들은 돈 많은 사람을 모셔오자, 노래 잘 하는 사람을 모셔오자, 힘이 있는 사람을 모셔오자, 동물연구가를 모셔오자 등 다양한 의견이 나왔다. 하지만 그 누구도 갈매기를 날게하는 데 실패했다.

그러다가 고양이들의 마지막 결론은 시인을 불러오자는 것이었다.

아무도 날게 할 수 없었지만 시인은 갈매기를 날게 했다는 이야기다.

시인은 날 수 있게 하는 언어의 힘이 있고 감성이 있다. 자신감을 주고 자존감을 높여주는 희망의 언어가 그를 날 수 있게 한 것이다.

시낭송가도 감성의 테크닉을 가지고 자연스럽게 접근하여 감동을 준다면 다음에는 시낭송가를 데려옵시다 하겠지요.

혹 내게 날지 못하게 하는 걸림돌이 무엇이 있는지
말에 힘이 들어있어 불편하게 들리지는 않았은지
감정이 앞서 시를 죽이지는 않았는지
습관화된 언어의 쪼가 있어 발음이 잘 전달되지 않았는지
표정이 어둡지는 않았은지,
쉼과 완급조절의 키를 잡고 운전했는지
몸에 시감(詩感)이 있다고 생각했는데
얼마나 연습하고 감동있게 읊었는지
낭송 패턴의 방향키를 제대로 잡고 가고 있었는지,
시를 중심으로 시를 날 수 있게 해야겠다.

시낭송자마다 맛이 다르다. 연마에 의해 독창적인 시의 세계를 열어가도록 끊임없이 노력해야 한다. 시낭송을 위해 좋은 소리를 갖고 싶다면 말을 할 때나 낭송할 때 공기의 습도를 조절해야 찰진 목소리도 나올 수 있다.

누가 더 잘하고 못하고의 차이는 성악과 달리 큰 차이는 없겠으나, 듣기 불편해요. 낭송 안 했으면 좋겠어요. 그런 말을 들었다면 교정하

도록 노력해야 한다. 그냥 시를 즐기면 족할 것이다. 낭송가는 한 편의 시를 들려주기 위해 암송하는 노력을 수없이 한다. 표준 발음법을 익히고 발성 연습을 하고 사전의 장음, 단음도 찾아보고 감정을 체득하고 녹여내는 것이다.

 시를 이해하지 못하면 감동을 느낄 수 없다. 눈으로 읽어서 감동되는 시가 있는가 하면, 노래 가사로 불렀을 때 효과적인 시가 있다. 오선지에 어떻게 음표를 붙이냐에 따라 가곡이냐, 대중가요냐, 뮤지컬이냐, 판소리냐의 구별이 생기듯이 시 또한 모임에서 낭송할 것인지 일반 행사인지, 대회인지, 공연하는 무대인지, 또는 시극(詩劇) 무대인지 공간에 따라 시의 선택과 기법이 달라진다.

 미술에서 담채화, 유화, 드로잉, 수묵화 등의 유형을 드러남에 있어서도 그 붓의 터치가 달라지면 느낌도 달라지는 걸 알 수 있듯이 시낭송의 기법도 마찬가지이다. 작곡가나 작사자가 훌륭한 가수가 되지 못하는 것처럼 시낭송은 낭송가의 몫이다.

 시가 과거지향적이든 사회 지향적이든 현실 감각이 뛰어난 작품을 자신있게 낭송한다면 시낭송 분위기도 달라질 것이다. 오래 숙련되지 않은 분이라면 먼저 자신의 목소리와 음색에 맞는 작품을 선택해서 즐기는 것이 좋겠다.

5. 시낭송은 언어예술이다

　시낭송은 대중 앞에서 시를 읊어주는 언어예술이다. 시는 삶에서 우러난 것들을 회화적으로 묘사하고 언어를 입체화시켜 예술로 승화시키는 작업이다. 모든 예술은 아름다움을 추구하는 행위이다.
　시인이 쓴 언어는 잠재적(潛在的)일 수 있다. 독자나 낭송가가 그 시어에 예술적 향내를 채워 소리내어 읊지 않는다면 시는 성공적이 아닐 수도 있기 때문이다. 시인이 시 속에 담은 이미지나 상징적인 언어가 낭송으로 표출되고 가슴을 두드릴 때 시를 듣는 청자들의 반응에 완성되는 것이다. 샤르트르(J.P.Sartre)는 이런 말을 했다.

　예술가는 자기가 시작한 일을 다른 사람이 완성하도록 맡겨야 하고 또 자신이 자기 작품에 대해 필수적인 존재가 된다고 간주할 수 있는 것도 독자의 의식을 통해서 일어난다. 작가는 작품을 생산할 때 그 창작에 동참할 수 있는 독자의 자유에 호소하지 않으면 안 된다.

　밀턴 「실락원」의 묘사한 부분을 보자.

둥글게 늘어선
아름다운 과일이 맺힌 가장 좋은 나무들에서
갑자기 황금빛 꽃이 피고 과일이 열린다.

'아름다운 과일'이나 '가장 좋은 나무들', 갑자기 황금빛 꽃이 피는 것들이 무엇을 말하는가? 무엇이 되었든 낭송가가 시를 어떻게 상상력을 발휘해서 읊어내는가. 어느 작품도 책으로 있을 때는 의미가 없다. 시가 많이 읽히고 낭송으로 들려졌을 때 마음에 감동을 받고 심적 변화가 일어났다면 언어예술로의 기능을 다한 것이다.

모든 예술은 소리가 있다. 목소리는 감정의 운반자다. 그 소리는 독자들을 향한 소리요, 관객을 위한 소리이기에 낭송가는 언어의 악기가 되어야 한다. 똑같은 작품이라도 읊는 사람에 따라 의미가 달라지기도 하고 색다른 작품이 될 수도 있다.

시낭송은 이론보다 실제에 우선을 두고 있다. 이론은 마켓에 있는 식재료요. 낭송은 식탁에 놓인 요리이다. 요리사에 따라 맛이 다르 듯 시도 마찬가지이다.

〈소리와 의미〉를 쓴 A. 포프의 시를 읽어보면 글 쓰는 것만이 기슬이 아니라 시낭송 스킬에도 적용되는 시다.

글 쓰는 것이 진정 쉽게 되는 것은 우연이 아니라. 기술이다.
마치 춤을 배운 사람이 훨씬 쉽게 몸을 움직이듯이

거친 음이 거슬리지 않는 것으로는 충분치 않고,
서풍이 부드럽게 불어올 때
더욱 경쾌한 음률을 달고 부드럽게 시냇물이 흐를 때는 부드럽다
- 중략-
파도가 거친 바위를 힘껏 던질 때면
행도 역시 고단하고, 단어들도 천천히 움직인다
날랜 Camilia가 평지를 질주하고, 굽히지 않고
곡식 위를 나르는 태양을 스쳐 지나갈 때엔 그렇지 않다
귀 기울여 보아라
Timotheus의 다양한 노래가 얼마나 놀라운지를
교체되는 정열을 떨어뜨렸다간 다시 울려라!

Camillia - 발이 매우 빨라서 풀잎을 건드리지 않으면서 들판을 가로지르고 물을 적시지 않고도 바다를 건널 수 있다는 전설의 여왕

Timotheus - 고대 그리스의 시인, 음악가, 음유시인(吟遊詩人)

시가 주는 '소리와 의미'의 기법을 잘 표현해 주고 있다. 포프가 쓴 시에는 아! 그렇구나 하고 진동하게 하는 것들, 내가 표현하고 분출하고 싶은 언어들이 숨어있다. 한 편의 시가 감동을 선물하는 언어예술이기에 발성이 풍부하고 명확해야 한다.

재능문화에서는 대회에 앞서 시낭송에 대한 효과적 기능에 대해 말하고 있다.

시적 감동을 준다
시낭송은 시를 노래하는 것이다. 시가 노래로 불려졌을 때, 언어로만 파고들지 못하는 감정을 이입하게 되어 감동을 전해준다.

발음이 정확해진다
시낭송의 제1조는 시어의 발음이 또렷해야 한다는 것이다. 한 마디라도 안 들리는 말이 있다면 시를 읽는 것이 아니다. 따라서 시어 하나하나에 정성을 기울여 또록또록하게 읽게 되어 발음이 정확해진다.

자신감과 표현력을 길러준다
시낭송자는 배우이다. 시낭송을 구현하기 위해선 시적 감수성이 있어야 하고, 시적 표현력과 연습도 필요하다. 시적 감수성을 키워서 자연스럽게 낭송하게 됨으로 다른 사람들 앞에서도 자신감을 갖게 되며 표현력도 길러진다.

숨은 재능을 발견하게 된다
시 암송은 온 몸으로 시를 익혀 시감(詩感)이 내면화되어 즉흥적 감흥이 생겨나게 한다. 이 과정을 통해 숨은 잠재력이 발휘된다.

창의력을 높여준다
한 편의 시를 읽자면 수많은 낭송 방법이 있고, 낭송자는 이 중에 자신의 해석을 택하게 된다. 시낭송은 시의 이미지를 그리는 것이고, 그 이미지를 전달하는 것이다. 이 과정에서 시인이 미처 생각하지 못했거나 의도하지 않았던 이미지를 창안해 내기도 한다.

음악적 감각을 길러준다

시낭송은 시에 감춰진 음률과 리듬을 끌어내어, 그것을 확성시키는 것이다. 음악과 마찬가지로 시어와 시행의 고저, 장단, 강약으로 멜로디를 만들어 내게 되어 음악적 감각을 길러준다.

문학적 감수성을 키워준다

프랑스의 시교육은 많은 시를 암송시킨다. 시를 분석하지 않고 송두리째 몸에 베게 하는 것이다. 어릴 때 외웠던 시의 기억은 평생을 가며 감성적인 상상력과 문학적 감수성을 키워준다.

>달콤한 인간이 낱말들 앞에서
>나뭇잎과 그리고
>붉고 파란 목을 한 새들의 아름다움이
>빛나고 있었다
>
>— 폴랭 <말> 중에서

6. 시 읽기의 즐거움

　시 읽기는 하나의 시어(詩語)에서 출발한다. 시는 시어에서 시행으로 시연으로 한 편의 작품을 확대되는 단계를 거쳐 완성된다. 행이나 연의 문맥에 따른 의미 분석은 시를 읽는 독자들의 호기심을 배가시켜 준다. 이미지가 그려지는 쉬운 시를 넘어 난해시를 읽으면서 성취감을 얻었을 때 자신감을 갖게 되고 새로운 발견의 즐거움을 느낄 것이다.
　책을 읽고 시를 즐겨 읽는다는 것은 감성활동의 지름길이요 상상력과 창의성을 기르는 정신활동의 즐거움이자 사랑을 나누는 일이다. 시인의 마음이 독자에게 전해지고 독자의 사랑이 다시 시가 되는 끝없는 흐름, 그것은 자연스럽고도 아름다운 사랑의 순환이다. 자연스럽게 순환 될 때 읽기는 즐거움이 된다.

　'시 읽기의 즐거움'의 저자 최동호 교수는 책에 시를 좋아하고 즐거워하는 단계를 이렇게 적고 있다.
　첫째는 그 작품을 소리내어 읽어보라고 권하고 있다. 인쇄된 텍스트로서의 시를 자신의 호흡으로 살아 있도록 만들어 준다. 그리고 자기의 반응이나 느낌을 정리해 본다. 중요한 것은 남이 써놓은 해설을 먼저 읽을 필요가 없다고 말한다.

두 번째는 전체적인 인상보다는 구체적인 확인 작업을 시작한다. 단어에서, 시행에서, 그리고 한 연을 따져 보고 한 편의 작품을 이모저모를 살펴본다.

자신의 생각이 정리되지 않을 때에는 소리내서 읽어 볼 수도 있고 다른 사람과 의견을 나누어 볼 수도 있다.

시에 대한 자기의 감정이 무엇이며 그것에 대한 다른 사람의 반론을 분명하게 알게 된다는 것은 수학 문제를 풀었을 때와 달리 자신을 발견하는 즐거움을 가져다줄 것이다.

셋째는 한 편의 시에서 한 권의 시집으로 나아가는 단계이다.

시를 읽으면서 생각하지 못했던 문학적 지식은 물론 자신이 가꾸고 지켜야 할 삶의 지표를 얻을 수 있다고 말한다.

이해가 되지 않는 부분이 있더라도 소리내어 읽으면서 자신의 호흡으로 살아 움직이도록 읽어야 한다. 왜냐하면 시 읽기는 정신의 교향악이기 때문이다.

7. 암송은 별이다

암송했을 때 빛나는 별이 있다.

    푸른 바닷가 모래벌에
    시집 하나 하얗게 펼쳐지고 있었다.
    바람이 펄럭펄럭
    한 장씩의 책장을 넘겨 가고 있었다.
    슬프고 아름다운
    가슴이 찍혀 있는 따스한 시집 글자
    그 활자들이 새가 되어 날아오르고 있었다.
    한 마리 또 한 마리
    백 마리 천 마리
    높이높이 가물거려 하늘 속에 잠기는
    하얀 새의 시, 하얀 시의 새.
    꽃잎들이 하들하들지고 있었다.
    새가 되어 하늘에서 시를 외던 새가

그 외던 시 잊어버려 못 외었기 때문
꽃이 되어 바다 위로 떨어지고 있었다.
먼 먼 하늘 속의 별이 되고 있었다.
새가 되어 하늘에서 시를 외던 새가
슬프고 아름다운
이 세상의 시
그 시집의 시 낭랑히 다 외어 냈기 때문
별의 나라 별이 되어 반짝이고 있었다.

- 박두진 <시집> 전문

박두진의 시처럼 시를 낭랑히 다 외어 냈을 때 비로소 별의 별이 되어 반짝이고 있을 것이다. 낭송하시는 분이 한 편의 장시(長詩)을 암송해서 낭송하는 거 쉽지 않은 일이다. 수 백번 이상 반복 훈련을 통해 시가 녹아지고 자기 것이 됐을 것이다.

조선 중기의 문신이요,. 대학자인 이퇴계 선생은 물고기도 잘 잡았다고 합니다. 어느 날 제자가 묻는다.

"선생님은 어떻게 해서 물고기를 잘 잡는지 비법을 알려주십시오."

"허허 비법? 그건 열심히 훈련하는 것 밖에 없다네."

무엇이든 절로 되는 건 없다. 시를 암송하기 위해 나를 단련시키고 훈련시키는 길. 하나의 반짝이는 별을 만들기 위해 수많은 훈련을 통해 얻어지는 것이 시낭송이거늘 어찌 값지지 않겠는가. 그리하다 보면 시어마다 정감이 묻어나고 개인별 암기법도 터득하게 된다.

시를 암송하여 무대에 올리는 일 결코 쉬운 일은 아니다.

문학의 가치를 알고 낭송의 가치를 아는 분들은 시를 읊기 위해 고뇌하는 낭송가를 홀대하지 않는다. 또한 예후를 받기 위해서는 끊임없이 탐구해야 한다.

시를 낭송하다가 갑자기 암송의 별이 떨어져 아름다운 시가 슬픈 시가 된 것을 알았을 때 부끄러움을 경험한 적도 있을 것이다.
나는 암송할 때 연마다 이미지를 그리고
시행의 첫행에 동그라미를 그린다.
첫행의 시어를 잊어버리면 생각이 잠을 자기 때문이다.
첫행의 시어가 반짝거릴 때 암송의 자물쇠도 풀려 별이 되지만
암송의 자물쇠를 열지 못하면 표정도 보이지 않는 별이 된다.
그만큼 시낭송은 암송이 중요하다.
주문처럼 농익은 시들이 알알이 익어갈 때
온 몸이 노래하듯 시를 읊는다는 것을
그 시집의 시 낭랑히 다 외어 냈을 때 비로서
별의 별이 되어 반짝이고 있다는 것을

시를 암송하기 위해 반복해서 읽다보면 시를 터득하게 되고 감동의 경지에 도달할 수 있다고 본다. 그렇게 하다보면 문학적 치유가 자신을 만지고 있다는 기쁨을 맛보아 알 수 있을 것이다.

암송하는 시간은 시를 체득화시키는 과정이므로 대강은 없다.

아! 이제 내가 읊고 있는 시에 빠졌어. 감동이 밀려오는 걸 느껴! 그런 느낌이라면 듣는 이도 감동할 것이다.

8. 시를 읊는 자세 (몸 가꾸기)

시를 읊는다는 것은, 시어를 형태화해서 내면의 심상을 소리로 전달하는 것이다. 시적 감흥을 불러 일으키는 것은 시의 소리(음악성)와 뜻(주제)을 읊거나 독백처럼 중얼거리기도 하는데 이때 자세는 기본이다. 온 몸이 소리의 움직임으로 보여지기 때문이다.

모델 수업을 받으면서 자세가 바른지에 따라 음량의 차이를 느낄때가 많았다.

자세가 안좋으면 호흡에 영향을 받아 불안정한 소리가 난다.

- 근육을 풀어주는 스트레칭으로 몸풀기를 한다.
- 의자에 앉았을 경우 엉덩이를 위자에 붙인체 척추를 바르게 하고 발끝과 허벅지가 평행이 되도록 앉는다. 다리 각도는 90도를 유지한다.
- 체형 바르게 하기 연습하기
  벽에 상체부터 하체 발뒤꿈치를 벽에 꼭 붙이고 무릎이 벌어지지 않도록 천천히 下上운동을 10회 정도 한다. 체력에 맞게 조절한다.

- 양팔은 힘을 빼고 자세가 처지거나 흐트러지지 않도록 한다.
- 근육 자극 시켜주고 풀어주기
- 머리 손끝으로 두드리기. 안면 손끝으로 살살 두드려 주기
- 시선이 정면을 향해 바라볼 경우 평행이거나 上15도 정도가 평균적이다.
- 자세는 힘을 뺀 편안한 상태을 유지하되 흐트러짐이 없도록 한다.
- 상체는 곧고 바르게 턱은 들지말고 일체감이 느껴지도록 한다.
- 허리는 벽에 붙어 있는 느낌을 주 듯 바르게
  가슴은 약간 상체를 앞으로 숨을 고르게 쉴 수 있는 상태여야 한다.
- 자신있게 걸어보기. 아랫배를 당기고 걸어본다.

　양손과 양발은 목소리에 관계가 없는 듯하나 실제로는 아름다운 울림이라든가, 센 소리, 약한 소리 등의 경우에 균형을 유지시켜 주며 음색에 영향을 주기 때문에 올바른 자세를 갖는 것이 중요하다.
　시를 낭송하는 사람은 시정신의 마음 자세가 필요하다. 마음이 하는 일은 생각하는 일이라고 볼 수 있는데 이성을 기반으로 하는 분석력과 사고력 감성을 바탕으로 하는 상상력의 힘이다. 시를 읽을 때 시의 화자와 모든 사물 속에 숨어있는 시가 어떻게 쓰여졌는지 시의 분위기와 이미지를 보고 시적 체험을 통해 시를 살아있는 언어로 만들어서 들려주어야 한다.

9. 시 맛나게 표현하기

　사람의 목소리는 지문과 같아서 제각기 다르다. 남자와 여자의 소리가 다르고 사람마다 목소리 특성이 있다. 시를 낭송하는데 좋고 나쁜 소리는 없다. 다만 내 소리가 편하게 들리는지 불편하게 들리거나 부자연스런 소리는 아닌지, 긴장된 소리가 나거나 목안에서 웅얼거리는 소리는 아닌지, 체크해보고 낭랑한 소리로 다양한 억양을 구사하고 표현하고 싶다면 본인의 소리를 체크해 보고 조율해가는 것이 좋겠다.
　시를 맛나게 읽거나 낭송하고 싶을 때 기본적인 것들을 알고 체크해 간다면 유익하겠다 싶어 경험한 것들을 다양하게 적어본다.
　읽기에 앞서 발음을 정확하게 하는 훈련을 하도록 한다. 인체 발음에는 구강, 치아, 혀, 입술, 목 이러한 기능들을 그냥 놔두지 말고 펜에 요리를 할 때 기름두르 듯 낭송하기 전 충분히 연습해두면 의식하지 않아도 떨림이 없다.
　혀는 낭송하는 중에 의식해서는 안된다. 의식하면 혀에 힘이 들어가 혀뿌리가 긴장하게 되고 강음이나 완급에 저해요소가 될 수 있다.
　입술은 마지막까지 소리를 내는데 도움을 준다. 연습할 때 연필이나 펜을 물고 자음 모음을 연습하도록 한다.

입술 털기를 해두자. 입술 털기는 입술을 벌리지 않고 윗 입술과 아랫 입술을 닫은체 털어주는 것이다. 입술 털기를 할 때 '송아지', '솜사탕' 등 노래를 부르면서 훈련한다. 호흡이 짧은 사람은 쉽고 짧은 동요를, 호흡이 길어지면 긴 노래를 연습하면 호흡이 길어지는 걸 느낄 수 있다.

목은 호흡이 지나가는 관이자 호흡 기둥이기 때문에 모음 발성 연습을 하면서 목운동을 매일 해주는 것이 좋다.

성악가들이 고된 수업을 통해 연습하듯 시를 읊는 사람들도 호흡을 가다듬고 좋은 발성으로 낭송하도록 꾸준한 연습과 훈련이 필요하다.

시 낭송가는 시를 끌고 가는 사람이지 끌려가는 것이 아님을 인지하고 소리도 화장을 하고 관리하도록 한다.

우리 얼굴에는 섬세한 표정 근육들이 있다. 그 근육들이 희로애락의 미묘한 감정을 연출하기도 한다. 시를 낭송하거나 구연을 하거나 연극을 하는 예술 분야에 있는 분들은 표정 근육을 잘 사용할 줄 아는 사람이다.

표정 근육도 나이가 들면서 쇠퇴하는데 잘 사용하지 않으면 근엄한 얼굴로 바뀌면서 차츰 데스마스크(death mask) 로 변해간다.

노래 못하는 분들이 "나는 음치에요."라고 말하듯 표정치가 되버리는 것이다.

표정 근육운동으로 입끝을 올리는 훈련을 수시로 하면 도움이 될 것이다.

시낭송의 기본적인 3요소
  1. 명료하게(정확하게) 읽어야 한다.
  2. 자연스럽게 읽어야 한다.
  3. 감동을 주어야 한다.

자연스런 시낭송 14항 〈김성우 시낭송 교실 참조〉
  1. 낭송자의 표정이 자연스러우면서도 편안해야 한다.
  2. 처음 시작할 때 말하듯이 낭송해야 한다. 〈Tempo 중요〉
  3. 감정을 모든 시어(詩語)에 다 표현하지 말아야 한다
  4. 뚝뚝 끊어 낭송하지 말아야 한다.
  5. 가성(假聲)을 많이 쓰지 말고 진성(眞聲)으로 낭송해야 한다.
  6. 너무 느리게 낭송하지 않도록 한다.
  7. 완급(緩急) 조절로 속도의 변화가 필요하다.
  8. 말을 흔들지 말고 깨끗하게 직선적으로 한다.
  9. 어미 처리의 변화를 주어야 한다.
  10. 행의 시작에서 밀어 올리다가 당기듯 내려오는 포물선 리듬의 반복을 주의한다.
  11. 감정의 흐름이나 연결을 위해 행과 연을 무시할 수 있다.
  12. 웅변조의 낭송은 섬세한 감정 표현이 미흡할 수 있다.
  13. 감정을 꾸미지 말고 자연스럽게 우러나오도록 연결한다.
  14. 고저장단. 강약. 완급. 포즈. 엑센트. 클라이막스 등을 조화롭게 활용하여 전체적인 흐름이 유연하도록 낭송한다.

시낭송 맛내기 1

1. 어려운 문장연습을 한다.
2. 발음을 분명하고 또렷하게 한다. 특히 초성자음의 발음을 분명하게 한다. 초성(初聲)은 첫 번째 나오는 자음을 말한다.
3. 중성자음은 연음(延音)시켜야 한다. 중성자음은 단어의 마지막에 나오는 자음이다. 중성자음을 명확하게 발음하지 않으면 시의 리듬을 표현할 수 없다. 리듬을 표현하는데 중요한 역할을 하기 때문이다.
4. 띄어낭송이나 붙여낭송 이어낭송시 어미를 흔들거나 끌지 않도록 한다.
5. 소리를 안으로 삼키지 말고 벽을 치듯 밖으로 내보내야 한다.
6. 습관적으로 코가 막힌 듯이 내는 비음화(鼻音話)나 유성음(有聲音)은 삭제시킨다.
7. 호흡은 감정을 만들어 내는 도구이다. 스타카토(staccato)식 단소음(短小音)을 가진 사람은 호흡이 짧을 수 있으니 입술털기와 복식호흡으로 몸의 악기를 훈련시킨다.
8. 시를 충분히 읽고 이해하기
9. 시의 표현 방법과 내 몸에 맞는 시를 찾아보고 읽기
10. 시를 읽으면서 행과 행, 연과 연의 구분을 분명하게 읽기
11. 눈을 감고 들으면서도 주제 연이 낭송되고 있구나 하는 느낌을 혼자서도 감상할 수 있도록 한다
12. 시어(詩語)나 시구(詩句)의 함축적 의미가 무엇을 말하는지 주목

하여 보기
13. 화자의 시적 대상과 상황에 대한 흐름과 정서 파악하기
14. 시적 감각이 전달되고 있는지 살아있는 언어로 화답하기
    - 시감은 정신적인 관념을 오관을 통해서 느끼고 인식하는 것
    - 가슴에 시동을 걸고 감성온도 측정하기
15. 연음(連音), 여음(餘音), 토음(吐音) 기법 체크하기
    연음-시어와 시어를 끊지말고 이어주는 음
    여음-소리가 그친 뒤에도 남아있는 울림의 음
    토음-머금은 소리를 토하듯 뱉는 발성음
16. 어조와 톤의 변화가 확실하게 전달되었는지 확인해보기
17. 시에 대한 정감을 체득화 시키고 절실하게 읊기
18. 톤, 억양, 포즈, 음량의 진폭과 감정의 표출 체크해보기
19. 음보(音譜) 표기법과 음보(音步) 체크해보기
    음보(音步)는 운율을 이루는 소리 덩어리를 말한다.
    (음보란 시를 읽을 때 한 호흡으로 묶어서 읽는 단위로 시를 읽을 때 끊어 읽기의 단위로 시를 읽으면서 호흡하게 되는 휴지 부분까지를 말한다.)
20. 깊이와 울림이 있는 소리 만들기. 목소리의 습기 채우기
21. 시를 읽으면서 이미지를 머릿속에 그려보기
    - 시는 비유적인 표현, 감각적인 표현 심상이 있다. 시의 분위기와 감각적 이미지는 마음으로 그려보는 그림이다.
22. 감성의 끈을 놓지 말고 **꾸밈없이** 자연스럽게 낭송하기

- 시를 부탁하듯 해보기, 툭툭 던져보기
23. 시에 맞는 시선, 표정, 휴지(休止=포즈), 의상 등 부자연스럽지 않은지 체크하기
    휴지에 따른 운율(시를 읽었을 때 소리없이 느껴지는 운율)
24. 소리도 화장이 필요하다. 시어에 느낌을 갖고 음감의 표정을 살려라.
25. 운율 리듬의 포물선을 잘 그리고 있는지 확인하기
26. 장단음, 고저 강약의 포인트를 어디에 두면 좋은지 체크하기
27. 부호의 경우 어떤 감정의 굴절을 표시하고 있는지 들여다 보기
28. 나에게 맞게 포인트와 기승전결을 주어라(시의 자기화)
29. 감정이나 느낌, 시선, 표정, 전달력과 감동, 반응 체크해보기
30. 내가 아는 시가 아니라, 청자가 듣고 이해되고 시감(詩感)이 떠오르도록 읊기

시어에도 던지는 말이 있고, 인식시키려고 하는 말이 있고, 감성적인 말이 있다. 또 그냥 읽는 말이 있다. 낭독할 때 말의 울림을 느낄 것이다. 말에 울림이 죽으면 죽은 말이 된다. 이것은 시를 읽을 때 참으로 중요한 일이다. 언어의 뉘앙스가 감정을 움직이기 때문이다.

시에는 아름다운 운율이 있다. 행이나 연 단위로 반복되는 시의 운율이 있는데 때로 단조로움에서 벗어나지 못하는 경우가 있다.

시를 읊을 때 변주의 변화를 음성으로 형상화하지 못한다면 시의 맛이 사라지기도 하고 시어의 의미가 다르게 느껴질 때도 있다.

시낭송 맛내기 2

아기가 태어날 때 우는 소리를 들었을 것이다. 이 울음소리가 가장 자연스럽고 가장 보편적이라고 한다. 자연스럽게 읊는다는 것은 몸의 힘을 빼는 일이다. 소리는 가늘지 않고 낮은 듯하면서 부드럽고 소리에 에너지가 실려있는 목소리가 좋지만 음조(Tone)을 너무 내리면 둔탁하게 들릴 수 있다. 힘주어 읽지 말고 힘을 빼면 야단스러운 감정이 없어도 시적인 감흥을 자아낼 수 있다.

첫 번째 발음은 정확하게 적절히 변화시켜라.
우리나라 말이나 시어는 발음이 정확하지 않은 경우, 익숙한 시가 아니면 시가 또렷하게 들어오지 않는다. 음이 낮았다 높았다 하면 낮은 음이 침몰해버려 전달이 약하다. 단어 하나하나 느낌을 갖고 신경써야 한다.

두 번째 감정이입을 위한 소리 조절이다.
어조는 Tone을 말한다. 우리는 전화 소리만 들어도 그 사람의 성향이나 직업을 대충 알아맞힌다. 그만큼 본인이 가지고 있는 어조가 어느 색인지 분별할 필요가 있고 어조에 맞는 시를 읊는다면 더없이 좋다.

세 번째 시어가 말하고자 하는 음량의 폭을 어떻게 설정하고 읊을 것인가.
장단음과 경음과 격음처리 같은 경우는 사전을 참고하는 것이 정확하다. 시는 고급언어이기에 흔들지 말고 깨끗하게 들려져야 한다.

네 번째 시의 주요 시어와 포인트를 찾아라. 시의 주제가 무엇인지 감정을 어떻게 설정하고 있는지 내재율을 찾아볼 일이다.

다섯 번째 포즈와 속도 조절이다. 포즈에도 음표가 다름을 체크하며 읊어보자. 기차를 떠올려보자. KTX인지, 새마을인지, 무궁화인지, 지하철인지 완급(緩急)의 호흡이 절묘해야 맛이 있다.

여섯 번째 시에는 운율이 있다. 리듬이다. 시(詩)의 맛을 내주고 생동 있게 움직여주고 시를 맛깔스럽게 한다. 운율을 잘 살려야 맛이 있다.

일곱 번째 표정과 분위기 연출. 표정과 시선처리도 중요하겠지만 내 몸이 취할만큼 익숙하게 익었는지 어색하지는 않는지 조사 하나에도 접속사나 지시어에도 포즈가 어색하지 않도록 마음 쓸 일이다.

여덟 번째 낭송할 시에 이미지를 그려보고 그림을 그리듯 영상기법을 활용하면 연상작용의 극대화로 집중력이 강화되고 암송에 도움이 된다.

시로 쓴 '시 낭송'

시의 울림이 어디 있는가
내 목소리가
청중의 가슴을 뚫고 나아가
가슴 깊이 흔들어 놓아야 한다
시보다 앞서가는 소리를 조절하고
날마다 악기를 조율하고 손질하듯
시를 깊이 있게 이해하고
발성을 호흡에 띄워 읊어야 한다
내 소리가 청중의 가슴을 뚫고 나아가
가슴 깊이 흔들어 놓아야 한다

객체보다 주체를 살려
시인의 의도와 비유적 시어에 생명을
시구(詩句)가 말하는 감정에 느낌을
시적 표현에 운율과 리듬을
열차마다 속도와 이름이 다르듯
시의 정서와 느낌이 다르듯
내가 읊는 시도 그와 같이
감정을 싣고 자연스럽게 토해냈을 때
시의 음보(音譜)가 감성적으로 동화(動畫) 될 때

가슴에 시동을 걸고 꿈꾸는 사람들이
시와 일치되는 어울림의 감동을 맛볼 것이다

시의 향기는 바람을 닮은 민들레요
레제다 오도라타

* Reseda Odorata는 라틴어로 '치유의 향기'라는 의미를 가진 꽃이다.

시는 치유의 향기로 내게 온다. 예술의 바탕이 詩요. 문학의 꽃이 詩라고 한다. 몸이 마시는 술은 사람을 취하게 하지만 예술은 사람의 마음을 더욱 맑게 하고 삶의 기쁨과 보람을 느끼게 한다.
　시에 음(音)을 입힌 것이 노래요, 시에 색(色)을 입히면 미술이 되고, 시에 몸짓을 그린 것이 무용이라 볼 수 있다.
　돌은 두들길수록 빛이나 듯, 시가 주는 감동이 영혼 깊숙한 곳까지 스며들 때까지 내가 감동할 때 까지 연습한다.

시낭송 맛내기 정리단계

* 개관 단계-시를 좋아하는 단계
  - 詩를 다독(多讀)할 때 묵독(默讀), 낭독(朗讀), 심독(心讀)의 다리를 거치면서 낭독할 때는 큰소리로 또박또박 읽기 훈련하기

* 분석 단계-형식과 내용, 운율, 상징, 심상을 분석하며 읽는 단계
  - 시의 화자가 무엇을 말하는지 자신에게 의문을 던져보고 찾아보기

* 종합 단계-선택한 시를 심독(心讀)한 후 읊는 단계
  시의 내용과 기호의 표정언어. 이해를 돕는 음보(音譜) 체크
  자기 것으로의 재창조 → 암송 → 감정 체득 → 숙성
  음조, 음속, 음량, 음률, 어세, 어간, 명확성, 억양, 음색 체크
  즐김의 여유를 가지고 자연스럽게 낭송하기

공자는 즐거움을 강조한다. 아는 것보다 좋아하는 것이 윗길이고, 좋아하는 것보다 즐거워하는 것이 더 윗길이다. 아는 것은 혼자서 가능하고, 좋아하는 것은 둘이서 가능하며, 즐거워하는 것은 분위기를 띄울 제3자가 있어야 가능하다.

좋아하는 것도 제대로 아는 것이 아니다. 즐길 줄 알아야 한다. 즐거움의 단계까지 이르러야 한다.

아는 것은 악기의 쓰임새를 아는 것이고, 좋아하는 것은 악기를 연주할 줄 아는 것이고, 즐거워하는 것은 악기를 들고 무대에서 함께 공연하는 것이다. 공연해야 완전하다. 내가 북을 울릴 때 북은 내 마음의 심

금을 울린다. 상호작용이 일어나야 한다.

　＊정리 단계-무대 사전점검, 암송 학습 확인. 얼굴 빛, 소리 빛 등 연출확인

　음악 용어에 '카덴차(cadenza)'라는 말이 있다. 바이올린 협주곡이나 첼로 협주곡 1악장 끝머리에 작곡가가 작곡을 하지 않고 몇 소절을 비워두는 경우다. 빈자리는 연주자가 자기 마음대로 곡을 연주하라는 것이다. 그때 연주자마다 그 카덴차를 연주할 땐 다 다르게 연주하는 것이다. 그러면 연주자의 기교도 알 수 있고 듣는 이의 흥미도 더해 주는 것이다.

　미국에서 있었던 이야기다. 한 부인이 어느 날 감동이 와서 시 한편을 썼다. 부인은 시에 곡을 담고 싶어 작곡을 잘 한다는 은행원에게 사람을 보냈다. 그는 가사를 보이며 작곡을 부탁했고 잠시 기다리는 동안 작곡가는 완성된 곡을 주었다. 그 후 피아노로 연주를 하던 부인은 매우 만족하여 직접 작곡가가 근무하는 은행을 찾아갔다.

　"그 짧은 시간에 어떻게 그렇게 좋은 곡을 만드셨습니까? 당신은 작곡에 천재입니다."

　"아니요. 전 작곡한 게 아닙니다. 그 가사가 가지고 있는 곡을 쉽게 찾아냈을 뿐입니다."

　시낭송도 그 자체가 노래요 예술이기 때문에 기능을 키워야 한다. 시가 가지고 있는 운율을 찾아내서 낭송으로 읊는 것. 운율을 찾아내어 시에 맞는 감정(感情)과 김성(感聲)의 음보(音譜)를 그려 작곡가처럼 멋

진 시낭송을 만들어보자. 가수가 되기위해 악보를 읽을 수 있어야하고 곡을 해석하고 표현할 수 있어야 하는 것처럼 시낭송을 즐기려면 다른 사람을 의식하지 말고 암송하면서 정감으로 체득시키고 즐겨야한다.

기본 목소리는 변하지 않을 수도 있지만 시를 이해하고 어떤 마음을 갖고 전달하느냐에 따라 다르게 들릴 수 있다.

암송을 하면 뇌속의 언어중추신경은 모든 몸의 신경을 지배한다고 한다. 시를 읊는 동안 언어중추신경이 인간의 삶을 지배하여 기쁘게 변화시켜가도록 한다면 가슴에 꽃이 담겨있을 것이다.

서정시를 통해 내가 쓰는 말뿐 아니라 우리 모두가 아름다운 사회를 정화시켜가는데 시(詩)만한 게 없다고 본다.

마이크로소프트의 설립자 빌게이츠는 말합니다. 인문학이 없었더라면 나도 없고 컴퓨터도 없을거라며 시작도 하기 전에 결과를 생각하지 마라. 다른 사람이 나를 어떻게 보는지 생각하지 마라. 다른 사람을 평가하지도 마라.

10. 시의 감정을 음악용어로

번	음악용어 (伊)	발음	해 설
1	allegro	알레그로	빠르게
2	allegretto	알레그레토	조금 빠르게
3	allegro moderato	알레그로 모데라토	알맞은 속도로
4	andante	안단테	알맞은 빠르기로 천천히
5	affettuosso	아페투오소	따뜻하게
6	amabile	아마빌레	사랑스럽게
7	ben	벤	충분히, 정확하게
8	brioso	브리오소	생기있게
9	calmando	칼만도	조용하게
10	cantante	칸탄테	노래하듯이
11	comodo	코모도	여유있게
12	con amore	콘 아모레	애정을 가지고
13	come sta	코메 스타	그런상태로. 꾸밈없이
14	con espressione	콘 에스프레시오네	표정을 살려서
15	con moto	콘 모토	움직임으로 (빨리)
16	con sentimento	콘 센티멘토	감정을 넣어서
17	decrescento	디크리센토	점점 여리게
18	glissando	글리산도	음과 음사이 미끄러지듯

번	음악용어 (伊)	발음	해 설
19	legato	레가토	매끄럽게
20	l'istesso tempo	리스테소 템포	같은 속도로
21	non troppo	논 트로포	지나치지않게
22	senza tempo	센짜 템포	자유로운 템포로
23	sognando	소난도	꿈꾸듯이
24	sospirando	소스피란도	호소하듯이
25	taci	타치	무언, 쉼을 지시

음악과 빛깔은 세계 공통어를 갖고 있다. 하지만 시의 세계에는 각 나라마다 다르고 시대마다 다르고 지역마다 다르게 나타나기도 한다.

시를 음미하고 읊다가 음악이 주는 빛깔과 시가 주는 빛깔을 찾아 음악용어를 몇 가지 표기해 보았다.

11. 시낭송 음보(音譜) 표기 부호

부호	의미	부호	의미
V	짧은 포즈	V	속도 빠르게
W	긴 포즈	W	속도 천천히
•	강하게 표현하기	↻	부드럽게 상승
⊕	소리 확장하기	→	소리 앞으로 쳐주기
∼	리듬감 있게	⌒	어미처리 부드럽게
:	장음(長音)	⌢	이어낭송
○	감정을 원하는 시어 우에	↗	점층법
□	정확한 발음 단어에	∽	감정 바꾸기
⁀	연음(連音) ㄴ,ㄹ 연음효과가 탁월한 음	⊕	안으로 잦아드는 소리
—	여음(餘音) 남아있는 울림	⟡	울려퍼지는 소리
∧	토음(吐音) 머금다 뱉는 음	⊖	소리 머금고 들어가기
〈	점점 크게	⊘	감정 절제 시키기
〉	점점 작게	Ȧ	절정, 클라이막스
⌐⌐	음의 고저	♭	탁한 소리 조절

어느 표기든 부호는 약속이지만 정서에서 우러나오는 시낭송 감성대로 기호는 참고로 시의 운율에 맞게 느낌대로 체크하면 되겠다 싶다.

12. 시낭송 대회 심사기준

  시낭송 대회는 이벤트가 아니다. 시는 언어의 연금술(鍊金術)이다. 시인의 성찬에 거침없는 식욕을 발휘하는 자리이다.
  텍스트의 시를 자신의 호흡에 생명의 기를 담아 낭송하기 전에 마음의 온도를 올려주면 어떨까? 도예가가 흙을 빚어 물레에 돌리고 1300도에 굽 듯, 내 가슴에 담은 시를 빚어 어느 온도에 끓여 내어 대중 앞에 발표하면 좋을까?
  각종 대회에 따라 심사 기준에 따른 추가사항이나 변경사항은 있을 수 있으나 가장 효과적으로 자기의 실력을 발휘해야 한다.

1. 시의 선택
    * 문학적 수준이 있는 시의 선택 또는 지정된 시를 선택할 경우 시가 낭송자의 음색과 몸에 맞는지 확인
    * 영혼의 뇌리에 감동을 주는 시
     (보편성과 울림과 떨림이 있는 시)
    * 뜨거운 감동이 있는 참신하고 새로운 시의 발굴

* 낭송자의 연령, 성별, 음성에 어울리는 시
* 낭송에 적합한 길이의 선택
* 가곡 시와 회화 시 선별

2. 시의 이해

시의 의미를 이해하고 화자의 정서를 잘 파악했는가
시어의 리듬을 잘 살려 시를 자기 것으로 표현하고 있는가
선택한 시의 시적 표현을 이해하고 낭송하는가

3. 시낭송 스킬

* 시 전문을 정확히 암송했는가?
* 시와 낭송에 맞는 적절한 속도로 시의 분위기를 나타내고 있는가
* 정확한 발음으로(음의 고저장단, 경음과 격음, 휴지) 시의 뜻이 잘 전달되어 낭송했는가
* 낭송자의 호흡조절과 리듬이 시와 잘 연결되고 있는가
* 운율을 통해 시의 감성을 자연스럽게 전달하고 있는가
* 시와 시선처리가 자연스럽게 처리되고 있는가
* 낭송자의 음성과 음색은 시와 적절한가
  (탁하거나 가늘지는 않은지, 울림의 폭, 진성을 사용하고 있는지, 감정에 치장하지 않았는지 등)
* 낭송 기법이 바르고 감동을 주는 시 낭송이었나

＊ 만든 감정이 아닌 우러나오는 감정으로 낭송하고 있는가
　　(감성적인 언어는 몸에서 우러나기 때문에 말과 분리할 수 없다)
　＊ 마이크 사용이 부자연스럽지는 않았는가

태도
　＊ 시 읊는 태도가 자연스럽고 적당한가
　＊ 무대에서의 매너, 예의는 있는가 (자세, 등퇴장, 의상, 인사법, 등)
　　- 의상에 너무 치장하면 시가 빛나지 않고 죽을 수도 있다.
　　　시와 맞는 의상으로 과하지 않고 센스있게
　＊ 신체 몸짓이 자연스러운가
　＊ 청중을 감동시키는 에너지가 느껴지는가

낭송이든 스피치든 훈련밖에 없다.
래리 킹(Larry King)은 고양이나 금붕어 앞에서도 스피치 연습을 했다고 한다. 몸이 납득하게 하는 수많은 연습을 통해 숙련(熟練)된 사람은 좋은 결실을 거둘 수 있다.

V
시낭송이 주는 향기

1. 힐링 시낭송

우리 민족은 흥(興)이 많은 민족이다. 농사를 지으면서도 흥이 나면 춤을 추고, 힘들 때는 가락이 있는 노래를 부르고 일하는 리듬에 맞게 시를 읊조렸다. 시를 읊는 사람은 뜨거운 가슴으로 모든 사물 속에 숨어있는 시의 이미지를 보고 시적 체험을 통해 언어로 만들어서 회답을 하곤 했다. 시를 읽는 사람이라면 이런 시정신의 속성을 새길 필요가 있다.

마음이 하는 일은 무엇일까? 우선 '생각하다'인데 생각하다에는 이성을 기반으로 하는 '사고(思考) 즉 분석하는 힘과, 감성을 바탕으로 하는 '상상(想像) 두 가지 방향이 있다. 시의 독특한 기능은 소리를 통한 의미의 전달이기 때문에 소리로 힐링이 되는 것이다.

    새는 나에게
    제일 먼저
    기도하는 법을 가르쳐 주었지

나서지 않고도 사랑하는 법을
뒤에 숨어서도 위로하는 법을 가르쳐주었지

내가 힘들 때면
언제나 새를 부른다

산에서도 날아오고
내 마음 속에서도 날아오는
희망의 새

새가 있어
세상은 낯설지 않은
나의 집이 되었다
새가 전하는 말

- 이해인 <새가 전하는 말> 국제신문

힐링이 필요한 순간 시낭송이 함께 합니다. 새에게서 기도하는 법도 배우고 위로하는 법을 배우며 희망의 새를 바라보는 시(詩) 속에는 시인의 창조 정신과 운율이 있고, 시 속에는 독자의 마음을 흔들어 주는 힐링의 미학이 있다. 이 시대는 치유(Healing) 시낭송을 비롯하여 힐링교육에 대한 프로그램들이 많다.
"시를 읽어본 적이 있으신가요?"

물으면 대답하는 말들이 몇 가지 있다.

"읽어본 적은 있지만 외우는 건 싫어요. 암기가 안되는데 외워야 하나요? 긴 시를 외워서 낭송하는 분들 보면 대단하다 싶어요."

"카톡으로 보내주는 시를 잠시 읽어보는 정도죠."

"시낭송 행사 가봤는데 지루했어요. 성향이 안 맞아서 그런가?"

주관적인 여러 대답들을 들으며 또다시 묻는다.

"시를 읽으면서 생각나는 느낌이나 감정을 말씀해 보실래요?"

"뭔지 모르겠지만 치유를 느낄 때가 있어요."

"감정이 안정되는 것 같고 학창 시절을 떠올리게 해요."

"연애편지를 쓸 때 라이너 마리아 릴케의 시를 옮겨 적은 기억이 있는데. 나이 들어가면서 감성이 메말랐는지 기억도 안나요."

학창시절이나 연애시절 연인에게 보내는 메시지가 시였고 시상이 떠오르지 않으면 헤르만 헤세나 김소월의 시를 인용한 기억들을 떠올리며 감상에 젖어있던 모습을 기억한다. 그런데 그중에 가슴에 와닿는 단어가 있다. '감정'과 '치유'라는 말이다.

몇 해전 청소년 교도소와 청송 교도소를 찾아가 시를 나눈 적이 있다. 무거운 이야기보다 청년의 감성을 만져주고 공감할 수 있는 시가 좋겠다 싶어 도종환 시인의 '흔들리며 피는 꽃', 박노해 시인의 '너의 하늘을 봐', 윤동주의 '서시'를 가지고 접근했다. 청송교도소는 무대에서만 낭송이 가능했다. 우리는 살아가면서 누구나 흔들려보지 않은 사람은 없다. 나를 꽃피우기 위해 흔들릴지라도 꺽이지는 말고 어려움을

1. 힐링 시낭송 163

이겨내야 하지 않을까? 내 삶에 작은 꽃 한송이 피우기 위해 나는 어떻게 하면 좋을까?

너의 하늘을 보아
네가 자꾸 쓰러지는 것은
네가 꼭 이룰 것이 있기 때문이야

네가 지금 길을 잃어버린 것은
네가 가야만 할 길이 있기 때문이야

네가 다시 울며 가는 것은
네가 꽃피워 낼 것이 있기 때문이야

힘들고 앞이 안 보일 때는
너의 하늘을 보아

네가 하늘처럼 생각하는
너를 하늘처럼 바라보는

너무 힘들어 눈물이 흐를 때는
가만히 네 마음 가장 깊은 곳에 가 닿는
너의 하늘을 보아

-박노해 <너의 하늘을 보아> 전문

시를 들려주고 이야기를 나누면서 그들의 눈망울이 촉촉해진 모습을 보았다. 내가 듣고 읽은 시들이 감동을 받고 치유를 받았다면 그 시를 누구에게 전해줄 것인가. 시가 필요한 곳을 찾아가 시를 함께 읽고 낭송해 주고 나면 힘과 용기가 나고 가치는 배(倍)가 될 것이다.

나는 우리나라에서 처음으로 '시낭송가'라는 자격 증서를 심사위원장이셨던 미당 서정주 시인으로부터 받았다. 그 해 1991년 10월 청와대 춘추관에서 '시인들의 밤'에 일반인 대표로 시를 읊고 원로 시인들의 시를 읽고 들으면서 문학이 주는 기쁨을 누리는 동안 그 시간이 나에게는 힐링의 시간이었고 감동의 순간이었다.
  이 일을 시작으로 시낭송의 문이 열리기 시작했고 시를 쓰면서 그 길을 부지런히 걸었다. 윤동주 문학관에서 일하던 어느 날 〈mbc 이코노미〉 허성환 기자로부터 인터뷰 전화를 받았다. 그리고 mbc 월간지 2012년 4월 호에 시에 소리를 담아 감동을 전하는 '시낭송의 대모 장기숙 시낭송가'라는 제목으로 인터뷰 기사가 실렸다.

지금 이 시대는 시낭송의 르네상스에 접어들었다. 많은 문학의 장르 중에 시를 문학의 꽃이라 한다. 낭송이 주는 꽃은 시를 한층 더 부활시킨다. 문학이 살아서 춤을 추며 독자들 가슴을 움직인다는 사실! 그냥 즐겁기만 하다.

신라 원성왕 때 영재(永才)라는 시인의 이야기가 있다. 스님인 그는 시를 잘 짓고 노래를 잘 하는 사람이었다. 그는 마흔이 되어 남악으로 은거(隱居)했다. 그러던 어느 날, 산길을 걷는 도중에 도적떼를 만나 목숨이 위태로운 지경에 처했다. 영재는 이 위기를 어떻게 넘길까 생각에 잠기다가 말한다.

"잠깐 나에게 시간을 좀 주시오."

도적의 무리에 둘러싸인 상황에서 그는 시를 지어 노래를 불렀다. 그 노래가 너무 감동적이라 반복해서 듣는 도중, 도적들은 감화되어 창을 버리고 넙죽 엎드리며 말했단다.

"선생님, 당신의 제자가 되고 싶습니다."

도적들의 가슴을 무너지게 만든 감동의 순간이다. 그들은 무기를 버리고 영재의 제자가 되었다는 이야기다.

이것이 서정시가 주는 힘이다. 영재 시인이 힘으로 그들을 제압하려 했다면 죽을 수 밖에 없는 자리가 아닌가. 감동을 받으면 힐링이 되고 변화가 일어난다. 우리가 자녀양육이나, 인간관계라는 삶의 언저리에서 시 한편이 주는 감동과 아름다운 향기를 오래 느꼈다면 그것이 바로 나를 흔들어 깨운 시의 힘일 것이다.

아무 생각없이
흔들리고 싶을때가 있다

오래전 보았던 편백나무 숲 속
그 아련한 술렁임처럼
고래의 허밍을 들었다
낯선 곳으로의 여행.
그리고.
젖은 바이올린의
고요한 선율을 귓속에 담고

곁을 내어주고 싶을때가 있다.
진동에 몸을 맡긴 채.
소식 없는 소식을 기다리며
가끔 저 세상에서 이 세상으로 오는 버스에 손을 흔들었
다.
흔들리는 나뭇잎이 너무 많아서.
금세 마음속에 묻혀버렸지만

탄력을 필요로하는 누군가가
나의 손을 잡아주었다.
곁이란 그런 것

흔들리고 싶을 때 맘껏 흔들릴 수 있도록.
몸속에
풍향계를 심어주는 것
안락하고 편안한 양수(羊水)의 출렁임 속에
만삭의 여자가 앉아 있다

- 김인숙 <흔들의자> 전문

일탈(逸脫)하고 싶을 때가 있다. 누구에게나 가끔 흔들리고 싶은 속성이 있다. 편백나무 객체를 대상으로 흔들어대며 꿈꾸는 시인의 일탈은 요란한 일탈은 아니다. 몸속에 풍향계를 심어주고 싶은 자유로운 속성이 있다. 나를 찾고 싶은, 네가 되고 싶은 일탈, 그리움을 찾아가는 일탈의 모습이 그려진다. 점층 구도가 확대되어 가는 부분을 알맞은 톤으로 낭송하면서 흔들림의 몸짓을 그려줘도 정서적 힐링이 되지 않을까. 긴장의 끈을 놓고 싶은 퍼득거림을 느낀다.

'시를 잊은 그대에게'를 쓴 정재찬 작가는 강의 첫날 "아무것도 챙겨올 생각하지 말고 영혼만 가져오라. 그럼 내가 한 시간 동안 행복하게 해주겠다."라고 약속했다. 마지막 날 메마른 심장들은 기립박수를 쳤다고 한다. 나의 말을 비유로 상징어로 그리다 보면 어긋난 감정들도 순화되어 간다. 누군가를 치유할 수 있는 언어의 힘이 생긴다.

나는 아송문학(亞松文學) 계간지에 '힐링 시낭송'을 3년간 집필해왔다.

문학인들이 시낭송 문학에 대해 관심 가길 바라는 마음이다.

> 흔들고 싶다
> 누군가의 가슴을
> 숨어있는 바람이 갈대를 흔들 듯
> 강물처럼 깊이있는 울림으로
> 그들처럼 담아주고 싶다
> 그대여, 시와 살고 싶지 않은가!
> 그대여, 흔들리고 싶지 않은가!
> 시를 가슴 한 켠에 들여놓고 취해보라
> 취해보면 보이고 들린다
> 생명에 기(氣)를 주는 생수같은 시(詩)가
> 나를 일으켜주고 있음을
>
>   - 장기숙 <흔들고 싶다>

2. 빨갛게 익히는 시낭송

시를 읽는다
가슴에 툭 떨어진 설익은 사과다
읽은 시를 바구니에 주워 담는다
나뭇가지에서 빨간 노래소리가 들린다
햇빛과 바람과 빗소리를 읽으며
시가 익어가는 소리를 듣는다
빨갛게 문장이 익히고 있다
썬크림을 바르지 않아도 빨갛다
빨갛게 익힐 수 있는 건 사과
문장이 진하게 묻어날수록 맛이 있다
입술에 바른 루즈보다 새빨간 글이
혀를 녹이고 있다

- 장기숙 <시낭송은 빨간 사과다>

시낭송이 무엇에 소용되느냐고 묻는다면, 무지개가 무엇 때문에 있느냐 하는 질문과 다를 바 없다. 무지개는 별다른 이유 없이 신비스럽기에 아름다우며 감동이 되는 것이다.

우주의 섭리를 느끼는 순간 세상은 경이롭다. 시인의 마음만이 아니라 시를 통해 읊는 우리의 마음도 아름다워지고 감동할 수 있다. 시를 바라보면 뛰는 마음이 생긴다. 그런 마음이 나도 사과처럼 빨갛게 익어가게 만드는 것이다.

요즈음 미스터 트롯이 인기가 많다. 임영웅의 노래를 듣고 힐링을 이야기 한다. 그의 노래는 감성을 두드리는 흡인력 있는 목소리와 가사에 담긴 감정과 표정이 자연스럽게 몰입시키는 매력이 있다.

　　자세히 보아야 예쁘다
　　오래 보아야 사랑스럽다
　　너도 그렇다

　　　　　　　　　　　　　　　　　- 나태주 <풀꽃> 전문

짧은 시(短詩) '풀꽃'을 암송하지 않은 사람은 거의 없을 것이다. 짧은 시 한 편에서도 감성의 변화가 일어나고 있는 것을 알 수 있다. 처음 시를 접하는 분들은 단시(短詩)부터 즐기는 것이 좋다. 자꾸 읊조리다 보면 보인다. 머리로 가슴으로. 시낭송을 특별히 배우지 않아도 가슴에 뭔지 모를 느낌이 전율해 오고 말하는 것이 보이면 시를 빨갛게 익힐 수 있다.

시를 읽다 보면 이미지가 잘 그려지는 시가 있고, 노래부르 듯 운율이 살아 있어 잘 읊어지는 시가 있고 따뜻하게 울림을 주는 시가 있다.

시를 들었을 때도 마음에 남는 시구가 있다. 가슴을 두들리어 자꾸 읊조리게 되는 시. 단시(短詩)로 이야기를 나누다 보면 대화도 풍성해지는 것을 느낀다. 좋은 시를 찾아 읊기도 하고 쓰기도 하며 문화 소통의 시간을 부담없이 즐겨본다. 감성시인으로 잘 알려진 윤보영 시인의 시는 간결한 시어 속에 진한 사랑의 감성이 묻어있어 울림을 준다.

> 어쩌면 좋지
> 방안에 온통 네 생각만 떠다녀
> 생각을 내보내려고 창문을 열었어
> 그런데
> 창문 밖에 있던 네 생각들이
> 오히려 밀고 들어오는 거야
> 어쩌면 좋지?
>
> — 윤보영 <어쩌면 좋지>

그리움을 안고 살아가면서 '어쩌면 좋지' 생각하며 마음을 추스를 때가 있다.

윤보영 시인처럼 이런 마음을 느꼈을 것이다. 내가 느낀 감정과 생각들을 어떻게 집합하느냐에 따라 감성시가 될 수도 있고 좋은 글이 되기도 하고 그냥 하는 말이 될 수도 있다. 조공사가 다이야를 어떻게 깎느냐에 따라 빛이 다르게 보이 듯 시인마다 느낌이 다르다. 감성이 남다른 시인의 시를 읊으며 정서적 안정과 공감을 받는다.

나도 별과 같은 사람이
될 수 있을까
외로워 쳐다보면
눈 마주쳐 마음 비춰주는
그런 사람이 될 수 있을까

나도 꽃이 될 수 있을까
세상일이 괴로워 쓸쓸히
밖으로 나서는 날에
가슴에 화안히 안기어
눈물짓듯 웃어주는
하얀 들꽃이 될 수 있을까

가슴에 사랑하는 별 하나를 갖고 싶다
외로울 때 부르면 다가오는
별 하나를 갖고 싶다

마음 어두운 밤 깊을수록
우러러 쳐다보면
반짝이는 그 맑은 눈빛으로 나를 씻어
길을 비추어주는
그런 사람 하나 갖고 싶다

- 이성선 <사랑하는 별 하나> 전문

'사랑하는 별 하나'를 읽으면 그런 사람 하나 갖고 싶은 마음이 있다. 그리운 별이 되고, 싶고, 꽃이 되고 싶고, 들꽃이 되고 싶은 마음이 생긴다. 별:은 장음으로, 파열음은 정확하게, 꽃이(꼬치) 밖으로(바끄로) 눈빛으로(눈비츠로) 발음은 정확하게 읽는다.

행사장이나 외부에서 시를 읊다 보면 시가 제대로 안 들릴 때가 있다.

시의 전달력은 발음이다. 처음과 끝은 여유있게 읊되 제목은 감정을 빼고 명료하게 읽으면 좋겠다. 시인은 무슨 마음으로 이 시를 표현했을까? 나름대로 생각해 보고 포인트를 찾아보라. 시인의 마을을 알면 느낌이 나오고 시를 되풀이 읽을수록 시가 가슴에 들어오고 몰입도가 높아진다.

소리가 뒤집어지면 잘 안 들린다. 받침이 있는 시구는 바로 들어가면 급하게 느껴져 안 들어올 수 있으니 호흡을 깊게 하고 또박또박하게 읽어야 한다. 그렇다고 엑센트를 강하게 주면 세게 들릴 수 있다.

얼굴에는 표정근이 있다. 수많은 표정근을 어떻게 움직이며 살아왔는가에 따라 삶의 흔적들이 얼굴에 나타나 있다. 그래서 링컨도 나이 사십을 넘으면 그 얼굴에 책임을 지라 했나 보다. 시를 읽고 읊으면서 표정 관리를 한다면 분명 변화가 있을 것이다. 감정이 무딘 사람은 시간적 소비와 여유가 필요하다. 죽은 얼굴(death mask)로 늙기 싫거든 시를 즐기라고 말하고 싶다.

우리는 태어날 때부터 소중한 생명체로서 태어난다. 우리는 인생이란 무대 위에 올려져 있는 최고의 작품이다. 서로 사랑하며 살아가는 존재이기에 흔들릴 때가 있다.

> 흔들리지 않고 피는 꽃이 어디 있으랴
> 이 세상 그 어떤 아름다운 꽃들도
> 다 흔들리며 피었나니
> 흔들리면서 줄기를 곧게 세웠나니
> **흔들리지 않고 사는 사랑**이 어디 있으랴
>
> 젖지 않고 피는 꽃이 어디 있으랴
> 이 세상 그 어떤 빛나는 꽃들도
> 다 젖으며 젖으며 피었나니
> 바람과 비에 젖으며 꽃잎 따뜻하게 피웠나니
> 젖지 않고 가는 삶이 어디 있으랴
>
>   - 도종환 <흔들리며 피는 꽃>

세상의 물체는 움직인다. 움직인다는 것은 변하고 싶은 것, 너에게로 가고 싶은 것, 무엇이 되고 싶은 것은 사랑이 있기 때문이다. 시련과 고난 속에서도 꽃같이 피어나고 있음을, 흔들리고 젖으면서도 피워내는 싶은 우리의 삶을 어떻게 읊을 것인가. 반복적인 운율을 의지적이면서도 맛깔스럽게 '나니', '있으랴' 감탄적 어미 처리의 운율은 느낌을 살려서 읊으면 더 맛깔나는 것을 볼 수 있다.

마음이 흔들리고 겨울나무가 바람에 떨 듯이 울 때가 있었다. 그때 정한모 시인의 '누가 눈물없이 울고 있는가' 읊조려보며 바람에 떨고 있는 별 하나 찾듯 시를 읊는다.

> 누가 눈뜨고 있는가
> 누가 눈물없이 울고 있는가
> 이 한 밤에 어둠 속
> 마른 나무가지 사이
> 지나가는 바람소리
> 가늘한 쇳소리
> 또렷하게 반짝이는 별 하나 보인다
> 바람에 떨고 있는 별 하나 보인다
> 누가 눈 뜨고 있는가
> 누가 눈물없이 울고 있는가
> 겨울 이 한 밤에

집으로 들어가는 길. 눈물없이 울고 있는 누가 보인다. 하늘을 빨갛게 물들이는 노을을 바라보며 힘듦도 사그라지는 듯 했다.

> 지쳐서 집으로 들어가는 길
> 하늘은 빨갛게 핀 꽃다발을
> 한 아름 잔뜩 안겨주는 것이다
> "피곤하니? 힘을 내렴."
> 피곤한 웃음에 빨간 꽃이 피었다

노을을 바라본 순간, 마음의 변화가 오는 것을 느낀다. 시낭송가로 활동하던 초창기에 황금찬 시인이 던져준 한 마디의 말이 생각난다.
'시인과 시낭송가는 같은 운명에 놓인 예술가이며 막힌 호흡을 뚫어주는 천사다' 라고 시를 쓰고 들려주면서 호흡이 답답하고 막혀있는 듯한 가슴을 만져주었는지 돌아보게 한다.

3. 예술로 승화시킨 시낭송

때가 되면 찾아오는 것들이 있다. 그럴 때마다 곳곳에서 들리는 소리 자연은 자연대로 사물은 사물대로 사람은 사람대로 들리는 소리들이 서글프다. 살아가면서 소리에 치일 때가 있다. 자연재해로 인한 소리야 어이 하련만 그로 인해 한스러운 가슴의 소리들은 또 어이하는가.

이런 때 시를 읊는다면 초인이 아니고서야 거기 서 있을 수 있겠는가.

누군가는 그러지요. 시낭송은 마음이 편해야 읊는 일이라고 시를 쓰는 일은 타고난 재능도 있어야 되는 일이라고 그러나 재능도 내가 갈고 닦지 않으면 되돌아가게 되고 아닌 듯한 재능도 힘쓰다 보면 보이고 예술로 승화시킬 수 있다.

비가 쏟아진다

낮비는 해도 비가 되어 사라지고

밤비는 달도 비가 되어 사라지네

서러움도 그리움도 달래길 없어

울다 울다 모두 사라지네

울고 나면 눈빛은 더 반짝이고

내가 꽃이 되어 나에게로 오네

내가 꽃이 되기 위해 몸살을 앓네

아침이 되고 저녁이 되어

너에게로 간다

- 장기숙 <장마> 전문

시인은 모든 사물마다 시로 읽는 마음을 가졌다. 남다르게 보는 시안(詩眼)이 있다.

나뭇잎이

벌레 먹어서 예쁘다

귀족의 손처럼 상처 하나 없이 매끈한 것은

어쩐지 베풀 줄 모르는 손 같아서 밉다

떡갈나무 잎에 구멍이 뚫려서

그 구멍으로 하늘이 보이는 것은 예쁘다
상처가 나서 예쁘다는 것은 잘못인 줄 안다
그러나 남을 먹여가며 살았다는 흔적은
별처럼 아름답다

- 이생진 <벌레먹은 나뭇> 전문

벌레먹은 나뭇잎처럼 다른 이들을 위해 살아온 흔적들이 있는지, 시인처럼 아름답게 보는 시선을 가졌는지, 자신을 돌아보며 마음을 정화시켜 본다. 누구를 막론하고 사람들 가슴속에 시가 있다, 내 안에 있는 시적 감성을 삭제시키지 말고 나누었으면 한다.

어느 날, 마음이 요동하지 않아 결혼을 못 했다는 그에게 '지진'의 시를 들려 주었다.

당신이 내 앞에 있었다
지진은 그때부터 시작되었다
강력한 쓰나미의 해일이 지구를 덮쳐버렸다
오 맙소사!
우리는 비를 사랑의 비라고 고쳐 불렀다
사랑은 대답이 없었다
폐허의 가슴과 가슴이 지붕을 이뤄

오래 폐허로 살았다
당신은 어느 날
내 몸의 폐허까지 온몸에 휘감고
해일에 휩쓸려 몸 날렸지만
내 몸부림치는 폐허는 더 터를 넓혀갔다
흔들흔들 흔들흔들

아직도 여진은 계속

- 신달자 <지진> 『열매』(민음사)

사랑은 가슴에 지진이 일어나는 설레임을 갖는다. 시간이 지났어도 여진(餘震)은 남아있어 자주 흔들흔들 흔들리는 일이다. 폐허가 된 자리에도 사랑의 여진이 계속되는 아름다운 사랑을 음미해 본다.

김현승 시인은 '호소' 1연에 이렇게 노래한다.

사랑하지 않고서 나는 이 길을 더 나아갈 수 없나이다,
사랑하지 아니하고서는....... .
결핍된 우리의 소유는 새로운 가설들의 머나먼 항로가 아니외다,
길들은 엉키어 길을 가리우고 있나이다.

사랑의 기름 부음 없이 꺼져가는 내 生命의 쇠잔한 횃불을
더 멀리는 태워 나갈 수 없나이다, 사랑의 기름 부음 없이는…

사랑을 호소하는 대상은 님일 수도 있고 민족일 수도 있고 다 다를지라도 '사랑의 미학'을 예술로 승화시키면 무슨 꽃으로 피어날까. 마음을 태우고 시작(詩作)을 태워보고 시낭송도 듣는 이의 가슴에 여진이 남도록 태워보는 일이다.

사랑의 미학
이 세상에 하나님을 본 사람은 하나도 없다. 그러나 만일 우리가 서로 사랑한다면 하나님은 우리의 가슴 속에 머무를 것이다 -톨스토이

감동하고 사랑하고 희구하고 전율하며 사는 것 - 로댕

어느 분이 시가 언제 어떻게 찾아왔느냐고 묻기에 릴케 라이너 마리아(Rilke, Rainer Maria)의 '사랑은 어떻게'라는 시를 들려주었다.

사랑은 어떻게 그대를 찾아왔던가
빛나는 태양처럼 찾아왔던가, 아니면
우수수 지는 꽃잎처럼 찾아왔던가
아니면 하나의 기도처럼 찾아왔던가? 말해다오

반짝이며 행복이 하늘에서 풀려나와
날개를 접고 마냥 흔들리며
꽃처럼 피어나는 내 영혼에 커다랗게 걸려 있었더니라

잃어버린 시간을 찾아 예술로 승화시킨 사랑의 시를, 울림을 주는 시를 읊어본다. 한용운 〈나 그렇게 당신을 사랑합니다〉, 박노해 〈오늘처럼만 사랑하자〉, 로저 핀취즈 〈사랑하는 이가 있다는 것을〉

길이 너무 멀어 보일 때, 어둠이 밀려올 때
모든 일이 다 틀어지고 친구를 찾을 수 없을 때
그때는 기억하세요. 사랑하는 이가 있다는 것을

웃음짓기가 어렵고 기분이 울적할 때
날려고 날개를 펴도 날아오를 수 없을 때
그때는 기억하세요. 사랑하는 이가 있다는 것을

-로저핀취즈 〈사랑하는 이가 있다는 것을〉 1.2연

인생을 살아가면서 좋은 시를 읽는 즐거움에 빠져본다. 바다가 출렁이면 바다가 되어 누워도 보고, 꽃이 피면 꽃망울 터지듯 웃어도 보고, 낙엽이 지면 지는대로 쓸쓸히 울어도 보고, 힘들고 어려움이 있을때 손을 잡아줄 시가 있어 쓸쓸하진 않겠지요.

2022년 혜화동 '한예극장'에서 『詩, 몸짓』 공연을 했다. 예술로 승화시킨 사랑시 몇 편을 다시 읊어본다.(장기숙 시, 연홍식 연출)

사랑의 숨소리가 들리나요
그리움도 사랑도 보이지 않는 존재지만
나는 그를 사랑이라 불렀어요

인생에 사랑이 빠지면 빈 주머니다
가죽옷을 벗어 던진 에로스다
감히 사랑이라 말하지 마라
사랑은 붙잡아 두는 게 아니라
그리워 하는 거
하나가 되고 싶은 거
줄다리기 사랑의 눈빛이 아닌
그냥 웃어주는 온유함
아! 등을 돌려도 가슴이 뜨거워요
사랑이란 바로 이런 건가요?

<사랑이란 그런 건가요> 전문

비가 오네요
비 오는 날은 나도 비가 됩니다

꽃은 제 눈에 아픈 눈을 가지고 있습니다
꽃으로 보는 눈빛 깨물어도 아프지 않지만
젖게 만드는 것은 무엇일까요?
주룩주룩 오는 빗소리에
가슴은 더 반죽이 됩니다

덤블속에서도 꽃이 피고
바위틈 사이에서도 꽃이 피고
눈 속에서도 꽃이 피듯
사랑도 그렇게 피워내는거라고
구멍난 가슴마다 반죽이 됩니다

사랑을 떠올리면 천 개의 단어가 떠오르고
누구를 떠올리면 꽃잎만 떠오르는 일이 있습니다
그리움이 깊으면 깊을수록
빗소리는 더 드럼을 칩니다

너를 만나 끝내 웃게 되었을 때
반죽은 끝내 수천 개의 빗소리로 스치며
꽃이 됩니다

<사람의 비> 전문

누가 묻는다
둥근볼에 탁구공을 넣으면서
공은 공간을 움직이며 제멋대로 튀다가 멈추었다
어느 모습이 탁구공이지?
모든 물체는
누군가 움직여주지 않으면 멈춘다
그것이 그리움일까요

그대는 내 가슴에 머무는 우주입니다
잠자리에서도 쉼표가 없는 심장처럼
당신을 향한 사랑도 그렇게 뛰고 있습니까
스며드는 비처럼
숲을 흔드는 바람이 될 때가 있습니까
님의 손에 강렬하게 움직이는 음악처럼
인생도 사랑도 그렇게 강렬하게 움직이는 거야
타-악! Ω

<사랑은 움직이는 거야> 전문

   인간의 최초의 커뮤니케이션은 몸짓이다. 배우는 열정, 몰입 속에서 최초의 감성과 가장 근접한 커뮤니케이션을 전달할 수 있다는 것을 인지해야 한다. 내 모습을 거울에 비출 때 마음도 비추어 보아야 한다. 자신을 보고 어디서 어디쯤 어디까지 왔는지를. - 연출가

시의 생명력은 그것을 의미있게 읽어주고 들어 줄 독자를 만날 때 비로서 발휘된다. 시를 통해 영혼이 맑아지는 느낌을 받고 감동이 되고, 자기 나름대로 교양과 인격을 고양(高揚)시키고 싶어한다. 지금은 문자매체보다 영상매체를 더 좋아한다. 그래서일까 유튜브가 대세를 이룬다. 감동이야 듣는 사람의 몫이니까. 내 귀에 안 들리고 내 눈에 안 보인다 하여 돈으로 잡아매는 문화는 아쉬움이 있다. 큰 기교없이 누구든지 좋아하면 즐길 수 있는 문화가 시낭송이기에 더 그렇다 본다.

'미국에서의 시 교육'을 간추린 어도선의 텍스트에 보면 이런 글이 있다. 프란시스(R.Francis)의 시 '캐치볼 놀이'에서 마치 두 소년이 코치도 없이 어디로 튈지 모르는 미식 축구공을 던지고 받는 놀이를 하듯, 시를 던지고 놀면서 공처럼 떨어지는 '의미를 줍기 위해' 이리저리 사력을 다해 뛰다가, 결국은 두 손 가득히 아름다운 꽃다발을 움켜 쥐는 모습이다.

단순히 읽는데 만 그치는 것이 아니라 꽃다발을 받을 수 있는 기쁨이 그 안에 숨어 있음을 찾게 하고 꽃다발을 안겨준다면 얼마나 기쁠까. 독자가 시를 외면하지 않도록 시적 즐거움을 가질 수 있도록 말이다. 문학수업은 바로 이런 것이다.

4. 시낭송의 맛과 향기

음식에 있어서 맛이란 무엇인가? TV에서도 맛 프로그램이 눈길을 끌고 다양한 맛보기 기획이 재미있다. 시낭송에도 맛이 있다. 시낭송은 보고 듣고 느껴야 제맛이 난다. 글로 표현하기란 어렵겠지만 나만이 느끼고 감동하는 맛을 찾아보자. 요리도 맛을 어떻게 내느냐에 따라 다르듯 시낭송 기법도 사람의 생김이 다르듯 같은 시(詩)도 표현하는 사람에 따라 감정이 다르다.

하루의 시작을 어떻게 시작하시나요? 살맛 없다고 투덜대는 불필요한 것들은 분리수거를 해야겠지. 오늘은 특별한 날이니까. 잠시 산책을 나설 때 주머니에 무엇이 있나요? 산책하는 분들에게 물어보았다. 하나같이 폰이다. 폰이 소중한 물품 중 1위라네요. 손에 폰이 없으면 불안하다는 사람도 있다.

"혹시 메모지나 시집은요?"
"산책하는데 그게 왜 필요하죠?"
질문같지 않은 질문을 하느냐는 눈빛을 보낸다.

"아! 그렇군요. 그것도 짐이 될 수 있겠네요. 나는 남편도 짐스러워 두고 나왔어요."

농담 아닌 농담을 주고 받으며 그렇게 하루가 시작되는 날,

꽃을 주세요 우리 고뇌를 위해서
꽃을 주세요 뜻밖의 일을 위해서
꽃을 주세요 아까와는 다른 시간을 위해서

- 김수영 <꽃잎 2> 1연

행마다 반복적인 시의 리듬이 재미있어 1연을 읊는다. 꽃을 주고 받고 싶은 건 고뇌가 있거나 이전과 다른 시간의 행복을 느끼고 싶은 마음일 게다. 표현하는 데는 여러 가지 방법이 있겠지요. 눈빛으로, 표정으로, 몸짓으로, 언어로 다양하게 나의 느낌을 표현합니다. 사랑하는 사람에게 사랑을 전달하는 또 다른 방법 중 하나가 있다면 시를 들려주는 행위이다.

사랑한다는 말은
가시덤불 속에 핀 하얀
찔레꽃의 한숨 같은 것

내가 당신을 사랑한다는 말은

한 자락 바람에도 문득
흔들리는 나뭇가지

당신이 나를 사랑한다는 말은
무수한 별들을 한꺼번에 쏟아내는
거대한 밤하늘이다

어둠 속에서도 훤히 얼굴이 빛나고
절망 속에서도 키가 크는 한마디의 말

얼마나 놀랍고도 황홀한 고백인가
우리가 서로 사랑한다는 말은

- 이해인 <황홀한 고백> 전문. 「책 만드는 집」

오래전 어느 문인회에서 시낭송을 부탁받은 적이 있었다. 시를 받아 들고 망설이다 전화를 했다.
"시 낭송 안 하면 안 될까요?"
"시가 미흡하지요. 그래도 사기(使氣)를 주는 차원에서 해주시면 감사하겠습니다."
정말 안 하고 싶었다. 그래, 시에 생기를 넣어보자. 이 일도 좋은 일이니까. 읽기를 거듭하고 나름대로 가락을 만들어 시를 읊었다. 시낭송을 마친 후, 시인은 내게 넙죽 절을 하며 말한다.

"감사합니다. 내가 시를 못쓴다고 생각했는데 선생님이 살려주셨어요."

시에 맛을 내기란 쉽지 않지만 시인이 시를 쓰는 것보다 얼마나 어려운 시간을 보냈는지 시인은 또 알까?

시를 어렵게 읊고 나면 시가 무엇을 말하고 있는지 고통과 아픔을 이겨낸 자의 눈물은 그 어느 보석보다 빛날 수 있다는 것을 느낀다.

'삶과 죽음' 강의가 있던 날이었다. 박사님의 강의를 마치고 시낭송을 들려 주었을 때 사람들은 깊은 생각에 잠겼다. 이론보다 한 편의 시에 감동하고 관심을 보여주고 생기를 불어 넣어주는 일이 생겼다.

가슴을 두드리는 공감이 있기 때문일 것이다.

시인의 시에는 감정과 호흡이 있다. 그 호흡을 들여다보면 낭송이 주는 맛이 있다.

우리는 문화의 자부심이 있다. 그리고 시를 통한 행복한 소통을 나눌 줄도 안다. 새로운 도전에도 멈추지 않고 망설이지 않는다. 가슴에 시가 살아있는 한, 시 읽기를 거듭하면서 낭송문학이 주는 기쁨과 동시 문화 예술인으로서 숨어있는 시의 의미를 찾아내어 운율을 창조해가는 시낭송가라는 이름으로 시낭송의 맛을 즐겨본다.

「누굴 기다립니까」「아닙니다」
「길을 잃었습니까」「아닙니다」
「그럼 어디로든 걸어가세요」「네. 글쎄요」

새하얀 종이새 날아와
내 손에 닿은 종이 살결에
햇솔잎으로 그은
연둣빛 사연 몇 줄...
나는 답신을 써서 청명한 하늘 저편으로
익명의 편지를 날려 보낸다

「기다림은 끝났습니다
길을 찾는 일도 마쳤습니다
이제 봄볕 속에 도착하여
가만히 서있는 겁니다」

- 김남조 <십자로> 전문

   사랑하는 님에 대한 그리움이 진하게 묻어난다. 종이새가 날아와서 종이 살결에 햇살 잎으로 그은 몇 줄. 감정과 감성이 절실하게 느껴져 눈물이 난다. 익명의 편지를 써놓고 날려보내는 그 마음. 십자로(十字路)라는 생각을 갖게 한다. 혼자 묻고 답하는 독백 시는 혼자 읊어야 제 맛이 나는 것도 있다.

시의 향기

시의 향기는 바람을 닮은 민들레다. 그 꽃씨가 천리를 가다 오래도록 가슴에 머무른다. 문학적인 상상으로 칠하면 시는 어떤 색일까? 어느 물체에 그림을 그리냐에 느낌도 다르잖아. 투명한 듯 보이는 그 길. 거미만 알고 찾아가는 길. 나만이 그릴 수 있는 시낭송으로 자리 잡을 것이다.

그 안에 한 폭의 동양화같은 여백이 있고 수채화같은 은은한 생동감이 있으며 유화같은 찐한 열정도 있다.

시낭송을 즐기다 보면 더 잘하고 싶은 욕구가 있기 마련이다. 사물을 통해 비유적으로 표현한 시가 무엇을 노래하고 있는지 이미지를 찾고 연결해 보고 한글 사전의 장단(長短)음도 찾아 단어를 정확하게 익히게 만든다.

2020년 강릉영동 cbs 방송에 '성시의 향기'라는 프로그램에 방송을 하고 왔다. 진행자인 피기춘 시인이 인터뷰 중에 시낭송하시는 분들이 많은데 '시낭송가가 갖춰야 할 기본 소양이 있다면 무엇입니까?'라는 질문에 나는 호애다독지덕(好愛多讀知德)이라는 말을 드리고 싶다 했다.

먼저 시를 좋아하고 사랑해야 합니다.

두 번째로 시를 많이 읽으십시오.

세 번째로 발성이나 호흡, 기본적인 스킬에 시낭송의 옷을 입히고 맛을 낸다면 향기 있는 시낭송가가 되지 않을까 싶다고 말이죠.

재능이 많은 분들을 만납니다. 그때 말하고 싶은 게 있다면 재승덕(才勝德)하지 말고 덕승재(德勝才)하라고. 詩를 쓰고 낭송하는 예능인들이 덕승재하는 지성인으로 살아간다면 인간 사회가 아름다워질 것이다.

　마음 설레는 봄날, 정현종 시인의 '초록기쁨-봄 숲에서' 시를 읽고 있으면 초록 향기가 된다. 태양이 꽃과 나뭇잎을 비추일 때 연두를 지나 초록의 향기를 맛보게 하는 생명력에 온몸이 반짝거림을 느낀다. 독송하거나 운송할 때 시적 분위기를 준다.

　　해는 출렁거리는 빛으로
　　내려오며
　　제 빛에 겨워 흘러 넘친다.
　　모든 초록, 모든 꽃들이
　　왕관이 되어
　　자기의 왕관인 초록과 꽃들에게
　　웃는다. 비유의 아버지답게
　　초록의 샘답게
　　하늘의 푸른 넓이를 다해 웃는다.
　　하늘 전체가 그냥 기쁨이며 신전이다.

해여, 푸른 하늘이여.
그 빛에, 그 공기에
취해 찰랑대는 자기의 즙에 겨운,
공중에 뜬 물인
나뭇가지들의 초록 기쁨이여.
흙은 그리고 깊은 데서
큰 향기로운 눈동자를 굴리며
넌지시 주고 받으며
싱글거린다.

오, 이 향기
싱글거리는 흙의 향기
내 코에 댄 깔대기와도 같은
하늘의 향기
나물들의 향기

- 정현종 「초록기쁨-봄 숲에서」 전문

'초록기쁨-봄 숲에서'를 읊고 난 후, 태양이 작렬하게 비추이는 문덕수 시인의 '새벽 바다'를 읊으면 시적 이미지와 낭송의 기법도 다른 것을 느낄 수 있다.

많은
태양이
조그만 공처럼
바다 끝에서 튀어오른다.
일제히 쏘아올린 총알이다.
짐승처럼
우르르 몰려왔다가는
몰려간다.
능금처럼 익은 바다가 부글부글 끓는다.
일제 사격
벌집처럼 총총히 뚫린 구멍 속으로

태양이 하나하나 박힌다.
바다는 보석상자다.

- 문덕수 「새벽 바다」 전문

이 시는 부사로 시작하면서 한 행으로 처리했다. 반사로 비추는 태양이 바다를 지나 나에게 달려드는 것 같은 착각을 불러일으킨다.
 무의미 세계에서 의미의 세계로 전환하는 시적 표현이 애매한 부분도 있지만 외면의 본질을 투영하는 이 시는 그냥 들려주는 것보다 이미지를 찍어서 영상과 함께 듣는다면 우주가 주는 내면의 소리를 들을 수 있지 않을까 싶다. 짐승처럼 우르르 몰려왔다가 몰려가고 익은 바다가 부글부글 끓고 일제 사격하는 표현들이 짧은 단시지만 리듬감과 완급의 매력이 있어 퍼포먼스로 그려도 좋겠다.

  청자도 들으면서 보석 상자가 보고 싶어 새벽 바다로 뛰어나가고 싶어질 것이다. 짧은 시어의 행을 나눈 것은 낭송자가 호흡을 주라는 의미로 생각하면 되겠다.
  시각적 이미지가 그대로 그려지는 시를 읽으면 내 안에 가시적 이미지가 들어와 율동하는 느낌을 받는다. 하늘 전체가 기쁨이고 신전이라 한 시인처럼 그러한 기쁨이 청자에게도 동시에 그려지고 들려지게 하는 일이 낭송가의 몫이다.

  식탁(食卓)에 앉아 육체의 배만 채울 것인가 시탁(詩卓)에 앉아 영의 양식으로 정서의 기품을 채울 것인가. 시와 하나가 되는 즐거운 맛으로 느껴질 때 행복을 느낀다. 시는 삶을 완성시켜주는 예술양식이다.

5. 열꽃같은 시의 파장

코로나로 아직도 비대면 수업이 이어지고 예배도 비대면으로 드려지는 시점에 무엇으로 나를 위로할 수 있을까? 편안한 친구를 만나 수다를 떨면 막혔던 호흡이 뚫어질까? 우리는 조심스런 만남을 청하기도 한다.

며칠 전 전화를 받았다.

"선생님, 코로나로 연기했던 수업 특강이 있습니다."

넓은 강의실에는 14명의 어르신들이 마스크를 쓴 체 자리에 앉았다.

"마스크를 쓰고 강의해주시면 좋겠습니다."

코나웃(코로나 OUT) 박수를 치며 문을 열었다.

손씻기 손씻기 짝짝. 마스크 마스크 짝짝

거리 두 뼘 짝짝. 코나웃 코나웃 짝짝

진풍경이다. 이제 백신이 나오고 정상으로 되돌아 왔을 때 이런 풍경도 아름다운 추억으로 기억하게 됐다.

캘리포니아에서는 '학교에 시인 파견하기' 프로그램이 있다. 다양한 시를 읽으면서 언어순화와 사고능력을 증진시킨다 하여 Reader-response 활동이 자리 잡혀가고 있다 한다. 이런 날들을 기다려본다. 정부에서도 이런 시책을 받아들여 시행해 주기 바라는 마음뿐이다.

코로나 위기는 잘못된 것을 버리고 새롭게 나를 다스리는 시기다.

생각을 다시 하게 하고 말(言)을 다스리고 잘못된 것 부족한 것 찾아보고 외로움과 역경을 이겨내면서 다른 이들을 돌아볼 뿐 아니라 스스로(self work) 찾아보게 한다.

不學詩면 無以言(불학시 무이언)이라
'시를 공부하지 않고서는 말할 게 없다.'

공자의 말씀이다. 정서가 마르고 말이 거친 사람들 모두에게 권하고 싶다. 시를 배우는 것이 말을 배우는 것이다. 낭송이나 낭독으로 시에 또 다른 옷을 입히는 일이다. 읽다 보면 생각이 달라지고 표정이 달라지고 언어의 기법이 달라지고 감정이 달라진다. 달라지는 것을 소리내어 읽게 되고 암송하고 싶은 마음도 생긴다.

내 것으로 암송이 되면 소리로 시를 춤추게 만드는 것이다. 누가 낭송을 하든 목소리 자체가 허스키해도 청자(聽者)는 감동을 한다. 감동이 없는 사람은 영혼이 마른 사람이다.

결국, 나의 천적은 나였던 것이다

- 조병화 <천적> 전문

나의 천적은 다른 사람이 아닌 나이기에 나를 이겨내기 바란다. 누군가는 감동하고 누군가는 시샘하고 누군가는 말이 없지만 사람들마다 섬이라는 존재가 있어 가까이 가고 싶어 한다. 정한종 시인의 〈섬〉을 읊어보자.

    사람들 사이에 섬이 있다
    그 섬에 가고 싶다.

누군가는 그런 말을 하기도 한다. 시는 안 보이다가도 보일 때가 있다. 그럴 때 한 줄이라도 읽어보게 된다. 강민숙 시인의 〈옻나무 사랑〉이 있다.

    얼마나 뜨거워야
    꽃으로 피어날 수 있을까
    만적사 가는 길에
    잠시 바람결에 스친 인연의 끈
    끝내 놓지 못하더니
    열꽃으로 터지는 물집 앞에
    밤새 두 팔로 무릎을 감싸쥐고
    어지럼증에 시달려야 했다
    눈을 감고 고개를 흔들어도
    내 안에 들어와 꽃을 피우는 너

내 가슴에서는 한 색깔뿐이다
한때 나도 너처럼
누군가에게 벌겋게 피어나는
꽃이 된 적이 있었을까
벌건 발진이 되어
내 숨결까지 다 삼켜버린 사람의
온전한 사랑이 된 적이 있었을까
옻나무의 사랑은 뜨겁다
스치는 손길도
마주치는 눈빛도 흘리지 않고
붉은 꽃을 피우며
밤새 사랑하자고 속삭인다
길에서 길에게 묻는다
옻의 올가미를 빠져나갈 수도
비켜설 수도 없는
길이라면
내가 그의 열꽃이 되고 싶다고.

　옻이 올랐을 때 벌겋게 부은 자신을 보며 숨결까지 삼켜버린 열정의 시다. 시인은 몸에 나있는 열꽃 모습을 보며 밤새 사랑을 하자고 속삭인다. 시낭송도 옻나무 같은 사랑으로 전염이 되어 보자.
　이 시는 낭독해도 아름다운 감성을 불러일으키고 벌겋게 발진이 된 모습을 퍼포먼스로 그리며 열꽃 같은 사랑의 감정을 살려 목소리를 낸다면 가슴이 뜨거워질 것이다.

겨울이 오고 있다. 어젯밤에는 대포 같은 천둥이 무섭게 삼켜댔다. 찬바람이 불면 바깥 출입도 망설여진다. 몸도 마음도 움츠러든 계절인데 햇빛도 더 자주 쬐야하는데 산책길을 나설 때 주머니에 작은 시집이라도 주머니에 넣고 나서보자. 걷다가 벤치에 앉고 싶을 때 쉬엄쉬엄 시도 읽어보는 여유로움도 가져본다면 알지 못하는 누군가 부러운 듯 슬그머니 다가올지도 몰라. 눈발이라도 날리면 동시 같은 시도 읊조리면서 나를 힐링시켜보자.

말 없이
소리 없이
눈 내리는 밤

누나도 잠이 들고
엄마도 잠이 들고

말 없이
소리 없이
눈 내리는 밤

나는 나하고
이야기 하고 싶다.

이 시는 강소천 시인의 〈눈 내리는 밤〉이다. 어렵지 않고 눈처럼 깨끗하고 쉽게 쓰여진 시를 읽고 있으면 동심으로 돌아가는 기분이다. 추워질수록 나를 차단시키기 쉬운 계절이지만 짧은 단시(短詩)나 긴 장시(長詩)든 시를 읽으면서 내 몸을 단장하 듯 나하고 이야기하는 시간을 아름답게 화분에 심어 보자는 이야기다. 어떤 백설꽃이 필까.
 문정희 〈겨울 사랑〉처럼 따스한 겨울이 되고 싶다.

눈송이처럼 너에게 가고 싶다
머뭇거리지 말고
서성대지 말고
숨기지 말고
그냥 네 하얀 생애 속에 뛰어들어
따스한 겨울이 되고 싶다
천년 백설이 되고 싶다

시의 파장이 머리에서 가슴으로 전달되고 걸음걸이까지 사뿐히 그대에게 가고 싶은 마음이 있다. 시가 나와 소통되는 그 시간, 언제나 함께 있음을. 그의 생애 속에 뛰어들어 함께 하얀 눈이 되는 것이다.

6. 교감은 존재의 희망

봄을 시작하는 3월은 몰라요
햇빛을 모으는 그리움이 무엇인지
그를 붙잡아 두고 싶은 그리움이 무엇인지

마음을 훔치지 마세요
1월과 3월 사이
짧은 달로 태어난 미숙아지만
준비할 줄 아는 사람은 알아요
2월이 무슨 달인지

- 장기숙 <2월 새로운 출발> 일부

 일년 중 미숙아로 태어난 2월은 봄이라는 그리움을 품고 있다. 외로운 가슴을 시로 달래주라 하고, 나를 울적한 곳에 데려다 놓고 울림을 주라 한다. 시가 주는 영감에 눈이 뜨이고, 정감을 느끼게 한다. 정감은 감흥을 불러일으키고 감흥은 시와 교감(交感)하게 한다.
 교감은 서로 교제하면서 생각이나 감정 따위를 함께 나누어 가진다는 것이다. 교감할 수 있는 대상이 있다는 것은 행복하다. 사람과의 교감은 물론이려니와 동물이든 사물이든 그 대상으로 내가 존재하고 있음을 확인하고 그로 인해 희망을 갖게 되고 또 다른 미지에로의 세계로 그려나갈 수 있기 때문이다. 시는 영혼의 불꽃이었다가 쉼이 되기도 한다.

 어릴 때 아버지는 나를 데리고 뚝섬 경마장을 데리고 가곤 했다. 말에게 말을 걸고 쓰다듬으면 말의 눈빛이 다른 걸 보았다. 그 뒤 말을 타는 것이 무섭지 않았고 사람의 감정을 읽을 줄 아는 말과도 대화를 나누곤 했다. 진심으로 교감할 때 벗이 된다는 걸. 식물을 키우면서도 교감할 때 식물이 잘 자라고 있음을 키워본 분들은 알 것이다.

　　벗은 존재의 숙소이다
　　그 휴식이다
　　그리고
　　보이지 않는 먼 내일에의 여행
　　그 저린 뜨거운 눈물이다
　　그 손짓이다
　　오늘 이 아티미 해변
　　태양의 화석처럼

우리들 모여
어제를 이야기하며 오늘을 나눈다
그리고 또
내일 뜬다

- 조병화 <벗> 전문

　시 속에는 숨은 듯 내재된 언어가 우주를 뒤흔들만하여 나도 모르게 울렁이고, 사랑의 깊이와 높이를 가름하기 힘든 시어들이 가슴을 출렁이게 한다. 그 순간 식탁에는 시탁(詩卓)이 놓여있고 풀(야채)도 놓여있다. 평소 야채를 즐기지 않던 짝궁이 암치료를 받으면서 야채를 찾는다 브로컬리, 피망, 양배추, 부추, 오이, 당근 이런 것들이 위로하듯 달랜다. 시로 교감이 잘 안되는 그에게 정희성 시인의 '답청'을 들려주었다. 식탁에 맞지 않는 詩라는 걸 알면서 시의 일부를 변형해 들려준 것은 이러하다.
　풀을 뜯어요 입안에서 매 맞은 듯 씹을수록 건강한 봄이 온다
　봄이 와도 건강을 찾기 힘들다해도 자기는 스스로 건강을 이루었다.

풀을 밟아라
들녘에 매 맞은 듯
찾을수록 시퍼런
봄이 온다
봄이 와도 우리가 이룰 수 없어

봄은 스스로 풀밭을 이루었다
이 나라의 어두운 아희들아
풀을 밟아라
밟으면 밟을수록 푸른
풀을 밟아라

- 정희성 <답청(踏靑)> 전문

〈답청〉은 1970년 발표된 시다. 시대적 상황을 살펴보고 시를 들여다보면 보인다. 상징적 이미지인 풀이 살아있어 숨을 쉰다. 살아있는 모든 것들은 교감할 줄 안다. 교감하며 나눌 수 있는 존재는 희망이 있다. 이 시를 읽다보면 김수영 시인의 '풀'이 떠오르고 윤동주 시인의 '눈 감고 간다' 시가 떠오른다. 시대적으로 본다면 '눈 감고 간다'를 먼저 낭송한 다음 낭송해도 좋겠고 나중에 읊어도 무관하지 않을까 생각해 본다.

태양을 사모하는 아이들아
별을 사랑하는 아이들아

밤이 어두웠는데
눈 감고 가거라

가진바 씨앗을
뿌리면서 가거라

발뿌리에 돌이 채이거든
감았던 눈을 와짝 떠라

- 윤동주 <눈감고 간다> 전문

우리는 희망을 노래할 때 태양과 별을 이야기한다. 우리에게 매일(每日)은 광복을 염원하는 날이었으리. 1941년은 일제 탄압이 극심한 시대요. 어둡고 암울한 시대다. 누구를 부르며 노래하리. 시인은 태양과 별을 빗대어 '아이들아' 외치며 모두에게 희망을 부르고 있다. 상징의 의미가 있다. 눈 감고 지낼 수 밖에 없는 현실이지만 눈 감고 가되 가진 바 씨앗을 뿌리며 가라 한다.

씨앗은 복음의 씨앗이요. 겨레의 얼이 담긴 민족정신의 씨앗이요. 희망의 씨앗이다. 그것을 잊지 말고 뿌리며 가라는 것이 아니었을까 생각한다. 그러다 '돌부리에 발이 채이거든 감았던 눈을 와짝 떠라' 그런 상황이 네 앞에 일어날 때는 잠잠히 있지 말고 와짝 눈을 뜨고 대항하라는 것이다. 독립을 위해 투쟁하라는 말이다.

윤동주 시인은 시와 민족을 위해 끊임없이 교감하며 끝까지 원고지에 우리글로 시를 쓰는 일을 멈추지 않았다. 시인은 5월 30일 두 편의 시를 썼다 '눈 감고 간다'와 '십자가'이다. 두 편의 시를 연이어 읽으면 시인의 결의를 확실하게 느낄 수 있을 것이다.

답청(踏靑)은 봄에 파랗게 돋아난 풀을 밟으며 지나가는 일을 말한다. 밟으면 밟을수록 푸른 풀이 돋아나듯 강한 생명력을 가진 백성이 민중이 듯 어떤 상황에서도 희망을 포기하지 말고 어두운 시대에 풀처럼 일어나 희망을 노래하라는 시다.

정희성의 '답청'과 김수영의 '풀' 두 편의 시를 윤송과 합송으로 읊어도 좋겠다. 청자들에게 이해를 돕기 위해서는 퍼포먼스로 그려도 무관할 것 같다. 답청에는 정확하게 읊어야 하는 시어들이 있다. 자음 받침의 연음과 겹받침의 발음을 유의해서 읽어야 한다.

풀밭을(풀바틀) 밟아라(발바라) 밟으면(발브면) 밟을수록(발블수록) 들녘(들:력) 밟다(밥:따) 반복어, 명령어는 시의 의미를 잘 표출해 낼 수 있게 읊고 단어 하나하나가 주는 의미를 되새기며 읊어보자.

    내가 그의 이름을 불러주기 전에는
    그는 다만
    하나의 몸짓에 지나지 않았다

    내가 그의 이름을 불러 주었을 때
    그는 나에게로 와서
    꽃이 되었다

    내가 그의 이름을 불러준 것처럼
    나의 이 빛깔과 향기에 알맞은

누가 나의 이름을 불러다오
그에게로 가서 나도
그의 꽃이 되고 싶다

우리들은 모두
무엇이 되고 싶다
나는 너에게 나는 너에게
잊혀지지 않는 하나의 눈짓이 되고 싶다

- 김춘수 <꽃> 전문

'꽃'은 국민시로 애송될 만큼 알려진 시다. 사물로서의 꽃이라기보다 사물의 본질을 탐구하는 철학적이면서 추상적인 의미의 꽃으로 볼 수 있다. '나의 이름을 불러다오' 불러주는 과정을 통해 무의미한 존재가 존재의 의미가 되는 것이다. 그로 하여 확인할 수 있고, 드디어 이름을 가지게 되고 희망을 갖게 한다. 점층식으로 전개된 시의 내포적 의미를 본다면 몸짓이다. 서로에게 관습적인 이름이 아닌 진정한 관계 속에서 맺어지는 존재로서의 이름으로 남고 싶은 소망이 있다.

3연의 3행 '누가'라는 존재의 의미를 생각하고 포즈를 주어 읽는다.

하나의 나뭇잎이 흔들릴 때
나는 하나의 공간이 흔들리는 것을 보았다

조그만 이필 위에
우주의 숨결이 스쳐 지나가는 것을 보았다

하나의 나뭇잎이 흔들릴 때
나는 왜 내가 혼자인가를 알았다
푸른 나무와 무성한 저 숲이
실은 하나의 이파리들의 모임이라는 것을
제각기 돋아나 홀로 지는 하나의 나뭇잎
한 잎 한 잎 따로 살고 있는 고독의 자리임을
나는 알았다

- 이어령 <하나의 나뭇잎이 흔들릴 때> 전문

자연이 생명체들이 흔들림이 없다는 것은 죽은 것이요 병든 것이다. 이 시대의 지성 이어령 박사의 시는 마음을 두드려 주고 위로해 주는 언어로 우리에게 왔다. 그는 갔지만 그가 남기고 간 詩는 우리의 가슴 속에 살아 읊어지고 있다. 나뭇잎이 흔들릴 때 공간이 흔들림을 보았고 한 잎마다 모인 대자연의 숲이 고독한 자리임을 들여다보며 자신을 바라본다. 육체는 소멸돼 언어는 살아 존재의 객체로 모두의 가슴을 두드린다. 그런 감성을 가지고 자연이 가르쳐준 이치를 깨우치고 읊다 보면 그 자리에 내가 서 있음을 보게 될 것이며 또 다른 나를 보게 될 것이다.

이 세상 사람들 모두 잠들고
어둠 속에 갇혀서 꿈조차 잠이 들 때
홀로 일어난 새벽을 두려워 말고
별을 보고 걸어가는 사람이 되라
희망을 만드는 사람이 되라

- 정호승 <희망을 만드는 사람이 되라> 일부

문학활동을 통해 진정한 교감이 이뤄지고 나라는 존재가 바로 희망이고 희망을 만드는 사람이다.

7. 시적 정신과 감동력

 익숙하지 않았던 것들이 익숙해져 가고 반복된 삶의 연장선에서 해가 바뀌고 달이 바뀌고 있다. 그러면 무언가 의미가 다르게 느껴지고 신나는 것들로 채워질 것 같은 착각에 빠지곤 한다.
 아기가 태어나 세상을 바라보는 맑은 눈처럼 머물지 못하고 떠나는 건 살아오면서 벗겨지지 않은 허울이 있기 때문이리라.
 매일 읽어도 싫지 않은 시가 가슴에 강물처럼 쉬지 않고 흘렀으면 하는 바램을 가져본다.

 Poem Trekking
 아름다운 세상은 그냥 만들어지지 않는다. 어둡고 혼탁해 보이는 세상에 시가 멈추지 않고 건강하게 살아갈 수 있는 또 다른 길을 찾아보며 설레어 보기도 한다.
 '시인은 만나는 사물마다 인사하는 사람이다. 라고 말한 곽재구 시인의 말이 생각난다. 살아있다는 것은 눈을 뜨는 일이다. 눈을 뜨고 만나는 사물마다 인사하는 일이다. 사물과 인사를 나눌 때 시가 된다는 사실이다. 자연은 모두가 시다. 자연을 만날 때마다 가슴 저리게 밀려 오는 것 그것을 옮겨 적는다. 그냥 지나치면 잊어버리는 것들 생각이 잠시 머물다 가고 나면 생각나지 않는 것들을 긁적거린다. 그러다 좋은 시를 읊기도 하고 나누기도 한다. 그 일이 우리의 삶을 윤택하게 한다는 사실을 경험할 일이다.

　주 1회 트레킹을 즐기면서 시를 쓰고 읊는 자체가 바로 그 일이라 여겨 걷기 시작했다. 매일 걷는 일상의 걸음이 아닌 풍경을 찾아 걷고 또 걸으면서 우리의 건강과 풍요를 살찌게 하는 일이다.

　　여기
　　시간을 걷는 사람들이 있다

　　자연과 인간이 하나가 되는 길
　　걸을때 비로소 보이는 것들이 있다
　　걸음마다 웃음도 따라 걷는다
　　걷고 또 걷는다

　걷다 보면 뜻하지 않게 무지개를 볼 때도 있고 하늘을 빨갛게 물들이며 넘어가는 장엄한 광경을 볼 때가 있다. 찬란한 아름다움에 감동하여 걸음을 멈추어 한동안 시심에 젖는다. 감상에 젖어 시를 짓기도 하고 읊기도 한다.

누군가 삶을 마감하는가 보다
하늘에는 붉은 꽃이 가득하다

열심히 살다가
마지막을 불태우는 목숨
흰 날개의 천사가
손잡고 올라가는 영혼이 있나보다

유난히 찬란한 노을이다

- 서정윤 <노을> 전문

인생을 열심히 살다가 불태우다 가는 목숨이 있다. 의인법을 인용 마지막 인생을 아름답게 묘사한 '노을' 시를 읊으며 붉은 꽃피듯 그렇게 불태우다 슬픔이 아닌 찬란한 노을로 질 수 있다면 아름답겠다.

어느 날 강촌역에서 구곡폭포까지 걸었다. 걷지 않으면 보이지 않는 것들이 많다. 걷는다는 것은 육체와 정신이 건강해지는 길이다. 몸과 정신이 건강해지기 위해 독서를 즐기기도 하고 요즘은 그룹 콜로 책을 나눠 읽기도 한다. 좋은 현상이다.

인생의 무상과 고향을 상실한 마음을 잘 그린 정지용 시 '고향'을 읽어본다. 단시(短詩)를 반복해서 읽다 보면 다양한 감각을 통해 고향의 이미지가 선명하개 그려진다. 운율이 통일감과 균형감이 있어 잔잔한 낭송의 맛을 찾을 수 있다.

고향에 고향에 들아와도
그리던 고향은 아니러뇨

산꿩이 알을 품고
뻐꾸기 제철에 울건만

마음은 제 고향 지나지 않고
머언 항구로 떠도는 구름

오늘도 뫼 끝에 오르니
흰 점 꽃이 인정스레 웃고

어린 시절에 불던 풀피리 소리 아니 나고
매마른 입술에 쓰디 쓰다

고향에 고향에 돌아와도
그리던 하늘만이 높푸르그나

- 정지용 <고향>

다양한 감각을 통해 고향의 모습이 형상화된 시다. 시각적 이미지는 그림이 그려지 듯, 청각적 이미지는 맑고 또렷하게 들려지 듯, 감각적 이미지는 편안하고 미적 감각이 우러나도록 낭송해 본다. 움직임이 요구되는 감성의 경우, 표정과 시어 처리는 매끄럽게 낭송한다.

유명한 정신과 의사인 빅터 프랭크는 아우슈비츠 수용소의 경험을 이야기한다. 사람이 도저히 견뎌낼 수 없을 것 같은 극한 상황에서도 살아남을 수 있는 힘은 체력보다는 정신력에 있고 정신력보다는 감동력이 좌우한다고 말한다. 감동력은 지식으로 키워지는 것이 아니라 예술과 문학과 자연을 통해 풍요로운 정서를 함양하고 사회와 인간관계를 통해 길러지는 것이다.

시를 읊는 사람은 다른 사람에게 감동을 주고 싶어 한다. 체력보다 강한 정신력은 어디서 나오는 것일까? 그건 사랑이다. 사랑의 온도가 정신력과 감동력을 높여주기 때문이다.

시인이 문학을 포기하고 붓을 꺾던 암울한 시대. 윤동주 시인은 나라를 사랑하고 우리말을 사랑하기에 끝까지 주어진 길을 걸어간 시인이다. 모국어인 한국어로 시를 쓰고 불우한 역사의 과제를 몸으로 받아들이며 세계 문학사에 우리 문학의 길을 열어 주었다.

창 밖에 밤비가 속살거려
육첩방은 남의 나라,

시인이란 슬픈 천명인 줄 알면서도
한 줄 시를 적어볼가,

땀내와 사랑내 포근히 풍긴
보내주신 학비봉투를 받어

대학 노-트를 끼고
늙은 교수의 강의를 들으러 간다.

생각해 보면 어린 때 동무들
하나, 둘, 죄다 잃어버리고

나는 무얼 바라
나는 다만, 홀로 침전하는것일까?

인생은 살기 어렵다는데
시가 이렇게 쉽게 씌어지는 것은
부끄러운 일이다.

육첩방은 남의 나라
창밖에 밤비가 속살거리는데,

등불을 밝혀 어둠을 조금 내몰고,
시대처럼 올 아침을 기다리는 최후의 나

나는 나에게 작은 손을 내밀어
눈물과 위안으로 잡는 최초의 악수.

- 윤동주 <쉽게 쓰여진 시>

 이 시는 1942년 6월 3일에 쓴 시다. 신문사에 있는 강차중 친구에게 보내져 해방 후 1947년 2월 13일 경향신문을 통해 공개적으로 소개된 시다. 일제 강점기에 태어나 청년 지식인 윤동주는 육첩방에 앉아 진솔하게 쓰고 있다. 일본으로 인해 태평양 전쟁이 한창일 무렵, 친구들 조차 전쟁으로 하나, 둘 잃어버리는 상황에서 늙은 교수의 강의를 들으러 가는 심사는 어떠했을까?
 일제에 짓밟힌 순절의 시인, 윤동주는 시를 천명으로 알고 자유와 평화를 위해 고통 속에서도 절규하며 시를 썼다. 시인의 성찰과 갈등은 지금 우리가 느낄 수 없는 고뇌요. 아픔이다. 이 시를 어떻게 들려줄 수 있을까? 내면적 자아와 갈등을 하면서도 자기와 최초로 손을 잡아보는 마음. 내재율이 숨어있는 시인의 감정을 들여다보면 일상 언어 속에서 인간의 삶과 고뇌가 느껴지고 조국의 품에 안기고 싶어 광복을 꿈꾸며 투쟁한 시인의 마음을 읽을 수 있다. 그의 시를 읽고 있으면 짜디짠 울음을 뽑아낸 놀라운 영감과 예언이 뼈를 저리게 한다. 시인의 마음을 훔치듯 읽어보면 보인다.

한글은 '모국어의 집'이다. 황금찬 시인은 〈한글〉에서 '불멸의 향기요. 황금의 음률이 있다' 했으며, 김동명 시인의 〈우리말〉에서 '너는 우리의 호흡이요. 전부이다'라고 말한다. 중등 교과서에 실린 '자음'을 감동있게 읽고 읊어본다.

밭일 하시던 할아버지가 땅에
지겟작대기로 'ㄱ'
이라고 썼다
그러곤 크게 따라 읽으라고
침방울을 튀기며 'ㄱ'
온몸으로
외쳐보라고 하셨다
내 최초의 받아쓰기
지겟작대기 끝에서 나온 자음
흙냄새 폴폴 묻어나던 소리
'ㄱ' 위에서
씨앗 꽉 문 고추와
입천장 데며 먹던 고구마 노란 속살이 태어났다
허리 구부정한 'ㄱ'
지게를 지고 저녁연기 오르는 마을을 향하여
돌아오시던 할아버지
허리가 펴지지 않은 채 땅에 묻히셨다

기름진 자음이 되었다

- 손택수 <자음> 『목련 전차』 창비

 지겟작대기에서부터 시작되는 한글의 첫 글자 'ㄱ' 크게 외쳐보라는 할아버지의 열성을 보며 배움의 열망과 자세를 배운다. 낭송의 첫걸음도 단순한 자음을 확실하게 큰소리로 읽고 훈련하는 일이기에 자음이라는 시어 한 글자가 가슴을 찰지게 한다.

8. 시로 소통하는 사회

웃는 일이 생길 때
무표정하거나 뒤늦게 웃는 사람이 있다
웃기는 사람보다 그 얼굴이 더 웃겨
나도 모르게 웃음이 날 때가 있다

낯모르는 사람이 다가와 웃을 때
그 얼굴을 잘 사용할 줄 몰라 더듬거리다
얼굴도 웃음도 다 버릴 때가 있다

숙달된 얼굴은 더듬거리지 않는다
말이 꼬여도 웃어주고
입모양을 수선하지 않아도 알아듣는 세상
얼버무려도 잘 통하는 그 얼굴

내가 꿈꾸는 하늘이며
얼굴을 빌리지 않아도 되는 세상이다

- 이규 <숙달된 얼굴은> 전문

웃음! 그것보다 거룩한 대화는 없다. '숙달된 얼굴은' 사람 존중에 대한 소통을 다룬 시다. 가족 간이나 이웃, 친구들과의 몸짓만 봐도 알아듣고 따지지 않고 덮어주고, 부족해도 탓하지 않으며 모른다고 낮추어 보지 않는 거룩한 모습을 그린 것이다. 아직도 숙달되지 않아 따지고 웃음을 버리는 일로 미숙아 자리에 있는 건 아닌지 바라보게 하는 일들, 입모양을 수선하지 않아도 소통이 잘 되는 그런 이웃이 되기를 바라며 오늘도 이규 시를 읊는다.

중고등학교 문화 예술축제 시낭송 의뢰를 받은 적이 있다. 중학교 교과서에 실린 시를 중심으로 낭송을 해달라는 것이었다. 시를 받고 학년마다 시를 읽고 발췌하고 구성하고 음악 선정까지 촉박한 시간에 준비하기란 쉽지 않았다. 詩의 담긴 시어의 짜임과 지식을 조각하기 보다는, 낭송으로 들려질 때의 시의 느낌을 더 이해시키고 공감하는 기쁨을 주어야 된다고 생각했다.

"선생님 사진기를 주셨는데 시감상에 빠져 촬영을 잊었어요. 죄송합니다."

"감상을 잘했다니 고마워요."

학교에서는 국어교과서에 나오는 詩를 암송(暗誦)하는 테스트를 본다고 했다. 반가운 말이였다. 감성이 매마르고 언어가 거칠어진 학생들에게 시를 암송하게 하면 말씨가 달라질 것이고 아름답게 표현할 줄 알게 될 것이다.

영국의 중학생들은 친구끼리의 대화 속에서도 셰익스피어의 시가 줄줄이 인용된다고 하는데, 암송이 훈련된 프랑스의 학생들은 졸업 후에도 여러 편의 시를 암송한다고 한다.

정호승 시인은 국어 능력을 효과적으로 향상시킬 수 있는 방법으로 '시 외우기 교육'을 도입할 것을 제안한다고 말한다.

오늘날 우리 사회가 무너지고 혼탁한 시대에 진정한 문화민족으로 나아가는 바램은 시를 읽고 들려주는 일이다.

2022년 5월 10일 '청와대를 국민 품으로' 청와대는 국민의 공간이 되었다. 청와대를 2022년 5월 15일, 29일. 2차 방문하면서 지난 기억을 더듬어 본다. 1991년 가을 춘추관에서 '시인의 밤' 행사가 있던 날, 노태우 대통령의 영부인 김옥숙 여사가 변영로 시인의 '논개'를 좋아한다 하여 낭송했던 감회가 새롭다.

거룩한 분노는
종교보다도 깊고
불붙는 정열은
사랑보다도 강하다

아! 강낭콩보다도 더 푸른
그 물결 위에
양귀비 꽃보다도 더 붉은
그 마음 흘러라

아리답던 그 아미(蛾眉)
높게 흔들리우며
그 석류 속 같은 입술
죽음을 입맞추었네

아! 강낭콩보다도 더 푸른
그 물결 위에
양귀비 꽃보다도 더 붉은
그 마음 흘러라

흐르는 강물은
길이길이 푸르르니
그대의 꽃다운 혼
어이 아니 붉으랴

아! 강낭콩보다도 더 푸른
그 물결 위에

양귀비 꽃보다도 더 붉은
그 마음 흘러라

　　진주성 촉석루에서 왜장을 껴안고 짙푸른 남강에 뛰어든 논개. 그녀의 분노는 우리나라를 침략하고 식민지로 만든 일본을 향한 위대한 분노였다. 그는 기생이기 전에 나라와 민족을 사랑하던 의병이라 말하련다.
　　이 시는 수사법이 다양하고 강렬하다. 논개의 숭고하고 아름다운 영혼의 이미지가 느껴진다. 의로운 죽음 앞에 선 논개의 거룩한 분노가 느껴지도록 읊으면 좋겠다. 나는 이 시에 구음 창법을 응용하여 여러 번 낭송한 적이 있다. 연마다 담긴 감탄사 '아!'를 구음(口音)으로 읊으며 낭송했다. 강렬하게 처절하게 처연한 듯 가다가 구성지고 물 흐르듯… 소리의 색채를 달리해 보았다.

　　시를 만나면 시에 빠져야 한다. 시에 취하지 않으면 안 보이는 것들이 많다. 시를 만났을 때 그 시를 어떻게 표출할 것인가? 평범하지 않은 시의 경우 어떻게 그려낼 것인가? 소리와 그림을 연관시켜 본다.

인생들이 사람들이 말하는 것처럼 어둡기만 한 것은 아니야
아침에 내리는 비는 빛나는 오후를 선물하거든
때로는 어두운 구름이 몰려오지만 금방 지나가지
소나기가 와서 장미꽃을 피운다면 소나기 내리는 것을

슬퍼하거나 미워할 이유가 없어
인생의 즐거운 순간은 그리 많지 않아
반가운 마음으로 그 시간을 가지면 되는 거야.

- 샤롯 브론테 <인생>

그에게 시간을 선물했네
나에게 남겨진 모든 시간을
심장이 멎은 뒤에도
두근대며 흘러갈 그 시간을
친구가 눈 감던 날
나 문득 두려움 느꼈네
이 시간 영원할 수 있을까
그에게 시간을 선물했네
나 죽은 뒤에도 끝없이 흐를
여울진 그리움의 시간을

- 정희성 「그리운 나무」 「창비」 <선물> 전문

지난해, 단짝 친구를 보내고 아픔과 두려움으로 '선물' 시를 읊조리다 보니 함께 보냈던 시간들이 그립고 여울진 날의 아픔이 어른거린다.

사과를 깎는다
하얗게 손에서 꽃이 핀다
꽃 속에 너의 얼굴이 스친다
한 겹 한 겹 필 때마다
웃음소리가 다르게 들린다
손에서 소곤소곤 필 때가 있고
투덜투덜 필 때가 있다
너와 마주할 땐
소곤대며 꽃이 피었더랬는데
사과 맛도 상큼했더랬는데
너를 보내고 견디기 힘든
그리운 시간을 선물하네

나도 친구에게 시를 쓰며 그리운 시간을 선물해 본다. 마음이 외롭고 울적할 때 한적한 곳에 앉아 시를 읽는다. 박완서 작가는 '심심할 때 시를 읊는다' 했지요.

심심하고 심심해서
왜 사는지 모르겠을 때도
위로받기 위해 시를 읽는다.
등 따습고 배불러
정신이 돼지처럼 무디어져 있을 때

시의 가시에 찔려
정신이 번쩍 나고 싶어 시를 읽는다.
나이 드는 게 쓸쓸하고,
죽을 생각을 하면 무서워서 시를 읽는다.
꽃 피고 낙엽 지는 걸
되풀이해서 봐온 햇수를 생각하고
이제 죽어도 여한이 없다고 생각하면서도
내년에 뿌릴 꽃씨를 받는 내가
측은해서 시를 읽는다.

- 산문집 『못 가본 길이 더 아름답다』(현대문학, 2010)

삶이 메마르고 심심해서 소외되고 존재감을 상실하고 고통스럽게 지내는 사람들이 있다. 이럴 때일수록 시가 주는 공간의 가치는 의사를 만나는 격이다.

시(詩)가 좋아서 그냥 즐기고 싶은데 낭송한다고 힘들게 암송하다 보면 외롭고, 소외되고, 심심해서 병이 되는 증상들을 치료하게 된다.

"나이가 들어가면서 익숙하지 않은 시인의 시를 암송해서 낭송해야 하나 은근히 스트레스를 받아요."라고 하는 분들도 있다.

나를 멋있게 포장하려고 하지 말고 있는 그대로 즐기면 편하다. 낭송이 힘들면 그냥 읽고 즐기라고 말하고 싶다. 어설퍼도 내가 쓴 한 줄의 시를 들려줘도 좋을 일이다.

친구를 만나면 시로 소통한다는 시인이 있다. 고등학교 교장을 퇴임하고 시를 즐긴다는 김성근 시인을 만났다. 시를 많이 안다고 자부해도 부족함을 느끼게 한다.

사람 속에 묻혀 살면서
사람이 목마른 이 팍팍한 세상에
누군가 나의 안부를 물어준다는 게
얼마나 다행스럽고 가슴 떨리는 일인지
사람에게는 사람만이 유일한 희망이라는 걸
깨우치며 산다는 건 또
얼마나 어려운 일인지
나는 오늘 내가 아는 사람들의 안부를 묻고 싶다

— 김시천 <안부> 2연

첫날에 길동무
만나기 쉬운가
가다가 만나서
길동무 되지요

날 끓다 말아라
가장(家長) 님만 님이랴

오다가다 만나도
정붙이면 님이지

'안부' 시를 읊으며 안부를 묻자, 김시인이 김소월의 '팔베개 노래' 민요 시를 읊는다.

나무가 항시 하늘로 향하듯이
발은 땅을 딛고도 우리
별을 쳐다보며 걸어갑시다
친구보다 좀 더 높은 자리에 있어 본댓자
명예가 남보다 뛰어나 본댓자
또 미운 놈을 혼내주어 본다는 일
그까짓 것이 나의 무엇입니까
술 한 잔만도 못한
대수롭잖은 일들입니다
발은 땅을 딛고도 우리
별을 쳐다보며 걸어갑시다.

- 노천명 <별을 보며> 전문

살아가면서 시로 소통하는 곳에 봄볕같은 따스한 미소가 있다. 그 안에 잘남도 헐뜸도 없는 순수가 우리를 즐겁게 한다.

살구꽃 핀 마을은 어디나 고향 같다
만나는 사람마다 등이라도 치고 지고,
뉘 집을 들어서면은 반겨 아니 맞으랴

바람 없는 방울꽃 그늘에 달이 오면
술 익는 초당(草堂)마다 정이 더욱 익으려나,
나그네 저무는 날에는 마음 아니 바쁘랴

- 이호우 <살구꽃 핀 마을> 전문

여기 푸른 잔디밭에 누워서, 철이야, 너는 늴늴늴 가락 맞춰 풀피리나 불고, 나는, 나는, 두둥싯 두둥실 봉새춤 추며, 막쇠와, 돌이와, 복술이랑 함께, 우리, 우리, 옛날을, 옛날을 뒹굴어 보자.

- 박두진 < 어서 너는 오너라> 일부 「청록집」

흩어졌던 민족이 한데 어울려 두둥실 춤을 추는 환희의 모습으로 끝을 맺은 시를 읊으며 시로 소통하는 시간이었다. 누구나 처음 만날 때는 타인이었다. 타인으로 만나 시정(詩情)이 우러나는 시간, 누구나 친구가 된다.

인생이라는 먼 길을 여행할 때
새로운 친구를 만나고 사귀게 된다
내 곁에 계속 남아 있는 친구도 있고
떠나는 친구도 있다
하지만 친구들이 내 곁을 떠날지라도
우리의 우정은 결코 끝나지 않는다

친구는 나에게 신선한 출발을 제공해 주었다
친구는 빛을 보여주고 희망을 주었다
감동을 주었고 내 아픈 마음을 어루만져 주었다
친구는 내가 무엇이든 할 수 있는 힘을 주었고
내가 할 수 있다는 것을 믿어주었다
내가 생각하지 못한 방법들로 나를 깨닫게 해주었다

내가 친구를 가장 필요로 할 때
친구는 언제나 그곳에 있었다
나는 친구에게 무엇을 줄 수 있을까
친구가 내게 준 우정을 지키는 것이
친구에게 해 줄 수 있는 유일한 선물임을
오늘도 나는 우리의 우정이 지속되고
더 아름답게 자라나기를 소망하고 기도한다.

- 커넬 바를라니 <친구라는 선물> 전문

VI
낭독(朗讀)의 즐거움

1. 낭독에 대해

낭독의 정의는 일반적인 매체 즉, 기록된 저작물을 소리 매체로 전환하는 작업이라 할 수 있다. 저작물이 가지고 있는 내용을 변화없이 그대로 읽고 전달하는 것을 말한다. 전달 방법에 있어 한 편의 작품을 다른 사람이 잘 들을 수 있도록 큰 소리로 소리내어 읽는 것을 말한다. 낭독(朗讀)의 한자어를 보면 낭(朗)은 밝다. 환하다. 활발하다. 뜻이 있고 독(讀)은 한자어 그대로 또랑또랑한 목소리로 읽는 것이다.

우리 주위에는 책을 낭독해주는 분들을 많이 있다. 시각장애인 복지재단에서 시각장애인들을 위한 녹음 봉사, 환자에게 책을 읽어주는 북도우미, 북 박스 등. 많은 분들이 낭독을 생활화하고 있다. 나도 오랫동안 낭독 봉사를 해왔다. 요청이 오면 공연을 하기도 하며 낭독을 즐긴다.

2017년 낭독공연을 『예술공간 혜화』 극장에서 올린 적이 있다.

강영걸 선생님이 연출한 작품은 명예시인 김성우 님의 「나는 누구냐」이다. 씬을 28번까지 나누어 장기숙, 국혜숙, 오선숙, 이화미, 류명희 5명의 시낭송가가 출연했으며 공연장에 특별한 장식없이 등 없는 의자만 놓였다. 의상은 깔끔한 정장을 입고, 자리는 곡선형, 분산형 형태로 배치하고 앉았다 일어나서 낭독했다. 씬마다 주고 받을 때 상황을 잘 감지하고 호흡을 이어가야 한다.

무대 구분은 앞, 뒤, 좌, 우 구역마다 다른 느낌을 주기도 한다.

로맨틱하게 보이는 구역도 있고 친숙하게 보이는 구역도 있다.

중앙은 관객이 집중하는 시선이 강하다. 시낭송 독송을 할 경우에는 구역을 가운데 둔다. 조명의 각도도 감지하고, 내가 걸을 때 조명이 어떻게 보이는가 확인하고, 잠깐의 연기가 있을 경우 대사와 동작의 적정한 안배를 두기도 한다.

발성이나 발음, 무대에서의 메커니즘(mechanism)에 대해 익혀야 하고, 마이크를 사용할 경우 소리 트러블이 생기지 않도록 잘 조절해야 한다.

시낭송과 연기가 다르고 낭독공연 역시 다르기에 연출가는 말한다.

'설익은 것이지만 지금은 가지치기 할 때이므로, 그래서 잘 익어가길 바라는 마음이라고… 더욱 분발하고 스스로 채찍질 할진저!'라고.

낭독의 즐거움을 넘어 공연으로 올릴 경우 Scene을 만들어 페이지마다 씬의 장면들을 체크하고 소요시간, 음악이 삽입되는 부분, 출연자들의 배역을 선정하고 일정을 잡아 연습한다.

낭독공연이나 낭송을 할 경우, 시낭송에 복성훈련을 평상시 훈련을 해두면,

① 소리의 폭이 커진다.
② 멀리까지 들리고 풍성하다.
③ 성량이 풍부해진다.
내가 말을 끄집어 내는지 안으로 먹고 있는지 파악하라.
두성(頭聲)은 비음, 설음, 치음으로 구강구조를 어떻게 쓰느냐에 따라 다르다.
가성(假聲)은 꾸미는 소리로 전달이 부정확하다.

일반적으로 정확하게 알아야 할 것
 ① 발성 ; 말하기와 단어 중심으로 연습
 ② 발음 : 또박또박하고 정확하게 읽고 말하는 훈련을 하라
 ③ 읽기 : 읽기에서 중요하게 알아야 할 부분
  - 힘주어 읽지 않는다.
  - 또박또박, 입 크게. 입 크게 하면 곧아 보인다.
    똑같은 말이라도 패턴에 따라 다르고 운율에 따라 다르다.
  - 자간(字間) 속도 지키기.
  - 깨끗하게 직선적으로
  - 말을 흔들지 마라. 특히 어미 처나, 중간 어미 → ↗
  - 고저장단 (단어, 문장) 찾아서 체크하기
  - 감정에 말을 실어라. 감정만 되고 말이 안 되면 안 된다.
  - 외적인 것과 내적인 캐릭터를 어떻게 표현할까? 점검하기
 ④ 각자 자기 씬을 읽을 때 어느 것이 효과적인지 파악하며 읽기

⑤ 6하 원칙에 의한 말 주고받기 연습하기
⑥ 씬 나누기, 대사 분석하기
⑦ 문장의 고저장단과 어미변화, 기승전결 느낌 다르게 해보기
⑧ 공연장에 따르는 준비
  (마이크 조절. 마이크 사용시 개성이 죽을 수 있으니 진성으로 하는 것이 좋다)

대사분석의 단계 연습하기
문리적인 3단계 소리 : 크게, 보통으로, 작게
          어미 : 길게, 보통으로, 짧게
          호흡 : 순하게, 보통으로, 격하게
심리적 3단계   감성적, 이성적, 일상적
          심리 단계를 문리적 단계에서 대입해 보고 읽기.
어투의 3단계   놓는다, 가진다, 준다.

테크닉의 3단계는 음성의 테크닉, 감성의 테크닉, 호흡의 테크닉이 있다. 스킬이나 테크닉이 비슷하지만 전문적인 기술이 필요하다.
 감성적 언어는 말보다 동작이 먼저 앞서 나오고
 이성적 언어는 동작보다 말이 먼저 앞서 나온다.
 물의 흐름도 감촉에 따라 다르고 물길에 따라 다르고, 똑같은 말이라도 사람에 따라 다르다. 장애물이 있을 경우 흐르는 속도와 톤이 다르듯 문장이 흐르는 물줄기를 잘 감지해서 읽어 내려가면 좋겠다.

어미 처리 부분에 있어 실수하는 경우,
'미래가 없다.' '버릇이 있다.' 띄워서 읽는 경우가 있는데 띄우지 말고 호흡을 같이 데리고 가라. 독립시키면 주인인 줄 안다.
(예) <u>미래가 없다</u> → <u>미래가 없다</u>
책을 읽고 좋은 작품을 낭독한다는 것은 마음이 넉넉해지는 풍요를 느낀다.

책 읽기 운동으로 기업에서 진행하는 낭독 프로그램을 진행한 적이 있었다. 시와 수필, 좋은 글, 단편소설 등. 또는 시인을 초청 시낭독회를 진행하기도 한다.
시인의 문학강연과 함께 시인의 시를 관객들과 나누며 낭독시간을 갖기도 하고, 책을 좋아하는 분들이 모여 낭독하는 시간을 즐기기도 한다. 요즈음은 낭독공연도 인기를 끌고 있다. 시뿐 아니라 국, 내외 문학의 장르별로 작품을 읽고 함께 즐기며 공연한다는 것은 의미있고 가치있는 일이다.
낭독 독서모임에는 대면 모임은 물론 온라인을 통한 전화 그룹 콜, ZOOM 등을 활용하여 낭독을 진행한다. 책을 읽는 낭독 모임도 지역마다 다양하게 진행되고 있다. 선정된 책의 분량을 나눠 읽고 토론하며 일상을 나누기도 한다. 소리로 만나는 전화 그룹 콜 낭독은 진행자가 책을 선정하여 분량을 나누어 초대해서 책을 읽고 토론하는 형태이다. 또는 분량을 주어 읽게 하고 내가 느낀 주요 문장을 보내어 서로 나누며 토론하기도 한다. 초면에도 부담이 적어 책을 혼자 읽는 것보다 깊이 이해할 수 있을 뿐 아니라 서로의 경험을 확장시키는 장점이 있다. 책을 읽고 감상하는 낭독의 시간 유익하고 값진 시간이다.

낭독 프로그램 진행

낭독의 예문들은 시인들의 작품들이다. 낭독으로 들려줘도 좋고 다양한 낭송법으로 들려줘도 좋겠다.

2. 낭동의 예문

1. 달 항아리

태초부터
비추던 달이 있었다

내게 온 저 달을
애태우 듯 바라보는 것이었을까
친구를 보지 못하고 보낸 설음이
목마른 그리움에 떨어야 했을까
머얼리 떠난 그를 그리워하며
들리지 않는 소리를 찾고 있는 것일까

토기장이에 빚어진 달항아리
구원의 생명이 숨쉬듯

너와 내가 하나가 되는 생명
그 안에서 움직여지고 있지 않은가
사랑의 불기운이 나를 태우듯
허공 한가운데 응시(凝視)하고 있다

흙의 생령이여
나를 빚은 또 너를 빚은
피의 원천이 아닌가

우리는 가끔
우연잖게 돌아설때가 있다
사람이 사람을 만나 살아가는데
엉켜있는 명주실 속에서도
인연의 기억은
별이 되어 반짝이런가

오늘도
달항아리에 담은 그리움을 주워 담는다
그리움이 달처럼 피어날 때까지

2. 사계(四季)의 환희(歡喜)

봄

그녀는 손재주가 능한 디자이너다. 겨울 여자가 떨구고 간 차디찬 바턴을 햇빛에 녹이는가 하면 꽃샘도 황사도 게의치 않는다. 어느새 화사한 꽃불 전쟁이 시작됐다. 초대장을 받고 그녀와 축제의 밤을 즐긴다. 어느새 쏟아져 나온 수많은 연두잎. 토파즈 보석보다 더 고운 그의 손을 잡아본다. 전기줄을 잡은 듯 손끝이 찌릿하다. 여리디 여린 고운 색체에 넋을 잃었다. 취한 듯 봄날을 걷는다.

여름

그녀는 연기에 뜨거운 가슴을 가진 여자다. 산과 바다를 붙들어 맬 줄 아는 여인! 관객을 불러모으는 힘이 있다. 새빨간 입술로 땅속의 물까지 빨아들이는 흡인력을 갖고 있다. 사람들은 그녀의 눈빛에 취해 빨갛게 익은 해와 파도를 밀어내며 사랑을 나누게 만든다. 그녀의 질투는 대단하다. 그늘에 누워있는 여유로운 사람을 만나면 때도 없이 천둥과 번개를 동반하여 집들을 삼키고 산천초목을 울게 하는가 하면, 나무 등을 어루만지며 감초처럼 웃어댄다. 사람들이 그녀의 연기에 휘둘리어 한숨을 내쉴 때 비로소 마음을 비운다.

가을

단풍으로 울 수 있는 그녀는 속울음을 삭히는 외로운 화가다. 벽에 붙어서도 춤을 추며 낙엽으로 떨어질 수 있는 그런 연기를 가진 여인. 허물은 체 땅바닥에 뒹굴어도 그 낙엽이 되어 춤을 추는 것이다. 헛소리를 내도 춤을 추는 것이다. 가슴을 밀고 들어와도 떼어낼 수가 없다. 우리도 가끔 떨어질 때가 있다. 돌아설 때도 있다. 낙엽은 그런 것이다. 구르몽의 낙엽도 그런 것이다.

시몬, 낙엽 밟는 소리가 좋은가.

우리도 언젠가는 가련한 낙엽이 되리니,

오라, 날은 이미 저물고 바람은 우리를 휩쓸고 있다. 그렇게 낙엽은 지고 있다.

겨울

그녀는 매서운 눈발에도 눈송이처럼 내게 오는 여자다. 허공에 뜬 수천톤의 무게를 단 번에 내리지 않고 눈꽃 빙수같은 가루로 내게 온다. 하늘도 그런 연기를 하는가! 그런 것을 교감할 수 있는 그녀! 그녀의 항아리를 잊지 못하고 찹쌀떡 소리와 따끈한 군고구마를 잊지 못한다. 나는 그 눈이다. 그래서 나는 존재하는가. 메리 크리스마스! 종소리가 운다. 주머니에 빵 한조각 훔지지 않았다고 따져도 나는 그 눈이다. 그가 나를 미워해도 나는 그 눈이다. 나는 얼음이며 그 눈이다. 나는 너에게 손을 내민다. 나는 너의 따뜻한 손길로 사라진다. 나는 그 눈이다. 나는 그 눈이다.

3. 시계(時計)가 본 세상

나는 둥근 집에 살고 있어요. 돈이 쌓여 있는 사무실에서 근무하죠. 나는 무슨 일이고 여유있게 처리하고 지나가지만 나보다 키가 큰 남편은 항상 얼쩡거려요. 재깍거리며 뛰어다니는 아들 녀석은 우리 집 파수꾼이죠. 1초도 버리지 않고 부지런히 일을 해요. 어쩌다 쪽잠을 자거나 심술을 부리며 놀때도 있지만 그래도 그녀석이 있기에 삶의 소리를 느끼고 있어요.

나도 열심히 일만 하는 건 아네요. 12시만 되면 하루 두 번씩 행위를 하죠. 낮에는 모두 부러워하며 일어나더군요. 전설이 생각난다는 그 시간엔 우리의 행위가 몹시 무서운가 봐요. 별 해괴한 이야기를 꾸며대며 나를 곤란하게 하거든요. 그래도 우리는 아랑곳없이 하나가 되죠. 어느 날 양기가 떨어지면 굶어 죽은 돼지처럼 꼼짝을 못해요. 대리가 그것을 눈치채고 소불알 같은 보약을 먹어야 기운을 차리죠.

하, 세월을 오래 살다보니 함께 살던 자식 놈이 떨어져 나가더군요. 다 큰 자식 안보이는 거야 좋은 여자친구 생겼거니 하겠지만 사는 소리가 안들렸어요. 그러나 남편이 떨어져 나가니까 못살겠습디다. 심한 우울증까지 걸리고 말았어요. 대리가 나를 보더니 얼굴을 찡그리면서 버릴까 하대요. 순간, 짝 잃은 슬픔이 울컥 쏟아졌어요. 수리 중매쟁이를 오라 하면 금방이라도 와서 네게 맞는 짝을 만날 수 있을 텐데 요즈음엔 그러대요.

아니나 다를까 나는 폐품장수 할아버지 리어카에 실려 나왔죠. 덜컥 덜컥 지나가는 소리에 나는 세상을 보았어요. 놀이터에서 신나게 떠들며 웃어제끼는 아이들, 야채장수 할머니, 붕어빵 아저씨, 야쿠르트 아줌마도 작은 리어카를 끌고 열심히 살아가는 모습을 말이죠.

난 짝궁 없이는 살 수 없는 줄 알았어요. 혼자서는 아무 것도 못하는 줄 알았어요. 백 년 살 것처럼 일만 할 줄 알았지. 내일 죽을 것처럼 기도하진 않았어요. 가는 세월만 아쉬워했지 오는 시간은 준비할 줄 몰랐어요. 닫혀있는 것만 보았지 열려있는 세상을 보지 못했어요. 우는 소리만 들었지 웃는 소리를 듣지 못했어요.

그래서 잠시 쉬는 동안 리어카에서 뛰어내렸어요. 난 살기 위해 뛰어내리지 죽기 위해 뛰어 내리진 않아요. 팍! 죽고도 싶었지만 나에게 주어진 인생은 선물이니까. 그래도 내게 붙어있는 심지에 성냥불이라도 태워봐야 하지 않을까요.

뒤죽박죽 엉켜있는 폐품 틈바구니에서 나오고 나니 마음이 홀가분했어요. 신이 나서 화리서리 걸었더니 모두 쳐다보대요.

혼자서는 어디를 가도 외로웠어요. 낮에는 공원을 돌아다니다가 밥 한 공기 얻어 먹으려고 줄을 서기도 했죠. 나같은 사람이 이렇게 많은 줄 몰랐어요. 밤에는 지하도에서 퍼지게 잠을 잤어요. 그곳에는 나처럼 이빨 빠진 것, 허름한 것, 닳아빠진 것, 녹슨 것도 있지만 멀쩡한 것도 있었어요. 모두가 불만투성이에요.

욥은 자식과 재산을 다 뺏기고 가난이 찾아와도, 중병에 걸려 아내가 배반을 해도 하나님께 감사했는데 지금은 그 소리 듣기 힘들어요. 나도 그 소리 못하고 살았지요. 갇혀 있던 눈으로 본 세상, 휘청거리며 둘러본 세상. 잃은 것은 또 다른 것을 얻기 위한 것임을 알았어요. 세상이 주는 자유는 자유가 아니라 구속이란 걸.
　어두운 저녁, 밝게 비추인 십자가 앞에 나는 진정한 자유를 만났어요. 기쁨이 넘치는 자유를…….

장기숙 '달 항아리' 「미성문화원」
사계의 환희, 사계가 본 세상 「우리글」

4. 한강이 솟아 오른다 - 이근배

아침이 열린다
긴 역사의 숲을 거슬러 올라
어둠을 가르고 강이 태어난다
이 거친 숨소리를 받으며
뛰는 맥박을 짚으며
소리지르며 달려드는 물살앞에서
설움처럼 감춰온 한강의 이야기를 듣는다

강은 처음 어머니였다
살을 나누어 나라를 낳고
피를 갈라서 겨레를 낳고
해와 달과 별과 구름과 바람과 꽃과 새와
나무와 풀과 산과 들과
그리고 말씀과 노래와 곡식과 잠자리와
사랑과 자유와 믿음과……
강은 거듭나는 삶이었다

하늘이 있고 땅이 있는 날부터
숱한 목숨들을 일구면서
한편으로 죽어가는 것들을 지켜보면서

강은 끝없는 울음을 삼켰다
때로 지치고 쓰러지고
찢기고 피 흘리면서도 강은
다시 일어서서 달리고
더 큰 목숨을 부둥켜 안고 왔다
나라는 나라로 갈리고
형제는 형제끼리 다투면서
칼과 창과 화살의 빗발을 서고
남과 북 동과 서에서
틈틈이 밀고 들어오는 이빨과 발톱들..
강은 홀로 지키고 홀로 싸우며
마침내는 이기고야 말았다.

온갖 살아있는 것들에게 젖을 주고
품에 안고 가꾸면서도
강은 늘 버림만을 받아왔다
먹을 것을 주면 썩은 껍질을 보내오고
꽃을 주면 병든 이파리를 던져오는
시달림과 아픔과 쓰라림을 견뎌왔고
끝내는 가시철망에 한 허리가 잘리는
눈 감을 수 없는 슬픔을 만나야 했다

그러나 이제 강은 다시 태어났다
생채기를 주고 마구 더럽히던
그 아들과 딸들의 손으로
맑고 환한 피가 뛰는 숨결을 살려냈다
바다로 몰려나갔던 물고기 떼가 돌아오고
제 고향으로 날아갔던
봄, 여름, 가을, 겨울의 새들이 둥지를 틀고
뗏목이 흘러오던 그 물이랑에
오늘 한가로운 놀잇배가 두둥실 떴다

그렇다 들리느냐
정선아라리 굽이돌아 가슴에 젖고
한강수타령 장구춤에 흥겹구나
만선의 돛폭 울리며 징징징 울리는
그날의 뱃노래 다시 부르며
한강은 새색시 같은 어머니가 되어
푸른 치마폭 넘실 감싸준다

흘러가라
역사에 얼룩진 땟자국이여
나라의 어지러운 비바람이여
겨레의 앙금진 핏물이여

그리고 오직 사랑의 이름으로만
자유의 이름으로만 평화의 이름으로만
통일을 싣고 오라
깃발 드높이 통일을 싣고 오라

〈한강〉 이근배 「고려원」 1985

5. 젊은 별에게 - 이승하

다시 밤이다
시야에 출렁이는 겨울 별자리 어디
자전과 공전의 질서를 깨뜨릴 수 없어 고뇌하는
젊은 별이 있다면, 지금 나에게 신호하라
내 짙푸른 꿈 하나 쏘아 올릴 터이니

광년의 거리 밖 너의 괴로움과
내 바람의 외투를 걸치고 길 나서던 날들의 절망감이
만나서 녹아 내릴 수 있다면
내 아무런 확신 없이 떠돌던 삶이
네 울분으로 들끓는 코로나
백만 도가 넘는 뜨거움을
만나서 녹아 내릴 수 있다면

고생대, 중생대, 참 얼마나 많은 화석된 시간을 지나
겨울 별자리와 나는 이 밤에
이 우주의 한 귀퉁이에서
대좌하고 있는가, 밤마다
내 참 얼마나 많은 별에다
기성(旣成)에 대한 증오의 화살을 쏘아 올렸던가

어디를 가도 안주할 곳은 없었으니

멀고 먼 시간의 바다인 황도
12궁이 가리키는 세상을 향해 떠났었다, 그날 이후
내 죄악의 유혹에 얼마나 자주 굴복했던가
소리내어 울면서 버린 동정을
얼마나 오래 저주했던가
나보다 더 오래 질서이신 신을 저주한 사람이 있으면
만나고 싶다, 그를 힘껏 포옹하리

지금은 밤이다, 끝 모를 어둠
몸부림치는 서로의 존재를 인식할 수 있는 것은
언제나 밤이지, 시작 모를 어둠이
지상에 가득 찰 종말의 날이
내 생애의 어느 날이 될지라도
어둠 속에서 표류하는 젊은 별이여
너를 축복하리, 환하게 웃으며 반기리, 환히
환희의 날이 너와 나의 사후에 올지라도

왜 이리 두려울까, 두렵지만 지금은 밤이니
질서에 길들기를 거부하는 젊은 별이여
희뿌연 새벽이 오기 전에

내게 신호하라, 내 온몸으로 뜨겁게
뜨겁게 너와 결합하고 싶다.

〈젊은 별에게〉 이승하 「좋은 날」 1998

6. 겨울 들판을 거닐며 – 허형만

가까이 다가서기 전에는
아무 것도 가진 것 없어 보이는
아무 것도 피울 수 없을 것처럼 보이는
겨울 들판을 거닐며
매운 바람도 끝자락도 맞을 만치 맞으면
오히려 더욱 따사로움을 알았다
듬성듬성 아직은 덜 녹은 눈발이
땅의 품안으로 녹아들기를 꿈꾸며 뒤척이고
논두렁 밭두렁 사이사이
초록빛 싱싱한 키 작은 들풀 또한 고만고만 모여 앉아
조만치 밀려오는 햇살을 기다리고 있었다
신발 아래 질척거리며 달라붙는
흙의 무게가 삶의 무게만큼 힘겨웠지만
여기서만은 우리가 알고 있는
아픔이란 아픔은 모두 편히 쉬고 있음을 알았다
겨울 들판을 거닐며
겨울 들판이나 사람이나
가까이 다가서지도 않으면서
아무 것도 가진 것 없을 거라고

아무 것도 키울 수 없을 거라고
함부로 말하지 않기로 했다

〈비 잠시 그친 뒤〉 허형만 「문학과 지성사」

7. 서울의 예수 - 정호승

1

예수가 낚싯대를 드리우고 한강에 앉아 있다. 강변에 모닥불을 피워 놓고 예수가 젖은 옷을 말리고 있다. 들풀들이 날마다 인간의 칼에 찔려 쓰러지고 풀의 꽃과 같은 인간의 꽃 한 송이 피었다 지는데, 인간이 아름다워지는 것을 보기 위하여, 예수가 겨울비에 젖으며 서대문 구치소 담벼락에 기대어 울고 있다.

2

술 취한 저녁. 지평선 너머로 예수의 긴 그림자가 넘어간다. 인생의 찬밥 한 그릇 얻어먹은 예수의 등뒤로 재빨리 초승달 하나 떠오른다. 고통 속에 넘치는 평화, 눈물 속에 그리운 자유는 있었을까. 서울의 빵과 사랑과, 서울의 빵과 눈물을 생각하며 예수가 홀로 담배를 피운다. 사람의 이슬로 사라지는 사람을 보며, 사람들이 모래를 씹으며 잠드는 밤. 낙엽들은 떠나기 위하여 서울에 잠시 머물고, 예수는 절망의 끝으로 걸어간다.

3

목이 마르다. 서울이 잠들기 전에 인간의 꿈이 먼저 잠들어 목이 마르다. 등불을 들고 걷는 자는 어디 있느냐. 서울의 들길은 보이지 않고, 밤마다 잿더미에 주저 앉아서 겉옷만 찢으며 우는 자여. 총소리가 들리고 눈이 내리더니, 사랑과 믿음의 깊이 사이로 첫눈이 내리더니, 서울에서 잡힌 돌 하나, 그 어디 던질 데가 없도다. 그리운 사람 다시 그리운 그대들은 나와 함께 술잔을 들라. 눈 내리는 서울의 밤하늘 어디에도 내 잠시 머리 둘 곳이 없나니, 그대들은 나와 함께 술잔을 들라. 술잔을 들고 어둠 속으로 이 세상 칼끝을 피해가다가, 가슴으로 칼끝에 쓰러진 그대들은 눈 그친 서울밤의 눈길을 걸어가라. 아직 악인의 등불은 꺼지지 않고, 서울의 새벽에 귀를 기울이는 고요한 인간의 귀는 풀잎에 젖어, 목이 마르다. 인간이 잠들기 전에 서울의 꿈이 먼저 잠이 들어 아, 목이 마르다.

4

사람의 잔을 마시고 싶다. 추억이 아름다운 사람을 만나, 소주잔을 나누며 눈물의 빈대떡을 나눠먹고 싶다. 꽃잎 하나 칼처럼 떨어지는 봄날에 풀잎을 스치는 사람의 옷자락 소리를 들으며, 마음의 나라보다 사람의 나라에 살고 싶다. 새벽마다 사람의 등불이 꺼지지 않도록 서울의 등잔에 홀로 불을 켜고 가난한 사람의 창에 기대어 서울의 그리움을 그리워하고 싶다.

5

나를 섬기는 자는 슬프고, 나를 슬퍼하는 자는 슬프다. 나를 위하여 기뻐하는 자는 슬프고, 나를 위하여 슬퍼하는 자는 더욱 슬프다. 나는 내 이웃을 위하여 괴로워하지 않았고, 가난한 자의 별들을 바라보지 않았나니, 내 이름을 간절히 부르는 자들은 불행하고, 내 이름을 간절히 사랑하는 자들은 더욱 불행하다.

〈서울의 예수〉 정호승 「민음사」 1982

8. 구부러진다는 것 – 이정록

잘 마른
핏빛 고추를 다듬는다
햇살을 치고 오를 것 같은 물고기게에서
반나절 넘게 꼭지를 떼어내다 보니
반듯한 꼭지가 없디. 몽땅
구부러져 있다

해바라기의 올곧은 열정이
해바라기의 목을 휘게 한다
그렇다. 고추도 햇살 쪽으로
몸을 디밀어 올린 것이다
그 끝없는 깡다구가 고추를 붉게 익힌 것이다
구부러지는 힘으로 고추는 죽어서도 맵다

물고기가 휘어지는 것은
물살을 치고 오르기 때문이다

그래, 이제, 말하겠다
내 마음의 꼭지가, 너를 향해
잘못 박힌 것처럼

굽어버렸다

자, 가자!

굽은 못도
고추 꼭지도
솟구치는 물고기의 등뼈를 닮았다.

〈의자〉 이정록 「문학과 지성사」

9. 수싸움, 두통을 앓는다 - 안재찬

양지바른 곳에서 수십 년간 뿌리내려
사계절 푸름으로 서 있는 홀로 소나무
하루아침에 변방으로 쫓겨나
시름시름
한 핸가 버티다가 버티다가
혈기 말라 숨 멈춘 비정의 여로
갈색 수의를 입은 소나무
코로나 감염병으로 깔깔대는 어린 웃음소리
사라져 텅 빈 운동장
소나무 옮겨간 자리 시커먼 아스팔트 주차장 들어서
금속다리 출퇴근을 기다린다
자연을 가도 문명은 그렇게 오는 거
쓸쓸함과 벅적함의 임무교대-
치열한 수싸움으로 두통을 앓는다
끝 모를 총성 없는 전장
살아남기 위한 내일의 사냥에
너도 나도 불면의 밤으로 칼날을 벼린다
시방 온도계는 34도!
(2021년 7월18일 서울 한낮이다)
제철 만난 매미 떼 휘파람에

여름이 익어간다
별 수 없이 익어가는 내 늙음은 숨이 차오르고
왜 이리 부끄럼만 부풀어질까
지구는 계절이 바뀔수록 수척해지는데
애통하는 소리 어디서도 들리지 않는다
말 없는 자연은 쓸쓸하고
말 많은 문명은 벅적이고
녹색 그늘 없는 소나무 앞에서 멀뚱거리다
근조!
조화라도 하나 세워 놓을까
헛숨을 쉬다가 그만두었다

10. 소리풍경 – 나희덕

네바다 산맥에서 옥음한 소리 풍경은
사람의 심전도 같고
점표로 그린 추상화 같기도 해

숲의 주파수 그래프는 아주 풍성했지만
벌목 적업이 끝난 1년 후에는
산메추라기, 갈색머리멧새, 흰정수리북미참새,
붉은관상모솔새,
이런 새들의 울음소리가 사라져버렸지
목초지에 살던 곤충들의 자욱한 울음소리도 사라지고
개울물 소리와 나무를 쪼는 딱따구리 소리만 남아 있을 뿐

때로는 눈으로 숲을 보는 것보다
사진으로 보는 것보다
소리를 녹음한 풍경이 숲에 대해 더 많은 걸 들려주지

눈에는 보이지 않는 풍경의 깊이 같은 것
버니크라우스는 세계의 소리를 낚는 어부
산호초 주변을 들락거리는 말미잘, 비늘돔, 열동가리돔,
흰돔가리돔, 나비고기, 노랑촉수 들로 빽빽한 소리의 숲을 만났지

그러나 하얗게 죽어가는 산호초 주변에서는 적막한 파도 소리만 들릴 뿐

빙하가 무너지는 소리
나무가 쓰러지는 소리
화산이 분출하는 소리
폭풍이 밀려오는 소리
지반이 흔들이는 소리

자연의 노래라기보다는 비명에 가까운
더 이상 화음이라고 말할 수 없는 불협화음의 세계
그가 녹음한 소리풍경은 말해주지
우리가 무엇을 잃어버렸는지. 잃어가는지, 잃어버릴 것인지.

11. 원주율 – 조온윤

초코파이를 받았다
피를 뽑고 약해질 때마다
착해지는 기분이 된다

피 주머니가 빵 봉지처럼 부풀어 오르는 동안

원의 둘레를 재는 방법에 대해 생각했다
무수한 직선을 잇고 이어서
곡선을 만들었을 수학자에 대해
사실 휘어짐이란 착시일 뿐이라고

뼈의 모양은 직선이지만 서로의 뼈를 비스듬히 잇고
뼈를 또 잇고
이어서
둥그런 원을 만들 수도 있겠다고
생각했다

상처를 솜으로 막아 피를 굳게 하는 동안엔
모두가 조금씩만 아파주면
한 사람은 아프지 않을 수도 있지 않냐고

초코파이와 오렌지주스는 맛있고 누군가는
상냥했다
상냥한 사람이 되기까지 고통스러웠을 수도 있다

헌혈의 집을 나서자
파이가 빨간 비닐을 벗으며 둥그렇게 떠오르고 있고

그 속으로 역광을 만들며 걸어가는 사람들
인간의 모양이 휘어지고 있다고 느낄 때

한 사람을 위해 팔을 꺾는 사람들과 있었다
우리가 햇빛 속에 함께 있음을
무수한 뼈를 엮어 만든 포옹이라 느낄 때
지평선은 물결이 되어
일렁거리고

이제 바늘 자국을 만져도 아무렇지 않은 이유를
곰곰이 생각해봤는데

돌고
돌아서
나의 차례였다.

10, 11, 「공통점」 낭독시집에서

12. 달을 쏘다 - 윤동주

번거롭던 사위가 잠잠해지고 시계소리가 또렷하나보니 밤은 저으기 깊을대로 깊은 모양이다. 보던 책자를 책장 머리에 밀어 놓고 잠자리를 수습한 다음 잠옷을 걸치는 것이다. 《딱》스위치 소리와 함께 전등을 끄고 창역의 침대에 드러누우니 이때까지 밖은 휘양찬 달밤이였던것을 감각치 못하였었다.

이것도 밝은 전등의 혜택이였을까.

나의 루추한 방이 달빛에 잠겨 아름다운 그림이 된다는것보담도 오히려 슬픈 선창이 되는것이다. 창살이 이마로부터 코마루, 입술 이렇게 하여 가슴에 여민 손등에까지 어른거려 나의 마음을 간지르는것이다. 옆에 누운 분의 숨소리에 방은 무시무시해진다. 아이처럼 황황해지는 가슴에 눈을 치껴서 밖을 내다보니 가을 하늘은 역시 맑고 우거진 송림은 한폭의 묵화다. 달빛은 솔가지에 솔가지에 쏟아져 바람인양 솨- 소리가 날듯하다. 들리는 것은 시계소리와 숨소리와 귀뚜리 울음뿐 벅쩍 고던 기숙사도 절간보다 더 한층 고요한것이 아니냐?

나는 깊은 사념에 잠기우기 한창이다. 딴은 사랑스런 아가씨를 사유할 수 있는 아름다운 상화(想華)도 좋고, 어릴적 미련을 두고 온 고향에의 향수도 좋거니와 그보담 손쉽게 표현못할 계백한 그 무엇이 있다.

바다를 건너 온 H군의 편지사연을 곰곰 생각할수록 사람과 사람사이의 감정이란 미묘한것이다. 감상적인 그에게도 필연코 가을은 왔나 보다.

편지는 너무나 지나치지 않았던가. 그중 한토막,

《군, 나는 지금 울며울며 이 글을 쓴다. 이 밤도 달이 뜨고, 바람이 불고, 인간인 까닭에 가을이란 흙냄새도 안다. 정의 눈물, 따뜻한 예술학도였던 정의 눈물도 이 밤이 마지막이다.》

또 마지막 켠으로 이런 구절이 있다.

《당신은 나를 영원히 쫓아버리는것이 정직할 것이오.》

나는 이 글의 뉘앙스를 해득할 수 있다. 그러나 사실 나는 그에게 아픈소리 한마디 한 일이 없고 설은 글 한쪽 보낸 일이 없지 아니한가. 생각컨대 이 죄는 다만 가을에게 지워보낼 수 밖에 없다.

홍안서생 이런 단안을 내리는것은 외람한 일이나 동무란 한낱 괴로운 존재요, 우정이란 진정코 위태로운 잔에 떠놓은 물이다. 이 말을 반대할자 누구랴. 그러나 지기 하나 얻기 힘든다하거늘 알뜰한 동무 하나 잃어버린다는 것이 살을 베여내는 아픔이다.

나는 나를 정원에서 발견하고 창을 넘어 나왔다던가 방문을 열고 나왔다던가 왜 나왔느냐 하는 어리석은 생각에 두뇌를 괴롭게 할 필요는 없는 것이다.

다만 귀뚜라미 울음에도 수집어지는 코스모스 앞에 그윽히 서서 닥터·빌링스의 동상 그림자처럼 슬퍼지면 그만이다. 나는 이 마음을 아무에게나 전가시킬 심보는 없다. 옷깃은 민감이여서 달빛에도 싸늘히 추워지고 가을 이슬이란 선득선득하여서 설은 사나이의 눈물인 것이다. 발걸음은 몸뚱이를 옮겨 못가에 세워줄 때 못속에도 역시 가을이 있고, 삼경이 있고, 나무가 있고 달이 있다.

그 찰나 가을이 원망스럽고 달이 미워진다. 더듬어 돌을 찾아 달을 향하여 죽어라고 팔매질을 하였다. 통쾌! 달은 산산히 부서지고 말았다. 그러나 놀랐던 물결이 잦아들 때 오래잖아 달은 도로 살아난 것이 아니냐, 문득 하늘을 쳐다보니 얄미운 달은 머리우에서 빈정대는 것을……

나는 곳곳한 나뭇가지를 고나 띠를 째서 줄을 메워 훌륭한 활을 만들었다. 그리고 좀 탄탄한 갈대로 화살을 삼아 무사의 마음을 먹고 달을 쏘다.

(1938. 10)

윤동주 유고집 「연변대학 출판사」

13. 인생의 시가서(詩歌書)

    성경에는 시가서라는 문학서 5권이 있다. 시가서에는 시편 150편, 잠언 31장, 욥기 42장, 전도서 12장, 아가서 8장 모두 243편의 시가 담겨있다. 시와 노래로 주가 된 내용은 시편과 아가서지만 그 외 문학서라고 구분한 것에는 문학적인 문제가 뛰어나기 때문이 아닐까 생각한다. 그 안에는 기도시, 찬양시, 축복시, 제왕에 대한 시와 인생의 문제와 갈등을 해결하기 위한 저주, 사랑 등 결국은 예수그리스도의 사역을 예언적으로 담고 있으며 시와 노래로 하나님과 교제를 누리고 있다고 볼 수 있다.

    우리는 살아가면서 많은 문제와 고통을 만나기도 한다. 때로 벼랑 끝에 선 모습으로 삶을 포기하고 싶을 때도 있다. 신앙시는 고통과 질병과 인생의 문제들을 경험하고 그 가운데 임하신 하나님의 치유를 통한 것들을 시로 쓰여졌을 때 독자들이 읽고 감동과 힐링이 되지 않을까. 그렇잖음 성경에 쓰여진 시가서를 들려주고 찬양하는 것이 더 아름답다는 생각을 하게 한다.

    다문화선교센터 개원 감사예배 봉헌시 (奉獻詩)를 해달라고 했을 때 나는 시편을 다시 읽어본다. 우리에게 주신 주옥같은 말씀들을 찾아 한 편의 시로 구성하여 낭독했다.

다문화 선교센터에
단비같은 빗소리가 들립니다

달 그림자같은 허허로운 외로움도
돌부리에 넘어져 방황할 때도
위로하시고 손 잡아주시던 주님
작은 방주를 이곳에 세우신 뜻을

표류하다 지쳐버린 영혼들 구원하시려고
풀숲에 움츠러든 양 만나게 하시려고
겨자씨만한 믿음으로 세워진 선교센터
주께 감사드리며 시편에 주신 말씀을 올립니다.

〈시편 84:1~6〉
만군의 여호와여 주의 장막이 어찌 그리 사랑스러운지요
내 영혼이 여호와의 궁정을 사모하여 쇠약함이여
내 마음과 육체가 살아 계시는 하나님께 부르짖나이다
나의 왕, 나의 하나님, 만군의 여호와여
주의 제단에서 참새도 제 집을 얻고
제비도 새끼 둘 보금자리를 얻었나이다
주의 집에 사는 자들은 복이 있나니
그들이 항상 주를 찬송하리이다

주께 힘을 얻고 그 마음에 시온의 대로가 있는 자는 복이 있나이다
그들이 눈물 골짜기로 지나갈 때에
그 곳에 많은 샘이 있을 것이며 이른 비가 복을 채워 주나이다

〈시편 65:4〉
주께서 택하시고 가까이 오게 하사
주의 뜰에 살게 하신 사람은 복이 있나이다
우리가 주의 집 곧 주의 성전의 아름다움으로 만족하리이다

〈시편 109:27〉
이것이 주의 하신 일인 줄을 알게 하소서
주 여호와께서 이를 행하셨나이다

〈시편 122:7~9〉
네 성안에는 평안이 있고 네 궁중에는 형통함이 있을지어다
내가 내 형제와 친구를 위하여 이제 말하리니
네 가운데에 평안이 있을지어다
여호와 우리 하나님의 집을 위하여 내가 너를 위하여 복을 구하리로다

〈시편 134:2~3〉
성소를 향하여 너희 손을 들고 여호와를 송축하라
천지를 지으신 여호와께서 시온에서 네게 복을 주실지어다

〈시편 30:10~12〉
여호와여 들으시고 내게 은혜를 베푸소서
여호와 나를 돕는 자가 되소서 하였나이다
주께서 나의 슬픔이 변하여 내게 춤이 되게 하시며
나의 베옷을 벗기고 기쁨으로 띠 띠우셨나이다
이는 잠잠하지 아니하고 내 영광으로 주를 찬송하게 하심이니
여호와 나의 하나님이여 내가 주께 영원히 감사하리이다

주여, 우리의 영혼이 주야로 찬양하오니 물이 덮음같이 축복하소서.

14. 동방삭 - 사마천

* 작품에 시를 담아 낭독공연을 한 작품이다.

무제 때 제(齊) 사람으로 동방생(東方生)이라고 하는 자가 있었는데 이름은 삭(朔)이라 했다.
"동방삭은 서적과 경술을 좋아했다지요."
"그뿐입니까 다른 분야의 책들을 어찌 많이 보는지 독서광이예요.
장안에 들어와서 3천 편의 목간(木簡)을 수레에 실어 올리는데 두 사람이 함께 들어야 겨우 옮길 수 있었대요."

황제가 상방(上方)에서 목간을 읽는데 두 달이 걸렸다.
"책에 무슨 표시를 하셨습니까?"
"중요한 부분은 붓으로 표시를 해가면서 읽고 있었네."
두 황제는 조서를 내려 그를 낭(郎)으로 삼았다.
동방삭은 황제에게 불려가 어전에서 자주 이야기를 나누었다.
"먹고 싶은 게 있음 마음대로 먹도록 하게."
"네. 고맙습니다."
동방삭은 먹고 남은 고기를 모두 품속에 넣어가지고 갔다.
"에이, 아깝다고 가지고 왔더니 옷만 더려워졌네."
그 소식을 들은 황제는 동방삭에게 비단과 돈을 하사하곤 했다.
동방삭은 하사받은 돈과 비단을 아낌없이 써버렸고, 장안의 젊은 미녀들을 아내로 맞아들였다.

내 사랑하는 자는 노루와도 같고 어린 사슴과도 같아서
우리 벽 뒤에 서서 창으로 들여다보며 창살 틈으로 엿보는구나
나의 사랑, 내 어여쁜 자야 일어나서 함께 가자

동방삭은 그 여자를 내보내고 다시 맞이했다. 황제가 내린 돈과 재물을 모두 여자에게 써버렸다.

    무엇이라꼬예
    내는 아무것도 몰라예
    돈과 재물많다고 너스레 떨고
    가슴팍에 팍팍 찔러대는데
    어찌 가만있어예
    동방삭이 한 두여자 아닌데예
    팍팍 여자 바꿔대는 그 마음 모르지예
    치마 속에 무엇이 있기에 그리 탐하는지
    낸들 모르지예
    맵고 짜디짠 웃음 낸들 모르지예
    달빛 같은 설은 눈물 낸들 모르지예
    여미는 옷깃이 민감하여
    나도 소리없이 울었어라
    돈많고 재물 많아도 외로운가 봐예
    아는 게 많아도 외로운가 봐예

아리아리해도 그 맘이나 내 맘이나
외로운 건 마찬가지라예
염소떼가 풀숲을 휘젓는 궁전에
깊이 있는 학식을 따를 자 없음에도
그곳에서 미친 듯 있는 그 마음 어찌 알랴만
내야 어찌 칙칙하게 노래부를 수 있으랴
영롱한 햇빛도 측은히 노닐다 가는데
별똥별 떨어져도 미친 듯 사랑하리라

- 장기숙 <미치광이 사랑이라예>

황제 좌우의 낭관들 대부분은 그를 미치광이로 불렀다.
황제가 이를 듣고는 말했다.
"삭에게 그런 행동을 못하게 한다면 너희들이 그를 따라잡을 수 있겠는가" =라고 했다. 삭이 그 아들을 천거하여 낭이 되게 한 다음 다시 시알자(侍謁者)가 되게 하니 그는 늘 절(節)을 가지고 사신으로 나갔다.
동방삭이 궁전 안을 걸어가고 있을 때 어떤 낭이 말했다.
"사람들이 모두 선생을 미친 사람이라고 합니다" 그러자 삭은
"나 같은 사람은 말하자면 조정 안에서 세상을 피하는 사람일세. 옛 사람들은 깊은 산속에 숨어 세상을 피했지"
라고 했다.
때로는 술이 거하게 취하면 두 손을 땅에 짚고 이런 노래를 불렀다.

세속에 젖어 세상을 금마문(金馬門) 안에서 피한다네.
궁전 안에서도 세상을 피해 몸을 온전히 숨길 수 있거늘
하필 깊은 산 속 풀잎으로 엮은 집 속이랴!

"금마문이 뭐죠?"
"금마문이란 관정의 문을 말하지. 문 옆에 동(銅)으로 만든 말이 세워져 있으니 이를 '금마문(金馬門)' 이라고 하는 것이다."
"아, 그렇군요."
언젠가 학궁(學宮)에 모인 박사와 선생들이 서로 토론했는데 모두들 동방삭을 두고 이렇게 비난했다.
"소진(蘇秦)과 장의(張儀)는 만승(萬乘)의 임금을 한 번 만나 경상(卿相)의 자리를 얻어 그 은택이 후대에까지 미쳤습니다. 지금 선생께서는 선왕의 도를 닦고 성인의 의리를 사모하여 『시경』, 『서경』 등 백가의 말씀을 이루 셀 수 없을 정도로 외우고 계십니다. 문장은 스스로 세상에 둘도 없다고 자부하고 계십니다. 또 견문이 넓고 사물을 판단하는 데에 밝으며 지혜가 뛰어나다고 할 수 있습니다. 그런데 힘을 다해 충성을 다하고 성스러운 임금을 섬기면서 수십 년 보냈음에도 벼슬은 시랑(侍郎)에 지나지 않고 지위는 집극(執戟)에 지나지 않습니다. 생각컨대 무엇이 잘못되었습니까? 무엇 때문입니까?"

동방삭은 이렇게 말했다.
"참으로 그대들이 알 수 있는 문제가 아니오. 그 때는 그 때고, 지금

은 지금이거늘 어찌 같을 수 있겠소?"

대저 장의나 소진이 살던 시대는 주(周) 왕실이 크게 무너져서 제후들이 조회를 드리러 오지 않을 때였소. 힘으로 통치하고 권세를 다투면서 군대로 서로를 침탈하여 12개 나라로 합병되었으나 자웅이 정해지지 않았던 때였소. 인재를 얻는 자는 강해졌고, 인재를 잃은 자는 멸망했소. 그래서 그 자들의 말과 계책이 받아들여져 높은 자리에 오르고 그 은택이 후대에 미쳐 자손들이 오래오래 부귀를 누렸던 것이오.

그러나 지금은 그렇지 않소.

성스러운 황제께서 위에 계셔 덕이 천하에 흐르고 제후가 복종하며 사방 오랑캐들에게 위엄을 떨치고 있소.

사해(四海) 밖까지 자리를 틀어 그릇을 엎어놓은 것보다 안정되어 있어 천하가 고루 한집으로 합쳐졌소. 계획을 세우고 일을 추지하는 것이 마치 손바닥 위에서 움직이는 것과 같으니, 좋은 것과 좋지 않은 것을 무엇으로 구별한단 말인가?

지금 천하는 널디 넓고 백성들은 많아서 있는 힘을 다해 유세하여 황제의 신임을 얻으려 몰려드는 자가 그 수를 헤아리기 힘들 정도라오. 힘을 다하고 의리를 지켜도 먹고 입는 것에 곤라늘 받고 어떤 자는 집까지 잃게 된다오. 장의와 소진이 나와 지금 시대에 태어난다면 손바닥만한 땅도 얻지 못했을 것이니 어찌 감히 상시(常侍)나 시랑(侍郎)을 바라겠소! 전해 오는 말에

'천하에 재해가 없다면 비록 성인이라 해도 그 재주를 펼 곳이 없고, 윗사람과 아랫사람이 화합하면 비록 어진 이라 해도 공을 세울 수가 없

다.'

라고 했소. 따라서 시대가 다르면 일도 달라지는 것이오.

그렇다고 수신에 힘을 쓰지 않을 수는 없는 일이오.

『시경』에 이런 글이 있소.

'종(鍾)을 궁궐에서 울리니 소리가 밖에서도 들리고,
학이 구고(九皐)에서 우니 소리가 하늘에까지 들리는구나'

진실로 몸을 닦을 수 있다면 어찌 영화롭고 부귀하지 못할 것을 근심하겠소!

태공(太公)이 몸소 인의(仁義)를 행해 72세에 문왕(文王)을 만나 그 포부를 행하니 제나라에 봉해져 7백년이 되도록 끊어지지 않았소.

이것이 바로 선가 밤낮으로 부지런히 학문을 닦으며 도를 행하는 것을 감히 멈추지 못하는 까닭이오.

지금의 처사(處士)는 비록 시대에 쓰이지 않는다 하더라도 우뚝 홀로 서고, 위로는 허유(許由)를 보고 아래로는 접여(接輿)를 살피며, 계책은 범려(范蠡)와 같고 충성은 오자서(伍子胥)와 같으나, 천하가 평화스러우니 정의를 지키며 몸을 닦을 분이니 짝이 없고 무리가 적은 것은 애당초 당연한 것이거늘 그대들은 어찌 나를 의심한단 말이오!"

동방삭이 해박하게 토론에 제의하니 많은 선생들은 입을 다문 채 아무런 대꾸도 하지 못했다.

"건장궁(建章宮) 뒤뜰 전각의 난간에 이상한 짐승이 나타났습니다.

생김새는 고라니와 비슷합니다. 이것이 무엇입니까?"

무제가 이를 보고는 경험 많고 경술에 밝은 측근 신하들에게 물었으나 아무도 알지 못했다.

"그렇다면 동방삭에게 살피게 해서 알아보시오."

그러자 동방삭은

"신이 알고 있습니다. 신에게 술과 기름진 쌀밥을 내리시어 실컷 먹게 해주시면 신이 바로 말씀드리겠습니다"

"좋소"

동방삭은 내려 온 음식을 실컷 먹고 나서 또 말했다.

"어느 곳에 공전(公田)과 고기를 기르는 연못과 갈대밭 몇 이랑이 있습니다. 폐하께서 신에게 이를 주신다면 신 삭이 바로 말씀드리겠습니다"

"좋다."

그리하도록 하여라.

동방삭은 연못과 갈대 이랑을 받고 나서는 기꺼운 마음으로 말했다

"그건 추아(騶牙)라는 짐승입니다. 먼 나라 사람이 귀순하여 의리를 받들 때 추아가 먼저 나타납니다.

그 짐승은 이빨의 앞뒤가 하나 같이 가지런하고 어금니가 없습니다. 그래서 추아라 부릅니다."

라고 했다. 그 뒤 과연 1년 만에 흉노의 혼야왕(渾邪王)이 10만 명의

무리를 거느리고 와서 한에 항복했다. 그러자 다시 동방삭에게 많은 돈과 재물을 내려주었다.

"이제 많은 돈과 재물이 무슨 소용인고. 나도 나이가 들어 늙고 보니 몸이 내 맘 같지 않아. 죽을 때가 되가나 보다."
"폐하, 「시경」한 절 읊어드리오니 들으소서."

> 「윙윙 파리가 떼 지어 울타리에 앉네.
> 화목하고 즐거운 군자여, 참언을 믿지 마소.
> 참언은 끝이 없어 나라를 어지럽히니라.」

폐하께서는 아첨을 멀리하시고, 참소하는 말을 물리치십시오.
라고 간했다. 황제는
"동방삭이 요즘 어쩐 일로 착한 말을 많이 하는 것일까."
이상하게 생각하며 물었다.
"동방삭, 그리 착한 말을 해주니 내 맘이 기쁘오. 늙으면 철난다더니 허허."
"늙어도 철 안난 늙은이들이 많소이다."
"어디 아픈 데는 없소?"
"늙으면 아픈게 당연하지 않습니까. 오랫동안 이 몸둥이 잘 썼습니다."
얼마 뒤 동방삭은 병으로 죽었다.

옛 말에 이르기를

"새가 죽으려 할 때는 그 울음이 슬프고, 사람이 죽으려 할 때는 그 말이 착하다."

이런 말이 있지요. 바로 이를 두고 한 말이다.

현대미술관에서 읽는 동서양 고전 이야기와 그림
- 낭독 공연 -

15. 눈 내리는 저녁 숲 가에 멈춰 서서 – 로버트 프로스트(美)

"Stopping by Woods on a Snowy Evening"
- Robert Frost -

Whose woods these are I think I know.
His house is in the village, though,
He will not see me stopping here
To watch his woods fill up with snow.

My little horse must think it queer
To stop without a farmhouse near
Between the woods and frozen lake
The darkest evening of the year.

He gives his harness bells a shake
To ask if there is some mistake.
The only other sounds the sweep
Of easy wind and downy flake.

The woods are lovely, dark, and deep,
But I have promises to keep,

And miles to go before I sleep,
And miles to go before I sleep.

이 숲이 누구의 숲인지 알 것 같다
그러나 그의 집은 마을에 있어
내가 여기 멈추어 온통 눈으로 덮힌
그의 숲을 바라보고 있음을 알지 못하리

내 작은 말은 이상하게 여기겠지
한 해 중 가장 어두운 저녁
근처에 농가라고는 없는
숲과 얼어붙은 호수 사이에 멈춘 것을

말은 고개를 흔들어 방울을 울린다
무언가 잘못했냐고 묻는 것처럼
그밖에 들리는 건 부드러운 바람과
깃털 같은 눈송이가 내리는 소리뿐

숲은 사랑스럽고, 어둡고, 깊다
그러나 나는 지켜야 할 약속이 있어
잠들기 전 먼 길을 가야 한다
잠들기 전 먼 길을 가야 한다.

〈프로스트 시선〉(1949)에 수록된 시의 저자, 로버트 프로스트(Robert Frost 1874~1963) 시인은 폴리쳐상을 4회나 수상한 시인으로 여전히 사랑받고 있는 시인이다. 그의 시는 무엇보다 어휘가 정겹고 쉽고 상징이 들어 있고, 일상적인 어휘 속에는 깊은 의미가 숨어있다. 누군가에게 들려주는 이야기처럼 씌어있어 술술 읽힙니다.

화자는 지금 아름답고, 어둡고, 깊은 숲의 매력에 빠져 있다. 눈 내리는 저녁 숲의 주인은 타인의 숲이라 명시해 놓고 바라보고, 말을 대비시켜 놓고 묻고 있다. 눈 오는 저녁 숲을 가다가 멈춰 서서 바라보는 감성! 이때 무언가 신비롭고 빨려들어갈 것 같은 매혹을 느낀다. 그런 장소에서 새로운 삶을 시작하고 싶은 마음도 있지요.

'잠들기 전'이라는 어휘에서 우리는 한 번 더 멈추게 한다. 여기 멈춰 선 나는 잠들기 위해 얼마나 더 가야 하는지, 일상은 끊임없이 새로운 일을 만들어 냅니다.

모든 삶의 일상들이 나의 삶을 구성하고 있지요. 때로 멈추어 서서 걸어온 삶을 돌아보되 내가 갈 길을 잃지 않는 것이 지혜로운 삶이 아닐까요 지금 여기에 충실하되 방향을 잃지 않는 삶이기를.

성균관대 영문학 교수 이강선

이강선 교수는 시명상을 하면서 책 읽기와 영시(英詩) 읽기를 권한다. 영시와 우리 시를 같이 공부하는 수업은 한층 시안(詩眼)을 열리게 한다. 이 시는 번역 시보다 원문으로 읽어야 맛이 있다는 생각을 해본다. 영시든 우리 시든 시를 몇 번이고 읽고 이해하면 가슴의 울림이 다르다. 이 시를 영문으로 읽어보면 연마다 각운(脚韻)으로 읽는 맛이 느껴진다. 행의 끝 발음을 보면 know, though, snow, queer, near, year. 외에도… 시처럼 눈 쌓인 숲을 만나면 너무 아름다워 갇히고 싶은 충동에 멈춰버린 적도 있을 것이다. 그러나 자기 전에 가야할 먼 길이 있음을 느끼는 순간, 삶의 약속들로 인해 떠날 수밖에 없는 그것이 우리의 일상이 아닐까요?

이제 아름다운 영시 한 편이라도 가끔 즐겨보는 시간을 가졌으면 좋겠다 싶다.

VII
시낭송 공연

1. 시낭송 공연

시낭송 공연의 주체는 시다. 먼저 시를 충분히 이해한 다음 시를 어떻게 공연할 것인지 기획하고 구성해야 한다. 자칫하면 주체를 죽일 수도 있기 때문이다.

일반 대중들은 시낭송 예술을 원하고 있다. 시낭송을 즐기다 보면 많은 무대를 만나게 된다. 매월 만나는 월례회의를 비롯 출판기념, 지역문화축제, 학교 문화축제, 콘서트, 공연장 등 각종 다양한 행사 요청으로 시낭송을 의뢰받는 경우도 있다. 이때 독송을 하기도 하고 행사 측 요구에 따라 여러 사람이 윤송을 할 때도 있다.

자유시를 의뢰하는 경우는 수월하지만, 시를 주고 낭송 요청을 하는 경우도 있다. 때로는 지역 시인의 시를 낭송해 달라고 요청하기도 한다. 이런 경우는 시간적 정신적 소모가 많다.

시낭송 공연은 시와 낭송이 중심이 되어야 한다. 활자화된 시에서 느낄 수 없는 감동을 주어야 한다. 낭송은 살아있는 표정과 몸짓을 통해 시적 감성이 묻어나도록 진실과 호소력을 가지고 낭송해야 한다. 진선미애(眞善美愛) 등의 감정을 진솔하게 다룰 수 있어야 한다. 주체를 잊어버리면 자기에 취해 전달력이 떨어지고 의미 없는 공연이 될 수도 있다.

서천문화원에서 서천 시인의 시로 시 퍼포먼스를 해줬으면 좋겠다는 의뢰를 받은 적이 있다. 신석초, 나태주, 구재기, 이향아 시인의 시를 읽고 주제를 정하는 작업을 한다. 시인들이 차려놓은 밥상을 어떻게 선별해서 진열할 것인가. 힘든 부분도 없지 않아 있지만 열정과 열성을 가지고 임하는 작업이다.

① 주제 정하기
② 시를 읽으면서 주제에 맞는 시 발췌하기
③ 시적 감성이 묻어나는 분위기 파악하며 순서 정하기
   (예) 주제 : 가을 사랑
   신부용당-추일, 나태주-가을 산길, 신석초-이상곡,
   나태주-대숲에서, 구재기-밀월, 나태주-오랜사랑,
   구재기-비를 맞다, 이향아-손을 잡았다, 하산하면서
④ 나열된 시 점검하고 확인하기
⑤ S# 시 프린트 작업하기
⑥ 낭독하면서 시간 체크하기
⑦ 낭송자, 담당 ABC 선별

- 연출, 음악, 무대감독, 조명(큰 무대일 경우)
⑧ 선정된 음악 조절하기
  - 시와 음악의 길이는 요청 시간에 맞춰 조절하고, 배경 음악은 주객이 전도되지 않게 유의해야 한다
⑨ 의상 점검 & 연습 일정 잡기
⑩ 영상과 음악에 맞춰 연습하기
⑪ 암송 확인→무대 동선 확인→리허설
  - 시어에 맞는 표정, 시선처리
  - 등, 퇴장 산만하지 않게
  - 무표정도 언어의 약속임을 인지
⑫ 공연 (음악, 영상, 조명 기타 확인)

2. 시낭송 공연의 형태

| 시극 | 독송 | 시퍼포먼스 | 윤송 |

시낭송 공연에 있어 여러가지 형태로 공연을 할 때가 있다.

대부분 독송을 하는 경우가 많다. 다수가 참여하여 윤송할 경우 시선택, 연습 시간 조정, 낭송자 씬나누기 등 서로 호흡을 맞춰가며 시간적, 환경적, 경제적 여건이 필요할 뿐 아니라 생각지 않은 제약이 있게 마련이다.

윤송일 경우 느낌과 감흥이 다르고 아름다운 조화를 이룬다면 참으로 아름답다.

재능시낭송협회에서 대표적인 윤송으로 갈채를 받은 시 중 서사시

'남해찬가'가 있다.

  독송도 좋지만 장시(長詩)인 경우 윤송이나 합송 때로 교송이 필요할 때도 있다.

1. 독송(獨誦-홀로 독. 외울 송)은 혼자 개별 낭송하는 것을 말한다.
2. 윤송(輪誦)은 두 사람 이상이 한, 두 편 이상의 시를 읽고 썬을 나누어 낭송하는 것을 말한다. 행이나 연으로 나눌 수도 있고 시 분위기에 따라 나눌 수도 있다. 이때 낭송자가 서로 개성을 가지고 자기 감정의 페이스를 잘 지켜야 한다. 다양한 소리 색으로 교향악을 듣는 듯한 선율을 감상할 수 있는 장점이 있지만, 연습이 안 된 상태라면 혼돈스럽고 시낭송의 맛을 잃을 수도 있다.
3. 합송(合誦)은 합창을 생각하면 쉽다. 합송은 음률의 진폭이 크지 않아 어려울 수도 있지만, 조화롭게 어우러진 합송은 감정의 통일감을 주어 합창 이상으로 감동을 줄 수 있다. 연습이 많이 필요한 낭송 부분이다.
4. 교송(交誦)은 성가를 부를 때 주로 후렴 부분을 AB로 나누어 A가 한 번 해주고 B가 같은 후렴 부분을 반복해서 불러주는 것을 말한다. 시낭송에 많이 쓰이지는 않지만, 시낭송의 예를 들면 '엄마는 그래도 되는 줄 알았습니다' 이 시의 경우 같은 시어가 연마다 나온다. 이때 교송으로 할 경우 AB가 후렴하듯 서로 주고받는 식으로 해주면 맛이 남다르게 느껴지고 엄마에 대한 애틋함이 진하게 전달될 것이다.

5. 집시(集詩)는 주제를 잡아 여러 편의 시나 문장을 모아 하나의 작품을 구성하는 것

   - 시인의 시집을 읽고 시를 발췌 집시(集詩)로 엮어 독송과 윤송을 해도 좋다. 몸짓으로 표현하기 좋은 시는 퍼포먼스로 구성한다. 그 외 학교 축제 행사시 요청일 경우, 교과서에 실린 명시 중심으로 구성하여 다양한 형태로 공연한다. 주제는 요청하는 분위기와 상황에 맞게 '사계', '어머니' '사랑이여 노래하라', '가을 사랑', '여름날의 추억' 등

6. 조시는(組詩) 시인의 시집을 읽고 주제에 맞게 시를 발췌하여 구성한 작품.

7. 시 퍼포먼스는 시에 몸짓을 담아 연출하는 것을 말한다. 퍼포먼스는 움직임을 요구하는 감성과 당위성 있는 말과 동작 처리가 필요하다. 이때 연극적으로 빠지지 말고 시의 주체를 잘 살려 표현해 주면 좋겠다.

3. 시낭송 공연의 다양한 방법

시낭송 공연 중 퍼포먼스 performance란 관중들에게 자신이 표현하고자 하는 관념이나 내용을 신체 그 자체를 통하여 구체적으로 보여주는 행위예술이다.

시낭송가는 연극배우는 아니지만, 실제 연극을 하고 계시는 분도 계시고 연극에 소질을 가진 분도 많고 재능과 끼가 남다르다. 시를 퍼포먼스나 연극적으로 보일 때 잘못하면 놓치는 것들이 있다. 시의 이해이다. 시를 이해 못하고 연극적 요소에 신경을 쓰다 보면 뜻 없는 시만 허공에서 맴돌기 쉽다. 정확하게 들려져야 하는데 들리지 않고 동작도 어설프고 시를 토막 낼 수 있기 때문이다.

연극이나 동작에 자신 없는 사람은 안 하는 것이 깨끗하다. 전달력 있고 호소력 있게 시낭송의 본질에 집중했으면 한다.

① 음악 & 음향 시낭송- 배경 생음악 기악연주, 성악, 합창, 국악, 랩
② 영상 시낭송
   시의 내용과 관련된 영상자막으로 이미지 표현. 디지털 그림 등.

③ 무용 시낭송

현대무용. 한국무용. 외 (무용수와 함께 할 경우 무용 전문인이 시를 충분히 몸에 습득한 후 표현하는 것이 바람직하다. 설익은 무용은 주체를 혼동하게 한다.

④ 미술 시낭송

한국화, 서양화, 추상화, 애니메이션 미술과 함께 낭송하는 것과 시낭송과 그림을 그리면서 낭송하는 것
- 문화 예술축제 무대에서 시를 읊고 있고, 마당에서는 화가가 묵화를 그리고 있는 경우, 시낭송 엔딩 부분에 묵화에 물감을 뿌리며 마무리하는 기법을 활용하기도 했다.
- 미술 전시회에서 그림에 맞는 시를 낭송하거나 그림에 시를 지어 낭송하는 방법이다.

⑤ 윤송 시낭송

시인이 차려놓은 수많은 시만찬을 예술적으로 승화시키는 것이다. 한 편의 시나 여러 편의 시를 조시나 집시로 구성하여 행이나 연을 나누어 들려준다. 여러 사람이 들려주면 시의 의미와 낭송의 맛을 더해주고 음의 채색이 다르고 톤의 변주(變奏)가 달라 시의 조화로운 맛을 더해주어 권장하기도 한다.

시인들의 작품을 읽고 낭송하는 훈련 과정을 통해 문학이 주는 삶과 시의 진정성을 찾게 되고, 시인보다 더 예민한 언어감각, 시성과 감성, 비유, 상징, 기교, 알레고리 등 문학이 주는 다양한 표현기법도 익히게 된다.

그러는 사이 시가 존재의 집이요. 몸이라는 것을 느끼게 되고, 다양한 음색의 어울림을 통해 감성과 호흡에 대한 테크닉에도 관심을 갖게 한다.

⑥ 퍼포먼스 시낭송

관객들에게 시를 표현하고자 하는 내용을 신체 및 도구를 이용하여 구체적으로 보여주는 예술행위라 볼 수 있다. 독송 퍼포먼스나 여러 사람이 퍼포먼스 할 경우 다양한 퍼포먼스를 연출하기도 한다. 퍼포먼스에는, 마임, 비디오 아트, 등

'천년의 역사 신라로 간다'는 제목으로 유자효 시집 '신라행'에서 '신라행', '신라는 죽지 않는다', '미륵의 시대', '백도대간', '그리운 신라' 5편을 발췌 조시(組詩)로 엮어 퍼포먼스로 보여준 작품이다. 윤금아 시낭송가 기획, 영상과 의상, 활검까지 준비된 퍼포먼스 시낭송이다. 재능시낭송협회 윤금아, 이숙자, 송현주 시낭송가 출연.

재능시낭송협회에서는 본회를 비롯 각 지회에서도 다양한 작품을 구성하여 공연을 해마다 올리고 있다.

⑦ 해설 시낭송

시인의 작품을 선정하여 시에 대한 해설을 달아 설명한 다음 낭송자가 시를 읊는 낭송이다. 이는 관객들이 시에 대한 이해도를 높이고 시인의 세계를 알아가는 데 도움을 준다. 실내에서 할 경우, 시인과 시에 대한 영상과 시에 맞는 BG를 배경으로 준비하나 상황에 진행하도록 한다. 음악은 시마다 다 담을 필요는 없다고 본다.

야외무대에서 할 경우 소음으로 한 편의 시를 정확하고 맛깔스럽게 낭송하는 것이 더 듣기 좋았다고 한다. 노래로 만들어진 시는 전공자가 노래로 부르거나 아닌 경우에는 충분히 연습한 다음 무대에 올리도록 한다.

4. 해설 시낭송
(김소월 시인의 시세계)

　마음에 시를 지니고 사는 사람은 가슴에 꽃을 꽂고 사는 사람입니다. 누구나 한 번쯤은 자신의 인생에서 시인이 되어보지 않은 사람은 없을 것입니다.
　가슴에 꽃을 꽂는 그 순간 인생을 또 다른 모습으로 변화시키기도 하지요.
　이제 김소월이 피워낸 시의 세계를 들으시면서 함께 들어가 보시겠습니다.
　소월 김정식은 1902년 8열 6일 평안북도에서 태어나 33년이라는 짧은 생애를 살다 가셨습니다. 그분이 살아내셨던 20세기 초반은 한국사의 흐름에서 오욕과 고뇌의 한 시기였습니다. 그 시대에 살면서 한민족의 정과 한을 아름답게 표현한 서정시인 김소월의 시입니다.
　먼저 들으실 시낭송은 '**진달래꽃**'으로 고려가사 '가시리'의 가락을 현대화시킨 불후의 명작이라 일컬어지는 시입니다.

나 보기가 역겨워
가실 때에는
말없이 고이 보내 드리오리다

영변에 약산
진달래꽃
아름 따다 가실 길에 뿌리오리다

가시는 걸음걸음
놓인 그 꽃을
사뿐히 즈려밟고 가시옵소서

나 보기가 역겨워
가실 때에는
죽어도 아니 눈물 흘리오리다

고려가사 가시리에서는 가시는 듯 도쇼옵쇼서 하였지만 소월은 사랑하는 님을 떠나보내면서 사무치게 그리운 정념(情念)을 간절하게 처절하게 죽어도 눈물 흘리지 않겠다는 역설의 미학을 노래하고 있습니다.

다음은 노래로 많이 알려진 '**개여울**'이란 시입니다.

당신은 무슨 일로 그리 합니까
홀로이 개여울에 주저 앉아서
파릇한 풀포기가 돋아 나오고
잔물은 봄바람에 헤적일 때에
가도 아주 가지는 않노라시던
그런 약속이 있었겠지요
날마다 개여울에 나와 앉아서
하염없이 무엇을 생각합니다
가도 아주 가지는
않노라심은
굳이 잊지 말라는 부탁인지요

개여울 이외에도 자문자답형의 시 '**부모**'를 노래로 들으시겠습니다.

낙엽이 우수수 떨어질 때,
겨울의 기나긴 밤,
어머님하고 둘이 앉아
옛이야기 들어라.
나는 어쩌면 생겨 나와
이 이야기 듣는가?
묻지도 말아라, 내일 날에
내가 부모 되어서 알아보랴

어머니를 생각하며 '엄마야 누나야' 한 곡 더 불러볼까요

엄마야 누나야 강변살자
뜰에는 반짝이는 금모래빛
뒷 문 밖에는 갈잎의 노래
엄마야 누나야 강변 살자

시를 노래로 부르니까 어머니에 대한 그리움이 물결처럼 가슴에 파도쳐옴을 느낍니다.
다음 들으실 시는 구전으로 전해 내려오던 설화를 시에 접목시킨 작품으로 계모의 학대에 견디다 못해 죽은 소녀의 넋이 바로 '**접동새**'입니다.

접동
접동 아우래비 접동

진두강 가람가에 살던 누나는
진두강 앞마을에 와서 웁니다

옛날 우리나라
먼 뒷쪽의
진두강 가람가에 살던 누나는

의붓어미 시샘에 죽었습니다.

누나라고 불러보랴
오오 울섧어
시새음에 몸이 죽은 우리 누나는
죽어서 접동새가 되었습니다.

아홉이나 남아있던 오랩동생을
죽어서도 못잊어 차마 못잊어
야삼경 남 다자는 밤이 깊으면
이산 저산 옮아가며 슬피 웁니다

누나를 그리는 아홉 오랩 동생들의 육친애의 정한을 음악보다 더한 감동으로 우리에게 다가옵니다. 흔히 시를 의미의 음악이라고 합니다. 관습이나 인습을 초월한 우리의 마음을 움직이고 도취시키는 차원 높은 경지의 음악을 뜻하는 것이지요. 1915년 김소월은 오산 중학교에서 수학하면서 안서 김억에게서 시의 정신을 접하게 됩니다.

1920년 3월 약관 19세에 창조에 '낭인의 봄'을 발표하므로 문단에 데뷔합니다.

1934년 12월 24일 자신의 짧은 생을 마감하기까지 발표된 시는 200여편이 넘습니다.

다음은 오산 중학시절에 발표한 시 '**먼 후일**'입니다.

먼 후일 당신이 찾으시면
그때에 내 말이 잊었노라

당신이 속으로 나무라면
믿기지 않아서 잊었노라

오늘도 내일도 아니 잊고
먼 후일 그때에 잊었노라

김소월 시인의 또 다른 특징은 토속적이고 향토적인 맛이 있어 시를 읊을수록 생동감이 더해집니다. 다음은 언어의 배치에 따라 달라지는 시의 가락과 우리의 전통 호흡에 맞추어 쓴 시 '**가는 길**'입니다.

그립다
말을 할까
하니 그리워

그냥 갈까
그래도
다시 더 한 번

저 산에도 까마귀 들에 까마귀
서산에는 해 진다고

지저귑니다.

앞강물, 뒷강물
흐르는 물은
어서 따라오라고 따라가자고
흘러도 연달아 흡디다려

겉으로 표출하려는 것보다 안으로 삭이면서 각인된 그리움의 시어들이 있습니다. 추상적이긴 하지만 섬세하고 미묘함이 농축된 표현들이 절실한 시인의 마음 그대로 우리에게 전달되고 있음을 느낍니다. 그런 절절한 가슴으로 '못 잊어'를 들으시겠습니다.

못 잊어 생각이 나겠지요,
그런대로 한세상 지내시구려,
사노라면 잊힐 날 있으리다.

못 잊어 생각이 나겠지요,
그런대로 한세상 지내시구려,
사노라면 잊힐 날 있으리다.

못 잊어 생각이 나겠지요.
그런대로 세월만 가라시구려,

못 잊어도 더러는 잊히오리다.

그러나 또 한긋 이렇지요
그리워 살뜰히 못 잊는데
어쩌면 생각이 떠지나요

    소월의 시 '님'은 이성적인 '님'을 대면하면서 이를 민족적 조국사랑의 차원까지 끌어올리고 있습니다. 그는 우리말의 설움과 애환의 민요적 정서를 시로서 승화시킨 민족시인이요, 우리 문학의 개척자입니다.
    마지막 들으실 낭송은 소월의 특성이 훌륭하게 결정된 작품입니다. 나의 혼으로 너의 혼을 부르는 시 '**초원**'과 소월의 순정을 솔직하고 투명하게 그려진 '**해가 산마루에 걸리어도**' 두 편의 시를 낭송으로 들으시겠습니다.

산산이 부서진 이름이여!
허공 중에 헤어진 이름이여!
불러도 주인 없는 이름이여!
부르다가 내가 죽을 이름이여!

심중에 남아있는
말 한마디는
끝끝내 마저 하지 못 하였구나

사랑하던 그 사람이여!
사랑하던 그 사람이여!

붉은 해는 서산마루에 걸리었다
사슴의 무리도 슬피 운다
떨어져 나가 앉은 산 위에서
나는 그대의 이름을 부르노라

설움에 겹도록 부르노라
설움에 겹도록 부르노라
부르는 소리는 비껴 가지만
하늘과 땅 사이가 너무 넓구나

선채로 이 자리에 돌이 되어도
부르다가 내가 죽을 이름이여
사랑하던 그 사람이여!
사랑하던 그 사람이여!

해가 산마루에 저물어도

해가 산마루에 저물어도
내게 두고는 당신 때문에 저뭅니다

해가 산마루에 오라와도
내게 두고는 당신 때문에 밝은 아침이라 할 것입니다

땅이 꺼져도 하늘이 무너져도
내게 두고는 끝까지 모두다 당신 때문에 있습니다

다시는, 나의 이러한 맘뿐은, 때가 되면,
그림자같이 당신에게로 가오리다
오오, 나의 애인이었던 당신이여,

* 마지막에 한 편씩 낭송하신 분들이 다 나오셔서 '초혼'을 한 연씩 낭송하고 '사랑하던 그 사람이여!'은 교송(交誦)으로, '해가 산마루에 저물어도' 마지막 두 연은 남녀가 낭송으로 맺는다. '오오, 나의 애인이었던 당신이여,' 종연(終連)에 부호 쉼표를 두 번 담았다. 시인의 의도를 생각하고 마무리하면 좋겠다.

5. 사부곡(思夫曲)

'사기(史記)'는 사마천의 시와 '사기'에서 발췌한 글을 퍼포먼스로 청주 박물관, 문화원 등에서 낭송한 적이 있다. 어느 시인은 말한다. 어렵게만 느껴졌던 사기가 시낭송 퍼포먼스를 통해 쉽게 이해되고 감동받았다고. 이렇듯 시낭송이 우리에게 주는 문학적 가치가 얼마나 큰 것인가를 알 수 있었다.

    그대는 사랑의 기억(記憶)도 없을 것이다
    긴 낮 긴 밤을
    멀미같이 시간(時間)을 앓았을 것이다

    천형(天刑) 때문에 홀로 앉아
    글을 썼던 사람

    육체(肉體)를 거세(去勢) 당하고
    인생(人生)을 거세(去勢) 당하고

엉덩이 하나 놓을 자리 의지하며
그대는 진실(眞實)을 기록하려 했는가

- 박경리 <사마천> 전문

* 의자에 앉아 사부곡을 쓰고 있는 퍼포먼스를 하면서 낭송하고 두 사람이 윤송하고 낭독하기도 하고 구음과 창법도 적용해 보았다.

사마천의 사부곡(思夫曲)

아, 아버지!

저를 구차하다 하시겠습니까. 그렇게 목숨 부지하는 사내는 없다 하시겠습니까. 제게 이 기록은 아버지 당신께 바치는 것입니다 당신에 대한 그리움이자 저의 울분입니다.

당신을 통해 천문과 역법을 배우고
역사를 기록해야 할
태사령을 이어받아야 할 운명이기에
아무런 의문도 가지지 않았습니다.
나는 당연히 이 기록들을 이어가야지요.

당신의 사명을 알고 책임을 알고 자부심을 모르지 않습니다. 그토록 오랜 세월 당신이 국가의 태사령인 주요 의식을 담당했으니 봉선대전(封禪大典)에는 참여하지 못한 것이 분하기도 하겠지요. 그러나 그렇게 화를 이기지 못해 돌아가심은 제겐 모지게 사무쳤습니다. 당신을 걱정하며 부랴부랴 달려간 제게 마지막까지 사적을 걱정하며 그것을 꼭 이루어 달라 하셨지요.

그러니 자, 보십시오. 제 것이기도 하나
당신의 것이기도 한 이 기록을 보십시오.
당신이 태사령으로 있으면서 현명한 군주와 의를 위해
목숨을 바친 충신들의 행적을 기록하지 못한 것을 아쉬워하였듯이
저 또한 그러한 마음을 이 사기에 담았습니다.
체제와 자료을 모으고 집필하신 것이 적지 않으니
이 또한 당신의 책이지 않습니까.

당신이 돌아가시고 15년이 넘는 세월.
이제 이것을 당신에게 보내는 마음 후련함과 회한이 밀려옵니다.
죽음으로 싸우지 못하고
적군에게 항복한 패장인 이릉을 비호한 것은
그 소식을 듣고 침울해하고 있는 황제의 뜻을 넓혀주고
이릉을 노리는 참언들을 막아보고자 하는
충성스러운 마음이었소이다.

그때 격노한 한무제로부터 받았던 궁형이란 치욕적인
형벌을 잊을 수가 없습니다.
아, 그토록 당부하시던 사적을 기록하지 못하고
이렇게 사그러드는 것인가.
아버지, 당연 제게 은전 50만전이 있었다면야 벌금을 내고
풀려났겠지요. 기껏해야 관리인 제게 그만한 돈이 없었으니
궁형이란 제 선택을 치욕스럽다 하지 않으시겠지요.
그렇게 벌 받은 자가 쓴 글이라
이 기록도 천시하지는 않으시겠지요.

그럼에도 불구하고 감옥에 갇혀 세상에 나가지 못하는 것에
어찌 두렵다 하지 않을 수 있었겠소이까.
감옥을 나오면서 제가 더 이상 제가 아니게 되었음을
잊지 않고 있습니다.
제가 울분으로 세상을 보낼 수만은 없었지요.
세상이 다르게 보였으며 세상의 인물이 다르게 보였습니다.
그럼에도 불구하고 제가 다시 환관 최고의 직위인
중서령까지 오른 것을 보십시오.
이 몸으로 이만한 위치에 올랐으니 이룬 것이 없다고는 못하겠지요.
제 속에 있는 이야기들을 역사서에 쏟아 붓습니다.
사기는 그렇게 오랫동안 써간 기록입니다
나는 그렇게 세상을 이야기합니다.

사마천은 투옥당한 패장(敗將)을 양심과 정의에 따라 변호하다가 남근(男根)을 잘리우는 치욕적인 궁형(宮刑)을 받고도 방대한 역사책 '사기'를 썼습니다.

현대 여류시인인 문정희 시인은 '**사랑하는 사마천 당신에게**' 라는 시를 썼습니다.

세상의 사나이들은 기둥 하나를
세우기 위해 산다

-중략-

천년의 역사에다 당겨놓은 방화범이 있다
썰물처럼 공허한 말들이
모두 빠져나간 후에도
오직 살아있는 그의 목소리
모래처럼 시간의 비늘이 쓸려간 자리에
큼지막하게 찍어놓은 그의 발자국을 본다
천년 후의 여자 하나
오래 잠 못 들게하는
멋진 사나이가 여기 있다.

6. 컵라면 증세-우울증

유리 식탁에서 컵라면을 먹는다
내가 스프링을 먹고 있다
구부러질 대로 구부러진 스프링의 맛
링의 탈력에 따라 얼굴 화색도 다르다
구불구불 팔다리 구분 없이 뒤엉킨 라면
머리가 어디에 꼬여 있는지 나선형으로 뻗어있어
끝을 찾을 수가 없다
끝없이 꼬여 있는 맛
내가 꼬여있는지 나는 모른다
컵라면이 되어 있는 동안은 우울하지가 않다
꼬일대로 같이 꼬여주며 웃어주는
그렇게 치료하는 의사는 없나?
스티로폼 비닐 성분에 갇혀 있다는 것
그것은 내 취향이지
사랑이 다 뭐야

뚜껑을 덮고 종일 중얼거리는 구부러진 맛
면이 촘촘할수록 일품이지
뚜껑이 약하게 덮어져 있지만 열지도 않아.
내가 그렇게 나를 가두고 있는지 나는 몰라
구부러진 스프링의 맛
처음, 의사에게 우울 증세를 말하였을 때
컵라면 증세라고 첫마디 떼는 순간
킥-웃음을 보이더군!
어떤 맛인지 먹어나 보았겠어!
치료한다고 더 구부러뜨려 놓는 말들
컵라면이 되어 내가 나에게 다시
물을 붓고 나를 또 끓여야 할까 봐
머리까지 부글부글

- 이규정 <컵라면 증세-우울증>

    이 시는 컵라면에 비유하고 환유하고 대유해서 쓴 시다. 신춘문예 당선한 이규정 시인은 현대시를 감상아닌 소통의 공간으로 작품을 구성하고 있다. 작품을 통해 무엇을 공감하고 있는가 메시지가 중요하다. 우울증에서 시작된 사회적 혼란, 엉켜있는 사회적 구조, 탈출구가 없는 일상의 굴레에 갇혀 병원까지 찾게 되는 컵라면에 비유해서 자신의 풍경을 길어 올리고 있다.
    구부러질대로 구부러진 스프링의 맛. 경쟁의 서열에서 밀려난 고독감. 꼬인 것들을 어떻게 풀 것인가. 끝내 컵라면이 되어 세상의 문을 닫고 있다.

뚜껑이 딱 닫혀있는 라면 그 끝은 어디가 끝인지 알 수가 없다. 아무도 없는 컴컴한 방, 혼자서 어둠만 키우고 있는 라면. 어떻게 보면 혼자 갇혀 있는 것도 습관이 되고, 적응이 돼서 라면이 되어 맛을 즐기는지도 모른다. 촘촘할수록 꼬일 대로 꼬인 라면 같은 인생. 내가 꼬여 있는지도 모르고 살아가는 인생. 끝내 이겨내지 못하고 오무라들고 불어터지는 라면. 자신을 극복하기 위해 병원을 찾고 전문의 만났지만 상처만 받게 되는 처방.

인생의 꼬인 문제들을 라면에 대유해서 쓴 시가 가슴을 울컥하게 한다. 자신이 풀지 않으면 풀리지 않는 사회적 구조. 물을 붓고 뚜껑이 닫힌 어둠 속에서 다시 끓여야 하는 비극을 시에서 보여주고 있다. 어떻게 풀 것인가 어떻게 하면 기쁘게 살까. 항우울증은 주변에 좋은 사람을 만나고, 웃을 일을 만들어 주면 극처방이 되지 않을까? 웃지 않으면 병이 더 생길 수도 있고 사람과의 거리도 멀어질 테니까.

이 시는 낭송이나 낭독, 윤송, 시퍼포먼스로 표현하면 때로 라면 같은 인생을 실감나게 표현할 수 있다. 내면의 갈등을 라면을 먹으면서 시작해도 좋고, 때로는 멍한 느낌을 가지고 표정의 변화를 주면서 내레이션 형식으로 표현해 줘도 맛나겠다.

7. 그리운 어머니

어머니는 그리움이다. 세상이 휘청거릴 만큼 힘들게 탄생시킨 우리의 어머니! 근검 절약하시며 자기를 돌보지 않고 자녀를 위해 사시던 어머니, 어느 날, 보내고 나면 잘해드리지 못한 후회만 남았고, 못내 그리움을 토할 수밖에 없어 엄마를 목청껏 불러본다. 어머니에 대한 그리움을 집시(集詩)로 구성했다.

    대지진이었다
    지반이 쩌억 금이 가고
    세상이 크게 휘청거렸다
    그 순간
    하느님은 사람 중에 가장
    힘센 사람을
    저 지하 층 층 아래에
    땅을 받쳐들게 하였다
    어머니였다

수억 천 년 어머니의 아들과 딸이
그 땅을 밟고 살고 있다.

- 신달자 <어머니의 땅>「저 거리의 암자」문학사상

작은 누나가 엄마보고
엄마 런닝구 다 떨어졌다.
한 개 사라 한다.
엄마는 옷 입으마 안 보인다고
떨어졌는 걸 그대로 입는다.

런닝구 구멍이 콩 만하게
뚫어져 있는 줄 알았는데
대지비만하게 뚫어져 있다.
아버지는 그걸 보고
런닝구를 쭉쭉 쨌다.

엄마는
와 이카노.
너무 째마 걸레도 못 한다 한다.
엄마는 새 걸로 갈아입고
째진 런닝구를 보시더니

두 번 더 입을 수 있을 낀데 한다.

- 어린이 시 모음집 <엄마의 런닝구> 전문

'엄마의 런닝구'는 이오덕 선생님이 동시의 모범이라고 말씀하시던 동시다. 부림초등학교 당시 6학년인 배한권이 쓴 동시로 근면절약하는 어머니의 마음을 꾸밈없이 그대로 표현했기에 지금까지 사랑받고 있는 것이다. 그 뒤를 이어 어렵고 힘든 시절 어머니에 대한 그리움을 가슴 깊이 그려낸 심순덕 시인의 '엄마는 그래도 되는 줄 알았습니다'를 낭송한다.

가난을 이겨내고 힘들게 살아오신 어머니를 회상하면서 읊어보고 반복되는 시행은 다른 느낌으로 윤송을 하거나, 연마다 같은 시행이 반복되는 시문 '엄마는 그래도 되는 줄 알았습니다' 의 경우 교송해도 듣기 좋다.

자녀들이 쉽게 대하고 편하다고 함부로 대할 때도 있어 대로 숙연해지는 이름이 엄마라는 이름이다. 어머니에게도 어머니에 대한 그리움이 있고 추억이 있다는 걸 잊을 때가 많다.

'외할머니 보고 싶다. 외할머니 보고 싶다.'
시의 클라이맥스라고 볼 수 있는 시문이 가슴에 진하게 묻어나면 좋겠다.
마지막 연 '아, 엄마는 그러면 안 되는 것이였습니다' 윤송일 경우,

회한과 그리운 마음을 담아 한 분씩 다른 색채를 담아 마무리해도 좋지 않을까 싶다.

　이정록 시인은 어머니가 하시는 말씀은 모두가 다 시다라고 말씀하시던 기억이 난다. 독자로 사랑받는 진솔한 시 '의자'가 있다.

　　병원에 갈 채비를 하며
　　어머니께서
　　한 소식 던지신다

　　허리가 아프니까
　　세상이 다 의자로 보여야
　　꽃도 열매도, 그게 다
　　의자에 앉아 있는 것이여

　　주말엔
　　아버지 산소 좀 다녀와라
　　그래도 큰애 네가
　　아버지한테는 좋은 의자 아녔냐

　　이따가 침 맞고 와서는
　　참외밭에 지푸라기도 깔고
　　호박에 똬리도 받쳐야겠다

> 그것들도 식군데 의자를 내줘야지
>
> 싸우지 말고 살아라
> 결혼하고 애 낳고 사는 게 별거냐
> 그늘 좋고 풍경 좋은 데다가
> 의자 몇 개 내놓는 거여.
>
>   - 이정록 <의자> 전문 문학과 지성사

꽃과 열매도 의자로 보는 어머니야말로 시인이다. 살아있는 모든 생물에게도 의자를 내주고 싶은 마음이 어머니의 마음이다.

> 어머니란 진정 어린 말은
> 찾을 수 없을 만큼 소중하지요
> 저는 오랫동안 그리운 이름으로
> 어머니 당신을 부르고 있습니다
> 나에게 어머니는 희망이고
> 나의 마음속에 기쁜 희망이고 채워주는
> 나는 마음속에 당신을 앉혀 놓았습니다
>
>   - 에드가 앨런 포 <어머니에게> 일부

어머니 하면 따뜻한 그리움이 있고 애틋하게 마음을 울리는 시들이

많다.

어머니는 땅이고, 그리움이고 희망이다.

어머니를 떠올리면 가슴이 뜨겁고 보내고 나면 더 그리워지는 이름이다. 매일 들어도 싫지 않은 이름, 어머니다. 나는 회갑도 못 드시고 돌아가신 어머니를 생각한다. 섧디 슬피 울던 날, 빗소리도 들리지 않았다. 어머니에 대한 시를 읊으면 울컥할 때가 많다. 나이 들어도 불러보고 싶은 엄마라는 이름을 그리움에 젖어 불러본다.

엄마!
하늘을 볼수록 그리워지는 이름입니다
쏟아지는 별빛, 쏟아지는 꽃송이처럼
눈부신 것만으로도 성벽을 허물 수 있는
내 눈물입니다

엄마를 하늘로 보내드리고
그리움이란 얼마나 아픈 것인지 알았습니다
외로움이 얼마나 눈물 나는 일인지 느꼈습니다
생각을 접고 접어도 자꾸 펼쳐지는 이름
엄-마,
하늘을 자꾸 바라보게 됩니다

세상에는 깜짝 놀랄 일들도 많고
감동할 일도 많은 우리의 일상
무의식으로 길을 감으며 꽃피는 나팔꽃처럼
피워보는 엄마라는 꽃
엄마의 꽃처럼 아름다운 꽃이 있을까요

핸드폰에 눈을 넣고 다니는 사람들
옆에 누가 있는지 모른 체 건널목을 건너는 사람들
그 속에 나도 무리가 되어 건너고 있지만
어머니 생각만은 더 반짝거리고
세상이 힘들수록 더 밝아지는 이름입니다

엄마!
바람이 붑니다
사각사각 나뭇잎 소리가 들립니다
엄마의 발자국 소리가 허공에 찍히고 있는가 봅니다
하늘에 엄마 생각 한가득 담아져 있어 그런가 봅니다

- 장기숙 <엄마라는 꽃>

8. 아버지의 마음

　인터넷에서 잔잔한 화제를 일으킨 작가 미상의 '아버지는 누구인가' 오래전 동아일보 제25245호에 허문명 기자가 실린 기사다. 스크랩을 해둔 신문을 다시 본다. 글을 읽으면서 아마 아버지가 당신의 마음을 속속들이 적은 게 아니였을까라는 생각을 해본다. 나도 아버지는 무관심하고 눈물도 없는 사람이라는 생각을 많이 했다. 차갑고 무섭고 눈물을 본 적이 없었으니까. 그런데 아니다.
　이 글은 이 시대 고개 숙인 아버지들의 마음을 잘 대변한 글이다. 아버지를 퍼포먼스로 그리고 싶었다. 긴 문장 하반 절에 있는 글을 옮겨본다.

　　아버지는 결코 무관심한 사람이 아니다.
　　아버지가 무관심한 것처럼 보이는 것은
　　체면과 자존심과 미안함 같은 것이 어우러져서
　　그 마음을 쉽게 나타내지 못하기 때문이다.

아버지의 웃음은 어머니의 웃음의 2배쯤 농도가 진하다.
울음은 열 배쯤 될 것이다.

아들 딸들은 아버지의 수입이 적은 것이나
아버지의 지위가 높지 못한 것에 대한 불만이 있지만
아버지는 그런 마음에 속으로만 운다.
아버지는 가정에서 어른인 체를 많이 해야 하지만
친한 친구나 맘이 통하는 사람을 만나면 소년이 된다.

아버지는 어머니 앞에서는 기도도 안 하지만
혼자 차를 운전하면서는 큰소리로 기도도 하고
주문을 외우기도 하는 사람이다.
어머니의 가슴은 봄과 여름을 왔다 갔다 하지만
아버지의 가슴은 가을과 겨울을 오고간다.
아버지! 뒷동산의 바위 같은 이름이다,
시골마을의 느티나무같은 크나큰 이름이다.

'아버지는 누구인가' 낭독을 마치고 바쁘게 살아가는 아버지의 모습을 그린다. 김현승 시인의 **'아버지의 마음'**을 연마다 이미지 영상을 담아 윤송으로 낭송한다.

바쁜 사람들도
굳센 사람들도
바람과 같던 사람들도
집에 돌아오면 아버지가 된다.

어린것들을 위하여
난로에 불을 피우고
그네에 작은 못을 박는 아버지가 된다.
저녁 바람에 문을 닫고
낙엽을 줍는 아버지가 된다.

세상이 시끄러우면
줄에 앉은 참새의 마음으로
아버지는 어린 것들의 앞날을 생각한다.
어린 것들은 아버지의 나라다 - 아버지의 동포다.

아버지의 눈에는 눈물이 보이지 않으나
아버지가 마시는 술에는 눈물이 절반이다.
아버지는 가장 외로운 사람이다
아버지는 비록 영웅이 될 수도 있지만…

폭탄을 만드는 사람도

감옥을 지키던 사람도
슬 가게의 문을 닫는 사람도

집에 돌아오면 아버지가 된다
아버지의 때는 항상 씻김을 받는다
어린것들이 간직한 그 깨끗한 피로

- 김현승 <아버지의 마음> 전문

아버지는 집에 오면 아버지다. 집에서만큼은 위대한 아버지다. 그렇게 존중받아야 한다. 삶이란 틀에 갇혀 버려 힘들게 지내시는 아버지를 다시 생각해보면 어떨까. 눈물도 외로움도 감추고 사시는 아버지. 그를 위로하는 건 순수한 어린 것들의 피. 그것만이 아버지한테는 삶을 이겨내는 치유가 아닐까 생각해 본다.

나의 아버지도 고독하게 사셨고 술에 취해 허우적일 때도 어린 것 앞에서는 싱긋 웃으시던 모습이 생각난다. 자식을 사랑하시던 고독한 아버지의 모습을 그리면서 낭송한 다음 하형만 시인의 '아버지'를 읊는다.

산 설고
물 설고
낯도 선 땅에

아버지 모셔드리고
떠나온 날 밤

얘야 문 열어라

잠결에 후다닥 뛰쳐나가
잠긴 문 열어 제치니
찬 바람 온몸을 때려
뜬눈으로 날을 샌 후

얘야 문 열어라

아버지 목소리 들릴 때마다
세상을 향한 눈의 문을 열게 되었고
아버지 목소리 들릴 때마다
세상을 향한 눈의 문을 열게 되었고

- 허형만 <아버지> 전문

 아버지의 소리가 들려요. 얘야, 문 열어라. 환청처럼 들릴 때가 있어요. 그 소리 들릴 때마다 세상을 향한 눈(目)의 문(門)도 열리는 것을 느끼고 깨닫게 된다. 마지막 연에서 무언가 번쩍이는 시선의 눈빛을 열리는 몸짓으로 마무리해도 좋겠고 다른 그림을 그려봐도 좋겠다. 우리들의 아버지! 당신을 사랑합니다.

9. 풀잎의 노래

- 풀잎이 바람에 흔들리는 영상이미지에 맞춰 풀피리 연주를 한 다음 시를 읊는다.

3
바람이 떠나지 않으면
바람이런가
떠나야 바람이지
그래서 바람은 쉬지않고 떠나는 것을

바람이 불면
풀잎은 그것을 알면서도
바람 부는 쪽으로 전신으로 따라가 눕는
여린 풀꽃이여
떠나는 것을 서러워 마라

옷깃을 스쳤을 때
만리성을 쌓고
잠시 만나 서운거리며 노래하면 될 것을
가버린 바람을 애달파 울지마라
바람 불어와
여린 살결 볼 댕겨
비비대며 춤추게 하고
바다로 떠난 바람

풀꽃 피거들랑
일생에 단 한 번 만이라도 돌아와 다오
풀꽃 향기로 네 품에 안겨
네 가는 곳이면 어디라도 함께 가마
함께 사는 것이 사랑이지
홀로 지키는 그리움은
나는 싫어
무서운 외로움이
죽기보다 나는 싫어.

5
네가 온다면
정말 네가 돌아온다면

살갗 전신으로 열어
구멍마다 피리를 불어주마
부딪히며 서걱여도
그게 사는 거지
그게 사랑이지

네가 온다면
진정 네가 살아 온다면
나는 풀잎이 되어
한 철 돋아 밟히고 찢겨도
목을 길게 늘이고
밤마다 날마다 너를 기다리마

사랑아, 너는 어느 피안
어느 하늘 아래를 떠돌아다니는가
떠나간 것은 바람이 되고
그리움이 되고
노래가 되지만
목 메인 풀잎의 노래는
어느 천년, 어느 세월에
학이 되어
다시 나에게 돌아올 것인가

- 김소엽 <풀잎의 노래> 3, 5. 「별무리」

시인은 풀잎과 바람을 통해 인생과 신앙을 깊이 있게 묘사하고 있다.

세월은 뜻하지 인연으로 홀로 버려두기도 한다. 홀로 있어 본 사람은 외로움이 얼마나 무서운지 알것이다. 일찍이 떠난 남편을 그리워하며 시인은 '풀잎의 노래'를 부르고 있다.

바람이 되어 풀잎이 서걱이는 소리도 님의 소리요. 풀꽃 향기에 안기고 싶은 것도 님의 마음이다.

그대여, 홀로 이겨내는 외로움과 사랑을 아시나요. 천년 학이 되어 다시 돌아오기를 기다리는 애처로운 사랑의 마음을 영상 이미지에 담아 바람의 소리, 풀잎의 소리, 피리 소리 등에 효과음을 넣어서 퍼포먼스로 승화시켜보면 가슴을 애틋하게 하는 눈물이 있을 것이다.

절제와 인내의 시적 표현이 감동을 선사할 것이다.

10. 국화 향기에 빠지다
- 대청호 일억 국화 축제 -

국화 꽃을 들러보고 향기를 맡는다-

국화 향기에 취해 보셨나요?
하얗게 빠알갛게 파랗게 핀 향기에 취해 가슴이 물들었어요
물든 얼굴이 부끄러워 바람난 여자처럼 헤슬헤슬 웃었어요
바람에 흔들려도 보고 진한 그리움을 토해봅니다.

*그대 몸 속에 잠든 이 누군가 - 김선우

*국화 옆에서 - 서정주

*나를 취하게 하는 국화 - 장기숙

*단풍 - 박정남

그대를 가까이 하고 싶기에
잠을 설쳤습니다

처음 그대를 본 순간
가슴이 멎는 듯 했습니다
아~ 아~
정신을 잃은 병자처럼
내가 누구인지 어디로 가고 있는지
그만 넋을 잃었습니다

나를 취하게 하는 이여,
나의 온 몸을 벗기우고
내 혼을 빼앗아 버린 임이여
정녕 그대는
고난과 기다림의 정한으로
그 향기 진하게 울궈 낸
하늘의 꽃이 아니오

그러나 어느메쯤
심술궂은 한 사랑으로 인해
그대 떨구어 나갈지라도
행여, 우리들 가슴이 식어버릴지라도

- 대청호 일억 국화 축제 -

그대 향기 영원히 품게 하시오
어미 젖꼭지 물고 놓지 않으려는
어린아이처럼
나도 그대를 물고 놓고 싶지 않소

기울어져 가는 이 가을
대청호 일 억 국화송이
그대 있음으로
나는 송이마다 노래하고 춤을 추오
잎사귀마다 떨리는 몸짓으로
취하게 하는 이여
눈동자마다 그 모습 그리며 가오

　　　　　　　　　　　-나를 취하게 하는 국화

11. 시로 읽는 황진이

　시로 읽는 황진이는 이생진 시인의 '그 사람 내게로 오네'「우리글 출판」이라는 시집에서 '조시'로 구성한 작품이다. 그 시대의 문학과 황진이의 삶을 문화예술로 승화시킨 시인의 시와 황진이의 시를 함께 낭송해도 좋다. 문화예술 축제에서는 독송이나 남녀 듀엣이 공연하기도 했으며, 재구성한 시를 영상과 음악 등을 준비 퍼포먼스로 때로는 드라마처럼 구성하여 공연한 작품이기도 하다.

* 불을 꺼도 생기는 그림자
* 떠돌면 떠돌수록
* 시화담과 진이
* 저걸 어쩌나
* 고독의 깊이

* 구름처럼 떠나라
* 꿈과 꿈사이
* 그 사람 내게로 오네
* 옷을 벗어 준다는 거
* 나는 가네

　시집에서 10편의 시를 발췌 '시로 읽는 황진이' 제목으로 시퍼포먼스를 그렸다. 그 중 '저걸 어쩌나' 시를 읽어보면 첫 행에 '어~어 어~어' 로 시작한다. 전문에 4행이나 있다.

> 어~어 어~어
> 짝사랑에 골병들어 앓다 가는 저 총각
> '사랑한'단 말 한 마디
> 그게 뭐 어려워서
> 가슴에 묻어둔 채 속태우다 가는구나
>
> 어~어 어~어
>
> '진아아~'
> 이름 한번 시원히 불러보지 못하고
> 북망 가는 저 총각
> 애처로운 발걸음 떨어지지 않아
> 내 집 앞에 서 있는데
> 저걸 어쩌나
>
> 마을 사람들 숨죽이고 지켜본다만
> 당돌하게 내 방으로 뛰어들어
> 넋이 부서지느라
> 억장 무너지는 소리 귀담으며

벽에 걸린 치마저고리 움켜쥐고 뛰쳐나와
'맺힌 한 풀어주라' 지붕에 던졌더니
그제야 상여 발걸음을 떼는구나

어~어 어~어어~어 어~어

 이 시를 어떻게 낭송할 것인가. 그냥 읽듯이 낭송하면 맛이 없다. 나는 이 부분을 시창법 구음으로 처리했다.
 시인은 이 부분의 시작을 어~ 로 시작했다. 첫 행의 어~ 는 짝사랑하던 남자의 상여(喪輿)가 내 집 앞에 섰는데 어이할까? 어~ 의 낭송 기법을 구음으로 기막히고 가련한 어조로, 진한 슬픔의 어조로, 마지막 어~는 떠나는 그의 상여를 보고 상여꾼의 마음을 실어본다. 내가 무엇이기에 상사로 죽게 하다니, 마음이 아픈 진이의 모습이 보인다. 자신을 돌아보고 보내는 마음을 아주 처량하게 구음으로 처리해 주면 좋겠다.
 마지막 연에 어~를 어떻게 처리해야 감동을 줄 수 있을까? 시인의 감정도 무척 애틋한 감정이었기에 8마디를 마지막 행에 처리하지 않았을까? 사모의 정과 한을 구음 창법으로 호흡을 최대한 길게 구슬프게 처리했다. 그때 관객의 가슴이 움직이는 것을 보았다.
 마지막 연, '~어'를 나는 호흡을 최대한 길게 빼주었다. 호흡을 끝까지 끌고 가 보라. 관객이 몰입하는 것을 느낄 수 있을 것이다.

12. 허난설헌과 허균

그녀를 보았네
아픔과 시련과 고통을 도자기 빚 듯
온 몸을 시로 빚어 불사른
불꽃같은 여인 난설헌

스며드는 외로움
애끓는 사랑
가슴 안에 가둔 채
시무(詩舞)를 휘날리던 난설헌

붉은 가슴에 타오르는
천부적인 예술혼이여!
그대는 눈물로
시의 옷을 만들어 입었네

그녀의 삶이 시요
그녀의 연인이 시요
그녀의 사랑도 시였노라

나 이제
소리꾼 되어 불꽃을 태워보네

- 장기숙 <허초희 난설헌> 전문

* 허난설헌
  - 난 왜 여자로 태어났을까? 시집가는 게 싫어. 균아, 시집가면 시도 쓸 수 없고 공부도 할 수 없잖아. 하고 싶은 일도 못하고 자기의 뜻을 펼수 없는 현실이 난 싫어.
* 허균
  - 누나, 마음 단단히 먹으면 얼마든지 할 수 있어. 시집가도 누나의 재능을 숨기지 말고 시를 짓도록 해. 누나.
* 허난설헌
  - 여자가 시집가서 책이나 읽고 시를 짓는다면 시집살이가 힘들게 할지 몰라.
* 허균
  - 누나, 여자에게 순종과 헌신만 강요하는 칠거지악, 삼종지도(三從之道) 같은 법은 없어져야 해. 나는 이 일에 앞장설 거야.

열 네 살 규중처녀
방에서 하늘에 뜬 달 보고
절을 해도 사람들은 알지 못하네
바람불어 비단 띠가 날려도
아무 말없이 층계를 내려와
뜰에 핀 꽃가지를 손으로 꺽네

이듬해 누이를 보내는 마음 이토록 가슴 아플까

한정일첩(恨情一疊)

봄바람이 꽃을 만지니 백화가 만발하게 피었구나
철마다 만물이 무성하고 수많은 감정이 내게 옴이여
규방 깊이 살면서 마음의 욕정을 끊어야하리
그이를 품고 있으면 심장이 찢어지는 듯
밤이 환히 빛나도 잠들지 못함이여
어느새 새벽닭이 꼬끼오 하고 우는구려
비단 휘장만 빈방에 내려져 있고
옥계단에는 이끼가 푸르게 살아있건만
깜박이는 등잔불 꺼지는가 벽에 등을 기대어보네
비단 이불이 있어도 한기가 밑으로 스며드누나

베틀을 내려 회문(回文)을 돌려볼까
문장도 이루지 못하고 수심(愁心)만 어지럽구나
인생의 운명이 부실하여 후박을 받고 있음이야
남들은 기쁘고 즐겁다하나 내 몸은 적막(寂寞)하기만하네.

* 어찌 알았으리 어여쁜 나이에 조롱받는 사내에게 시집 갈 줄이야

규원(閨怨)
- 규원은 사랑하는 사람에게서 버림받은 여자의 원한을 말한다

달밝은 누각에 가을이 다가고 옥같은 방이 비었구나
서리치는 해질 무렵 갈대 섬에 기러기가 내려오는데
아름다운 거문고 줄을 당겨도 임은 보이지 않고
연꽃은 저수지 가운데에 비오듯 떨어지누나

- 허 균
누이야, 지난해 사랑하는 딸을 잃고, 올해는 사랑하는 아들을 잃었으니
태중아이는 어찌 기를 수 있으랴. 통곡과 피눈물로 목이 메는 누이여,
시모의 사랑 받지 못하고 남편은 기방 출입으로 모라라하니

내 가슴 아파 여기 섰노라
누이는 23세에 꿈의 바다에서 나와, 이런 글을 남겼어요.

몽유광상산시서(夢遊廣桑山詩序)

푸른 바다는 구슬 바다에 잠기고
푸른 난새는 채색 난새에 의지하건만
부용화(芙蓉花) 스물일곱 송이
달밤 찬서리에 붉게 떨어지누나

누이는 알았어요. 스물일곱이 되면 세상을 떠나게 된다는 것을
나를 두고 떠난 누이의 아픔이 어떠한가를 나는 알았어요
누이가 남기고 간 한시(漢詩) 210편을 고이 묶어 지금까지
전해오고 있다
명나라가 조선이 소국(小國)이라 업신여기고 큰소리치던 당시,
명나라 사신 주지번이 조선을 방문했을 때
홍길동전의 저자인 허균은 누님의 유고시집을 선물로 드렸지요. 그랬더니
조선에도 이런 천재 여류시인이 있었던가 놀래더이다.
그리고는 나에게 약속했어요.

"내가 명나라에 귀국하는 즉시 연경의 모든 문사(文士)들에게 알리겠네."
하였지요. 주지번은 약속대로 누이(허난설헌)의 시집을 발간하여 '조선이 낳은 천재시인 허난설헌'을 중국에 널리 소개하였다.

* '몽유광상산시서' 단시(短詩)는 허난설헌 축제 행사시 한시(漢詩)로 우리글로, 시창으로 애절하게 들려주었다.
그 후, 후원으로 허난설헌 CD도 만들 수 있었다.

* '한정일첩', '규원', '몽유광상산시서' 장기숙 번역 옮김

13. 울리는 북이 되게 하소서

아아, 모두들 여기 모였구나

중략

아아 모두들 여기 모였구나
모두들 손에 손잡고 섰구나
저 강 건너 동녘을 향하여
새 햇살 새 별빛 아직 멀어도
잃을 것이 없는 자에겐 두려움이
없으니 망설임도 없으니
손과 발에 매인 사슬 끊어 던져라
아양과 눈웃음에 우린 속지 않는다
모두들 힘차게 달려가는구나
육천만 온 겨레 얼싸안고서
어깨동무하고 나갈 북소리 울리며.

시의 기승전결 22행 하반부 전결(轉結)의 맛을 살려주고 잔잔히 북소리로 여운을 주다가 '북'으로 분위기 전환시키며 낭송.

– 신경림 <아, 아 모두들 여기 모였구나>

자네 소리하게 내 북을 잡지

진양조 중머리 중중머리
엇머리 잦아지다 휘몰아 보아 <북장단 휘몰아 치기>

이렇게 숨결이 꼭 맞아서만 이룬 일이란
인생에 흔치 않아 어려운 일 시원한 일

소리를 떠나서야 북은 오직 가죽일 뿐
헛 때리면 만갑이도 숨을 고쳐 쉴밖에

장단을 친다는 말이 모자라오
연창(演唱)을 살리는 반주쯤은 지나고
북은 오히려 칸타타요 <북장단 치기>

떠받는 명고(名鼓)인듸 잔가락은 온통 잊으오
떡 궁–동중정(動中靜)이오 소란 속에 고요 있어

인생이 가을같이 익어 가오

자네 소리하게 내 북을 치지.

— 김영랑 <북> 「이음문고」

둥둥둥 둥둥둥 소리 울려라.
들판 가득히 울리는 달빛
나는야 한덩이 북소리 되어
논두렁 사잇길로 춤추며 갈 때
개구리 개굴개굴 머리를 풀고
진하게 타오르는 노래 불송이
거기서 첨벙첨벙 알몸의 내가
질펀히 몸을 풀어 사루는 목숨
그누가 알아보랴 내가 없는 걸

— 유승우 <둥둥둥> 하얀 모래성 「현설출판사」

버리게 하소서
내 안에 가득한
부패한 것들을
미련 없이
버리게 하소서

포기하게 하소서
황금 송아지와
높은 의자를
눈 딱 감고
포기하게 하소서

비워주소서
북처럼
텅 빈 가슴 되어
당신의 북채로
울리게 하소서

당신 손끝에
한마당
신명나게
두들겨 맞고

정수리에서 발끝까지
죄를 통해내고
둥둥둥
해가 질 때까지
울리는
북
북이 되게 하소서.

- 김소엽 <북> 전문 「별무리」(시선사)

 헤바라기 이웃 돕기 콘서트가 서초구민회관 대강에서 있었다. 축시와 공연을 의뢰받았을 때 어떤 작품을 보여줘야 좋을까 싶었다. '그 사랑 가지고' 축시는 진행을 맡은 배한성 성우가 낭독했다. 집시(集詩)로 구성한 시를 들여다 본다. 김영란의 '북'은 북소리 장단 퍼포먼스를 하면 좋겠다 싶었다. 1초를 위해 한 달 동안 북 강습을 받고 도전해 보았으나 쉬운 일은 아니었다. 새로운 시낭송에 관객들의 반응이 의외로 좋았다.
 나는 시를 읽을 때 연관성이 있는 시와 연애를 시키는 작업을 한다. 시를 많이 읽으면서 집시(集詩)로 접목시켜 하나의 주제를 만들어 시낭송의 맛을 즐기는 것이다.

14. 윤동주의 사계(四季)

봄

봄이
혈관 속에 시내처럼 흘러
돌, 돌,
시내 가차운 언덕에
개나리, 진달래, 노—란 배추꽃

삼동을 참아온 나는
풀포기처럼 피어난다.

즐거운 종달새야
어느 이랑에서나
즐거웁게 솟쳐라.

푸르른 하늘은
아른, 아른, 높기도 한데……

이 시는 서울에 있는 강처중에게 5편의 시(쉽게 씌여진 시 외)를 편지와 함께 보낸 것인데 편지를 폐기할 때 이 작품의 끝부분도 함께 폐기 되었다 한다. 정확하지 않지만 보낸 시들이 1942년 시들로 보아 1942년으로 추정하고 있다.

소낙비

번개, 뇌성, 왁자지근 두다려
머언 도회지에 락뢰가 있어만 싶다

벼루장 엎어논 하늘로
실같은 비가 살처럼 쏟아진다

손바닥만한 나의 정원이
마음같이 흐린 호수되기 일쑤다

바람이 팽이처럼 돈다
나무가 머리를 이루 잡지 못한다

내 경건한 마음을 모셔드려
노아 때 하늘을 한모금 마시다

1937. 8. 9

소년

여기 저기서 단풍잎같은 슬픈 가을이 뚝뚝 떨어진다. 단풍잎 떨어져 나온 자리마다 봄을 마련해 놓고 나무가지 우에 하늘이 펼쳐져 있다. 가만히 하늘을 올려다 들여다보면 눈썹에 파란 물감이 든다. 두 손으로 따뜻한 볼을 쓸어 보면 손바닥에도 파란 물감이 묻어난다. 다시 손바닥을 들여다본다. 손금에는 맑은 강물이 흐르고, 맑은 강물이 흐르고, 강물 속에는 사랑처럼 슬픈 얼굴…아름다운 순이의 얼굴이 어린다. 소년은 황홀히 눈을 감아 본다. 그래도 맑은 강물은 흘러 사랑처럼 슬픈 얼굴 아름다운 순이의 얼굴은 어린다.

1939

'소년'과 '눈오는 지도'에는 행과 연을 나누지 않았다. 산문처럼 씌여졌지만 시의 느낌을 보고 운율을 찾아 낭송자가 낭송을 해주면 되겠다.

눈썹에도, 손바닥에도 파란 물감이 묻어나는 희망을 보지만, 조국을 잃은 순이의 아픈 얼굴에 어른거리는 모습이 애틋하게 그려진다. 시인은 '강물 속에는 사랑처럼 슬픈 얼굴… '에 말줄임표를 넣었다. 순이의 얼굴도 슬프다고 생각하니 강물 속에 나타난 순이의 얼굴이 얼마나 슬프게 어른거렸을까? 표현할 수 없는 그리움을 포즈로 눈빛으로 담아주다가 이어주면 좋겠다.

눈(雪)오는 지도(地圖)

순이가 떠난다는 아침에 말 못 할 마음으로 함박눈이 나려, 슬픈 것처럼 창밖에 아득히 깔린 지도 위에 덮인다.
방안을 돌아다보아야 아무도 없다. 벽과 천정이 하얗다. 방 안에까지 눈이 내리는 것일까, 정말 너는 잃어버린 역사처럼 홀홀이 가는 것이냐, 떠나기 전에 일러둘 말이 있든 것을 편지를 써서도 네가 가는 곳을 몰라 어느 거리, 어느 마을, 어느 지붕 밑, 너는 내 마음속에만 남아 있는 것이냐, 네 쪼고만 발자국을 눈이 자꼬 나려 덮여 따라갈 수도 없다. 눈이 녹으면 남은 발자국 자리마다 꽃이 피리니 꽃 사이로 발자욱을 찾아 나서면 일 년 열두 달 하냥 내 마음에는 눈이 나리리라.

1941. 3. 12

윤동주 시에 나타난 순이는 나는 조국으로 보고 싶다. 왜냐하면 윤동주가 태어난 때는 이미 조선이라는 나라는 없었다. 얼마나 그리웠을까. 편지를 쓰고 싶고 할 말도 많은데 일제 탄압에 시달려 주소도 모르고 마음속에만 있었으니, 쪼그만 발자국을 눈이 자꾸 내려 따라갈 수 없어. 이 쪼그만 나라에 눈이 녹으면 언젠가 봄처럼 꽃이 피겠지. 광복을 염원하는 마음이 담겨있음을 볼 수 있다.

순이를 제2인 층으로 대칭(對稱) 하여 쓴 것이 아닐까 하는 생각을 가져본다.

15. 가슴에 묻은 별

가슴에 묻은 별

　윤동주 시인의 작품을 시대별로 구성. 영상과 음악, 효과를 주어 퍼포먼스로 그린 작품으로 중국을 비롯 행사시 올린 작품이다.

　시인이 문학을 포기하고 붓을 꺾던 암울한 시대. 윤동주 시인은 나라를 사랑하기에 끝까지 주어진 길을 걸어간 시인이다.
　모국어인 한국어로 시를 쓰고 불우한 역사의 과제를 몸으로 받아들이며 세계문학사에 우리 문학의 길을 열어 주었으며 시를 천명으로 알고 자유와 평화를 위해 고통 속에서도 절규하며 끝까지 우리말을 지켜낸 양심적인 지성의 저항 시인이다.

자화상

산모퉁이를 돌아 논가 외딴 우물을 홀로 찾아가선
가만히 들여다 봅니다

우물 속에는 달이 밝고 구름이 흐르고 하늘이 펼치고
파아란 바람이 불고 가을이 있습니다

그리고 한 사나이가 있습니다
어쩐지 그 사나이가 미워져 돌아갑니다

돌아가다 생각하니 그 사나이가 가엾어집니다.
도로 가 들여다 보니 사나이는 그대로 있습니다

다시 그 사나이가 미워져 돌아갑니다
돌아가다 생각하니 그 사나이가 그리워집니다

우물 속에는 달이 밝고 구름이 흐르고 하늘이 펼치고 파아
란 바람이 불고 가을이 있고 추억처럼 사나이가 있습니다

1939. 9

윤동주 생가에 낡은 우물이 있다. 나라 잃은 자신이 부끄럽고 주체와 객체가 분리되고 긍정과 부정을 오가는 마음 상태를 엿볼 수 있다. 이 시에서는 자아성찰의 매개체인 우물을 가상 설정하여 시를 읊었다. 우물을 들여다보고 행위를 반복하는 퍼포먼스가 시간의 흐름에서 공간으로 이동하는 과정에서 겪는 내적 갈등. 시인이 자기 긍정에 도달하는 과정을 점층법으로 묘사하고 있다. 그 감정을 표현하여 그려본다.

무서운 시간

거 나를 부르는 것이 누구요,

가랑잎 이파리 푸르러 나오는 그늘인데,
나 아직 여기 호흡이 남아 있소.

한 번도 손들어보지 못한 나를
손들어 표할 하늘도 없는 나를

어디에 내 한몸 둘 하늘이 있어
나를 부르는 것이오.

일을 마치고 내 죽는 날 아침에는
서럽지도 않은 가랑잎이 떨어질 텐데……

나를 부르지 마오

1941. 2. 7

무서운 시간은 일제강점기 태평양전쟁이 한창일 무렵, 강제 징역과 노동으로 우리의 목소리조차 내지 못하고 뜻을 펼 수도 없고 시대, 언젠가는 자신도 끌려갈 것을 바라보며 '거 나를 부르는 것이 누구요' 독백의 시를 쓴다. 내적 갈등을 통해 존재의 본질을 이야기하고 있다. 가슴을 에이게 하는 '가랑잎 이파리 푸르러 나오는 그늘인데' '내 한몸 둘 하늘도 없는' 일제강점기 태어나 광복도 보지 못하고 애타게 조국을 사모하는 젊은 청년! 이제 시작인데 그늘 속에 있어야만 하는 모습을 애타게 처절하게 때론 싸이렌서 테크닉도 주면서~~~ 읊어보자.

병원

살구나무 그늘로 얼굴을 가리고, 병원 뒤뜰에 누워, 젊은 여자가 흰옷 아래로 하얀 다리를 드러내놓고 일광욕을 한다. 한나절이 기울도록 가슴을 앓는다는 이 여자를 찾아오는 이, 나비 한 마리도 없다. 슬프지도 않은 살구나무가지에는 바람조차 없다.

나도 모를 아픔을 오래 참다 처음으로 이곳에 찾아왔다.

그러나 나의 늙은 의사는 젊은이의 병을 모른다. 나한테는 병이 없다고 한다. 이 지나친 시련, 이 지나친 피로, 나는 성내서는 안된다.

여자는 자리에서 일어나 옷깃을 여미고 화단에서 금잔화 한 포기를 따 가슴에 꽂고 병실 안으로 사라진다. 나는 그 여자의 건강이 - 아니 내 건강도 속히 회복되기를 바라며 그가 누웠던 자리에 누워 본다.

1940. 12

    윤동주의 첫 시집 제목은 '병원'이었다. 일제 탄압에 시달린 국민들이 환자로 보였다고 한다. 병든 한 여인을 주제로 병든 사회를 치유하고 싶은 윤동주 시인의 순수한 마음을 깊이 있게 만나게 된다.
    흰옷 아래로 하얀 다리를 드러내놨다는 것은 백의민족의 수치를 표현하고 있다.
    나라를 잃으면 찾아오는 이, 나비 한 마리도 없고 바람조차도 없는 비통한 민족의 슬픔을 어떻게 표현할 것인가. 민족의 한과 슬픔이 담겨 있는 감정으로 표현해 보면 좋겠다.
    병원을 읊고 일어나 하늘을 바라보며 잃어버린 나라를 그리워하며 '길'을 낭송한다.

길

잃어버렸습니다
무얼 어디다 잃었는지 몰라
두 손이 주머니를 더듬어
길에 나아갑니다

돌과 돌과 돌이 끝없이 연달아
길은 돌담을 끼고 갑니다.

담은 쇠문을 굳게 닫아
길 위에 긴 그림자를 드리우고

길은 아침에서 저녁으로
저녁에서 아침으로 통했습니다.

돌담을 더듬어 눈물짓다
쳐다보면 하늘은 부끄럽게 푸릅니다.

풀 한 포기 없는 이 길을 걷는 것은
담 저쪽에 내가 남아 있는 까닭이고,
내가 사는 것은, 다만,

잃은 것을 찾는 까닭입니다.

1941. 9. 31

"길"은 시작과 끝이 목표를 향해 나아가는 의지와 행동이 실천으로 이어지는 동적인 공간을 볼 수 있다. 길은 하나의 지향점을 지니고 끝없이 걸어가는 공간이기 때문이다.

시인이 1938년 3월에 쓴 '새로운 길'은 연희전문에 입학했던 당시 희망이 이루어질 것 같았지만 기대와 달리 '길'은 반대되는 상황의 시다.

몇 년이 지난 1941년에 쓴 이 '길'은 더 심각한 전쟁으로 지표를 잃어버린 어지러운 발자국이 찍혀있는 길이다. 돌담을 경계로 담 저쪽에 남아 있는 길을 바라보며 시련을 극복하고 잃어버린 것을 찾기 위한 자아성찰의 지향성을 가지는 길인 것이다.

천안에 '윤동주 산촌'이 있다. 그곳에 윤동주 문학사상 선양회 박해환 촌장님은 윤동주 시인을 생각하며 쌓아놓은 돌담이 길게 뻗어있다. 돌담을 더듬으며 '길'을 낭송하면 시대적 상황이 그려질 것이다.

다음에 십자가 시입니다.

십자가

쫓아오던 햇빛인데
지금 교회당 꼭대기
십자가에 걸리었습니다.

첨탑이 저렇게도 높은데
어떻게 올라갈 수 있을까요.

종소리도 들려오지 않는데
휘파람이나 불며 서성거리다가,

괴로웠던 사나이,
행복한 예수 그리스도에게
처럼
십자가가 허락된다면

모가지를 드리우고
꽃처럼 피어나는 피를
어두워 가는 하늘 밑에
조용히 흘리겠습니다.

1941. 5. 31

기독교 집안에서 태어나 유아세례를 받은 윤동주 시인은 5월 30일에 〈십자가〉와 〈눈 감고 간다〉 두 편의 시를 쓴다.

그의 시를 읽고 있으면 짜디짠 울음을 뽑아낸 놀라운 영감과 예언이 뼈를 저리게 한다.

그러한 마음으로 시를 읊어보자. 핵심적인 4연에 부사격 조사인 '처럼'을 한 행으로 처리한 시를 어떻게 읊을 것인가? 예수와 동급 행에 넣을 수 없어 한 행으로 처리한 것을 보면 예수가 걸어갔던 그 길을 따라 나 또한 나라를 위해 십자가를 지겠다는 의지를 표명한 것이다. 그럼 마음으로 시를 읊고 시선과 눈빛 몸짓으로 깔끔하게 처리해주면 좋을 듯 싶다.

별헤는 밤

계절이 지나가는 하늘에는
가을로 가득 차 있습니다

나는 아무 걱정도 없이
가을 속의 별들을 다 헤일 듯 합니다

가슴속에 하나 둘 새겨지는 별을
이제 다 못헤는 것은

쉬이 아침이 오는 까닭이오
내일 밤이 남은 까닭이오
아직 나의 청춘이 다하지 않은 까닭입니다

별 하나에 추억과
별 하나에 사랑과
별 하나에 쓸쓸함과
별 하나에 동경과
별 하나에 시와
별 하나에 어머니 어머니

어머님, 나는 별 하나에 아름다운 말 한마디씩 불러 봅니다 소학교 때 책상을 같이 했던 아이들의 이름과 패, 경, 옥 이런 이국 소녀들의 이름과, 벌써 애기 어머니된 계집 애들의 이름과, 가난한 이웃사람들의 이름과, 비둘기, 강아지, 토끼, 노새, 노루 '프랑시스잠', '라이너 마리아 릴케' 이런 시인의 이름을 불러 봅니다

이네들은 너무나 멀리 있습니다
별이 아슬이 멀 듯이,

어머님,
그리고 당신은 멀리 북간도에 계십니다

나는 무엇인지 그리워
이 많은 별빛이 나린 언덕위에
내 이름자를 써보고
흙으로 덮어 버리었습니다

딴은 밤을 세워 우는 벌레는
부끄러운 이름을 슬퍼하는 까닭입니다

그러나 겨울이 지나고 나의 별에도 봄이 오면
무덤위에 파란 잔디가 피어나듯이
내 이름자 묻힌 언덕우에도
자랑처럼 풀이 무성할거 외다.

1941. 11. 5

'별 헤는 밤'은 제일 많이 애송하는 시로 어느 때나 읊어도 가슴이 따뜻해지는 시다. 연과 행이 길지만 난해하지 않으면서 어머니에 대한 그리움과 동경심을 불러일으키기 때문일 것이다. 들려줄 때마다 다른 느낌을 느낄 때가 많다. '별 헤는 밤'을 들여다보면, 10연으로 구성된 시의 단락을 세 부분으로 나누어 볼 수 있다. 시선 처리는 연마다 다른 6

개의 시선이 보인다. 다르게 표현해 주면 좋겠다 싶다.

  3연의 별을 다 못 헤는 안타까운 마음이 나열된 부분은 음의 고저를 주고, 4연에 나열된 시어는 잔 시선으로 느리지 않게 감정을 그대로 표출해 주고, 어머니를 두 번 읊을 경우 앞의 '어머니'는 엑센트를 주고 다음 그립고 편안하게 불러주는 것이 자연스럽다.

  5연은 산문체 형식이라 이야기하듯 어머니를 부르면서 음의 고저 변화와 음감과 속도감을 주어 낭송하면 좋겠다. 이름을 나열할 때쯤 호흡을 바꾸어 주다가 7연에서 시선과 호흡을 다르게 주어야 한다.

  세 번째 단락 부분에서 시인은 '별빛이 나린 언덕우에' 부끄러운 이름을 쓰고 흙으로 덮어 버렸다는 행위를 서술하고 있다. 슬픈 갈등을 이겨내고 '겨울이 지나고 나의 별에도 봄이 오면' '풀이 무성할 외다' 다시 무성하게 피어날 거라는 믿음과 희망으로 제시하며 맺고 있다. 그런 느낌으로.

  별:은 장음, 정확한 발음으로는 2행 있습니다(이씁니다) 4행 핼듯합니다(핼뜨탑니다) 6행 못 헤는(모:태는) 3연 까닭이요(까달기요) 9연 별빛이(별:삐치) 흙으로(흘그로) 10연 묻힌(무친)

서시

죽는 날까지 하늘을 우러러
한점 부끄럼이 없기를,
잎새에 이는 바람에도
나는 괴로워했다.
별을 노래하는 마음으로
모든 죽어가는 것을 사랑해야지
그리고 나한테 주어진 길을
걸어가야겠다

오늘밤에도 별이 바람에 스치운다.

1941. 11. 5

누구나 익히 알고 있는 이 시는 1941년 연희전문학교를 졸업하던 해 쓴 시다. 서시에는 평화의 메시지가 있고 그의 삶과 문학의 핵심이 담겨있다.

그리고 자기에게 주어진 사명이 무엇인지 인식하고 암흑기 시대에도 균형을 잃지 않고 잎새에 이는 바람에도 부끄럽고 괴로워 몸부림치던 대한의 청년 윤동주. 외로운 의지가 사물의 관계를 통해서 더욱 또렷하게 보여주고 있다. 어두운 환경 속에서도 별을 바라보며 소망을 잃지 않고 '별을 노래하는 마음으로 모든 죽어가는 것을 사랑해야지' 전쟁으로 죽어가는 모든 것에 대한 사랑과 연민의 마음으로, 전쟁에 대한 저항이자 평화를 갈망하는 마음으로 자기에게 주어진 길을 걸어가야겠다는 담담한 결의가 담긴 마음으로 읽어보고,

　마지막 행은 그러한 결의를 시적으로 승화시킨 이미지가 느껴지도록 낭송하면 좋겠다.

참회록

　파란 녹이 낀 구리 거울 속에
　내 얼굴이 남아 있는 것은
　어느 왕조의 유물이기에
　이다지도 욕될까.

　나는 나의 참회(懺悔)의 글을 한 줄에 줄이자.
　- 만(滿) 이십사 년 일 개월을
　　무슨 기쁨을 바라 살아 왔던가.

　내일이나 모레나 그 어느 즐거운 날에
　나는 또 한 줄의 참회록을 써야 한다.
　- 그 때 그 젊은 나이에
　　왜 그런 부끄런 고백을 했던가.

밤이면 밤마다 나의 거울을
손바닥으로 발바닥으로 닦아 보자.

그러면 어느 운석 밑으로 홀로 걸어가는
슬픈 사람의 뒷모양이
거울 속에 나타나온다

1942. 1. 24

'참회록'은 일본으로 유학가지 전 1942년 1월 24일 조국에서 쓴 마지막 작품이다. 거울 속에 자신을 투영시켜 내면의 이야기를 쓰고 있다. 거울 속에 파란 녹이 끼어 있다는 부정적인 이미지가 무엇을 말하는가. 조선의 역사가 치욕과 망국(亡國)의 쇠망(衰亡)한 모습을 보면서 젊은 청년은 파란 녹이 낀 조국을 보고 있다.

민족에 대한 성찰이 느껴진다면 Tone을 어떻게 시작할 것인지를 생각하고 낭송의 문을 열어야 할 것이다. 그 속에 비친 자신의 모습은 또 어떤 마음이였을까. 참회하는 참담한 심정이 있을 것이고 2연에서는 무기력한 삶을 그러다가 3연 1행에서는 광복의 날을 기다리며 고백하는 자신의 모습을 이미지화 해보고 그려보며 낭송해 보자.

이 시에는 상징적인 시어들이 있고 과거와 현재 미래를 넘나들고 있다.

시인의 자기 성찰에 대한 의지가 나타날 수 있도록 수없이 읽고 읽으면서 빛을 잃은 별이 호로 걸어가는 뒷 모습이 거울 속에 나타나오도록 그려보면 어떨까.

    시대적 환경과 시인의 고뇌를 그려보며 낭송에 감동의 생명이 담겨지도록 낭송하면 좋겠다.

    윤동주 시에는 순이라는 이름이 자주 등장한다. 〈사랑의 전당〉, 〈소년〉, 〈눈오는 지도〉를 보면 독립적인 존재가 아닌 존재, 존재가 아닌 존재로 느껴진다.

    만남의 공간에서 이별의 공간으로 이동하기도 하고 동시적으로 느껴지기도 하고 만남도 없는 이별이 느껴지기도 한다. 조국을 보지 못하고 암울한 시대에 태어나 그 시대에 참혹하게 떠난 시인을 다시 바라본다.

    시인의 시적자아가 현재의 나와 과거의 나를 표현하는 것처럼 느껴지기도 한다. 공간을 시간화시켜 읽어야 하지 않을까 싶다.

    마지막 시는 '쉽게 쓰여진 시' (1942. 6. 3)를 낭송한다.

    '쉽게 쓰여진 시' 이 시는 1947년 2월 13일 광복 후 최초로 발표된 유작이다. 시인의 행보와 삶의 의미를 추적하는 사료적 가치로 중요한 근거를 제공하는 작품으로 당시 〈경향 신문〉의 편집국장이던 정지용 시인의 소개문과 함께 실렸다.

    시인이 자신의 부끄러움에 참회하고 '육첩방'은 '남의 나라' 부모와 어린 시절에 대한 추억과 그리움을 적었다. 나아가 실존적 자아를 초월하는 희망을 읊으며 독백에 호흡을 맞추고 있다. 고통스러운 현실 인식이 우리의 뇌를 자극하지만 다시 일으켜 '어둠을 조금 내몰고' 홀로 침

전하는 자아와 '시대처럼 올 아침을 기다리는 최후의 나' 갈등하는 두 자아가 자신을 악수시키고 있다. 자아성찰의 경지를 원만하게 이루어 내며. 부끄러운 자아를 거침없이 드러내고 있는 모습을 볼 수 있다.

독립운동이란 죄목으로 체포된 후 일본에 압수당한 상당한 작품과 일기가 있었다고 하나 찾을 수 없다고 한다

* 시적 정신과 감동력 217, 218 '쉽게 쓰여진 시' 참조

16. 시낭송 행위예술 '병(甁)'

시낭송 행위예술가로 알려진 이유선 시인은 시를 쓰고 낭송하면서 많은 시인들의 작품을 시낭송 행위예술로 그려왔다. 그는 오래전부터 꿈꿔왔던 시퍼포먼스를 위한 문화공간 〈라포엠〉을 열었다. 첫 무대로 류인서 시인을 위한 시퍼포먼스를 준비했다. 입추에 여지없이 모여든 관객 80여 명은 숨도 제대로 쉴 수 없었다. 전체 흐름이 매우 디테일하고 감각적으로 아방가르드하게 끌고 갔기 때문이다.

  왼쪽 귀가 들리지 않는 그는 늘 왼쪽에 앉는다
  그들은 늘 그의 오른쪽에 앉는다
  아내 투정도 아이의 까르륵 웃음도
  여름날 뻐꾸기 울음소리도 빗소리도 모두
  그의 오른쪽 귓바퀴에 앉는다, 소리에 관한 한
  세상은 그에게
  한바퀴로만 가는 수레다
  출구 없는 소리의 갱도

어둠의 내벽이, 그의 들리는 귀와 들리지 않는 귀 사이의
그의 비밀은 사실, 들리지 않는 귀 속에 숨어있다
전기를 가둬두던 축전병처럼, 그의 왼쪽 귀는
몸에 묻어둔 소리저장고
길게 목을 뺀 말 모자를 푹 눌러쓴 말
눈을 뚱그렇게 뜬 말 반짝반짝 사금의 말
진흙의 말 잎과 뿌리의 말, 세상 온갖 소리를 삼킨 말들이,
말들 그림자가 그의 병 속에 꼭꼭, 쟁여져있다
그것들의 응집된 에너지를 품고 그의 병은
돌종처럼 단단해져간다
한 순간, 고요한 폭발음!
소용돌이치며 팽창하는 소리의 우주가 병 속에,
그의 귓속에 있다

- 류인서 「그는 늘 왼쪽에 앉는다」 (창비)

병(甁)은 용기를 말한다. 류인서의 첫 시집 『그는 늘 왼쪽에 앉는다』를 읽는다.

시집의 제목을 빌려준 「甁」이라는 이 시는 참 재미있다. 한쪽 귀가 들리지 않는 사람의 아픔을 노래하고 있는 이 시의 제목인 '병'이라는 게 나는 처음 '病'의 오자(誤字)인줄만 알았다. 액체를 담고 있는 목이 좁은 유리그릇을 말하는 병(甁)이라니?

들리지 않는 그의 왼쪽 귀는 출구 없는 소리의 갱도요, 몸에 묻어둔 소리의 저장고여서 '甁'이라는 것이다. 그의 병(甁)에는 13행의 길게 나열된 것처럼 세상 온갖 소리를 삼킨 말들이 쟁여져 있다. 들리지 않는 왼쪽 귀, 즉 그의 병(甁)에 는 팽창하는 소리의 우주가 있다는 시인의 말에 내 귀가 다 솔깃해진다.

"한 순간, 고요한 폭발음!"이 무엇인지는 잘 모르겠지만, 한쪽 귀가 들리지 않는 지인(知人)의 아픔 깊은 곳에까지 들어간 시인의 발걸음이 놀랍다. 세상의 모든 시는 결코 그냥 쉽게 씌어질 수 없다. 슬픔과 아픔의 내면 깊숙한 곳까지 언어로 걸어들어갈 때 시(詩)는 태어나느니.

- 해설 이종암(시인)

그는 류인서 詩 병(甁)이라는 시를 독창성을 입혀 자기 방식으로 풀어냈다. 그는 시인의 작품을 받으면 오브제는 달랑 종이컵, 알약, 작은 병이 전부다. 그는 귀를 종이컵이라고 생각했다. 그걸 일제 강점기 전화 수화기로 만들어 연기했다. 듣는 것과 듣지 못하는 방향, 시대와 일상의 불통, 그게 질병을 만들고 그걸 낫게 하려고 약(藥) 을 들고 병(甁)

의 심장 안으로 뛰어든다. 류인서 시인의 마지막 구절, 한순간 고요한 폭발음, 소용돌이치며 팽창하는 소리의 우주가 병(甁) 속에 있다. 절묘하게 마임 연기를 하듯이 풀어갔다. 시적 울림을 위해 그는 직접 알약을 먹기도 했다.

여느 시낭송과 확연히 차별되는 긴장미, 그 순간을 위해 직접 배경음악을 편집하고 전통시장. 문구점. 등을 찾으며 알맞은 오브제를 구매해 무대 올리기 전까지 내 몸의 일부처럼 숙성을 시켰다. 시퍼포먼스 행위예술은 변화무쌍 변화난측이라고 할까.

시낭송에 연극적 기법 그리고 온갖 예술장르를 특정 시에 맞도록 재연출한다는 것에 무게를 둔다.

한 작품을 무대에 올리기 위해서는 꼬박 일주일 넘게 몰입해야 한다. 그는 무대를 위한 사전 준비는 철저하게 준비한다. 리허설을 해버리면 김이 빠져 버리기 때문에 그냥 무대에 오른다. 재즈의 즉흥연주처럼 순간 신탁 같은 흐름을 잡아챈다. 그렇게 해야 새로운 뭔가를 감지할 수 있다.

시인이며 시퍼포먼스 퍼포머(Performer)인 그의 시 예술이 판토마임처럼 보이지만 시종 말을 하고 있으니까 마임과는 구별이 된다. 독백하듯 시낭송을 한다.

그래서 1인 총체루처럼 몸짓으로 시낭송을 오감 만족형으로 끌고 간다. 4차 산업혁명시대에 문화사업으로서 인문학적 새로운 시퍼포먼스는 타예술 장르와는 다른 미학적인 특성들을 많이 가지고 있다.

이를테면 결과보다는 생생한 현장감의 즉흥성. 그래서 모든 사람도

다 예술가가 될 수 있다는 관객 참여성, 고정된 틀에서 일탈을 가할 수 있는 망가짐까지도 수용하는 전위적 소통성, 기존의 서정적 시낭송을 시 퍼포먼스 행위예술로 실제 무대에 올려 시낭송의 새 분야를 열었다.

시를 행위라는 몸짓언어로 시를 재해석해 낸 것으로 실험적 시낭송에 가깝다.

퍼포먼스를 통해 시를 재발견 할 당시의 영감을 그는 이렇게 말한다. "나는 시 퍼포먼스를 통해 시를 재발견했다. 그리고 자유로워졌다며 시가 자기 몸이라고" 고백한다.

류인서의 병(甁)을 읽으면 온몸이 운다. 나도 한쪽 귀를 잃고 늘 그의 왼쪽에 앉기 때문이다. 모르는 분들은 내가 왼쪽 귀퉁이에 앉는 걸 모를 것이다.

내면 깊숙이 들어간 시를 읽으면서 감탄하며 읽고 또 읽는다. 좋은 시는 읽는 것 만으로도 가슴이 뛰고 설레고 위안이 된다.

VIII
시가 있는 극본

1. 시극 · 극본

　시극은 시와 희극적 형식으로 쓰여진 극본을 말한다. 이때 무대 구성을 위해 시낭송, 노래, 무용, 음악 등의 다양한 장르를 어떻게 짜고 연출할 것인지에 대한 무대예술이 필요하다. 그러나 작은 공연장이나 문화원에서 보여질 경우 상황이 여의치 않은 경우가 많아 시낭송과 연극, 효과음, 배경음악으로 공연을 올린다.
　'우리의 등대 월남 이상재'는 서천 '월남 이상재 기념사업회'에서 월남에 대한 작품을 시극으로 만들어 달라 하여 만든 작품이다. 월남 이상재는 교육자요, 독립운동가다. 전전긍긍하다 책을 읽고, 시를 쓰고 시극으로 구성. 완성한 작품이다.

　＊우리의 등대 월남 이상재
　＊행복은 둥근거야
　＊아름다운 귀천

2. 우리의 등대 '월남 이상재'

등장인물 : 이상재, 임금, 대신 1, 2, 일본인, Narration

M 01 (up ↑↓) 이상재 글 읽는 소리

백설이 잦아진 골에 구름이 머흘레라.
반가운 매화는 어느 곳에 피었는가
석양에 홀로 서서 갈 곳 몰라 하노라.

맹자가 옛사람을 벗 삼는 예를 논하기를
"그 시를 외우고 그 글을 읽으면서 그 사람을 모른다면 되겠는가 문장은 그 사람을 나타내는 말의 정수이니라."

책읽는 소리 마음에 나울치며 다가오니 좋아라
책이 꿀보다 달다하니 어찌 모른 체 하겠는가
먹고 살 양식보다 그것이 중하기에 구해주니

어명 얽은 흙담 집에 등잔불도 좋아라 춤을추네 (M doun)

아버지 : 아들아, 부지런히 공부에 전념하고 목은 할아버지가 나라의 충신이었다는 사실을 늘 기억해라.

Narration : 이상재는 총명하고 비범하여 칭찬이 자자했으며 그의 효는 서천 일대에 오르내렸다. 청년이 된 그는 초대 주미공사 박정양의 사무관으로 지내며 생각했다. 기상을 펴는 사람으로 태어났으면 모름지기 나라와 백성을 반드시 생각해야 하고 나라를 바로잡아 백성을 구해야 한다. 애국애민(愛國愛民)과 구국제민(救國濟民) 정신을 가슴에 새기며 지내던 어느 날이었다.

이상재 : 이제 창을 열때다. 새로운 기운을 받아드려 눈을 뜰대다.
임금 : 무슨 소리가 들리지 않는가?
이상재 : 새로운 세상에 눈이 뜨이는 소립니다. 1881년 신사유람단 시찰단의 일원으로 일본과 미국을 돌아보고 놀라운 혁신에 눈이 뜨인 겁니다.
임금 : 미국이 과연 우리 공사 일행을 환대하더냐?
이상재 : 그러하옵니다. 그러나 전하께서 정사를 잘 펴시면 더 호의를 가질 것이요 잘못하시면 지녔던 호의도 사라질 것이옵니다.

M 02 🎵 갑신정변 🎵

Narration : 우정총국의 주사로 임명되던 그 해, 10월 갑신정변이 일어났다.

M 03 시낭송

고향에 내려오니

관직을 내려놓고 고향에 내려오니
산천이 두 팔 벌려 나를 맞는구나
오랜만에 안기는 어머니 품이 눈물겹고
뛰노는 아이들의 놀이가락이 좋고
한산 모시장의 소리도 정겹고 즐거워라
아! 청명한 하늘엔 뭉개구름이 흐르고
새들이 노래하며 나그네 쉬어가는 서천
괭이들고 초야에 묻혀도 좋으련만
흙바람 속에 있지 말라하네. 있지 말라하네

M 04 ♪ 동학농민운동

Narration : 1894년 동학농민운동! 어찌할거나! 조정의 사태가 위태로운데 부패한 정부와 탐관오리들의 뒷짐을 지고 목은 굳어 있었다 이때, 군국기무처 기구가 설치되고, 월남 이상재는 승정원의 우부승지 겸 경연각 참찬이라는 관직에 올랐다.

이상재 : 요즘 세상에 왜 나라 옷감으로 된 수입 바지나 입고 여송연이나 피우면 개화가 된 줄 아시오.

Narration : 그의 독설 앞에 퍼런 서슬도 땅을 보았지요. 그런 날, 이상재는 학무국장 직책을 겸한 아문참이라는 관직에 있으면서, 소학교, 중학교, 사범학교, 외국어 학교도 설립하는 교육제도를 만들었다.

일본인 : 외국어 학교에는 일본 교사만 채용하라.
이상재 : 어림없는 소리. 나라가 기울었다고 정신도 기운 줄 아나. 나는 여러 나라 교사를 채용하는 당당한 조선의 기상을 보여줬지.

Narration : 이상재만이 해낼 수 있는 정치적 압력에 대한 정항이였죠. 그런데 1894년 8월 아버지가 세상을 떠났다 그 시절,

부모가 돌아가시면 모든 관직을 내려놓고 고향으로 돌아가 묘를 지키는 관습. 이를 버릴 수 없어 월남은 그리던 고향에 내려와 아버지 옛정을 그리며 지냈다.

M 05 시낭송

아버지를 그리며

슬픔의 빗소리가 이렇게 가슴을 파고들지 몰랐어라
어이할거나 어이할거나
어린 것들을 위하여 아궁이에 불을 피우고
흙바람에 얼굴이 검붉게 타던 아버지
바깥은 요란해도 항상 울타리가 되어준 아버지
너는 나라의 사람이니 이 아비는 걱정하지 말라고
애국애민 정신과 양심을 가르치던 아버지
내게 눈물을 보이지 않았으나
아버지가 주무시던 배게는 눈물 배게였을텐데
아버지를 보내야만 하는 아픔을 어이하리
그리워 견딜 수 없는 이 아픔을 어이하리
자주 뵙지 못해도 살아 있으므로 내게 힘이 되었었는데
아버지 얼굴만 떠올려도 내게 든든한 용기가 있었는데

아버지!
당신은 민족과 나라가 나의 아버지임을 보게 하셨습니다
이제 아버지의 이름을 가슴에 묻고 굳세게 살아가리이다
아버지! 아버지 ~~~

대신1 : 조정으로서는 그런 인재를 그만두게 하는 게 손해가 많을 텐데요.
대신2 : 그랬지요. 고종이 즉위한지 32년 되던 해, 이상재를 간곡히 불러 두 직책을 맡기지 않았습니까.

Narration : 이상재는 학부의 참사관과 법부의 참사관이라는 관직에 있으면서 외부세력과 내정 간섭을 물리치려고 애썼다. 그런데 그 해…

M 06 ♬ 민비시해 사건 음악

Narration : 왜놈의 흙발이 명성황후의 침소를 짓밟고 일본의 칼잡이에 의해 국모 시해 사건이 궁궐 안에서 일어난 것이다. 일본은 세계 만고에도 없는 만행을 저질렀다. (M ♬ Doun)

대신1 : 국왕의 안위도 문제입니다. 폐하를 러시아 공사로 이관파천(移關播遷) 하고 전운사를 다시 만들어야 합니다.

이상재 : 나는 '폐하의 방이 왜 이리 추운가' 걱정이었으나 탐관오리들은 전운사를 다시 만들자고 부추기는가. 대감! 전운사로 말미암아 동학의 난리가 일어나게 되지 않았습니까? 그것은 청일전쟁을 일으키는 원인을 제공하였고 그 결과 을미사변! 민비사해 사건까지 당해야 했는데, 이를 알면서도 전운사를 복구하라 청하십니까?

Narration : 관리들은 어명에 반대한다고 죽을 것이라고 들어대도 이상재는 끄떡하지 않았다. 마침내 고종은 전운사(轉運使)의 진의를 알고야 칙령을 거두었다.

대신 : 월남 이상재는 충신이십니다.

Narration : 1896년 이상재는 서재필, 윤치호, 남궁악과 독립협회를 조직하고 만민공동회라는 모임을 열어 국민들에게 나라 안팎의 사정을 알렸다.

대신1 : 이 일로 결국 독립협회와 간부들이 경무청에 잡혀가게 됐지요.
대신2 : 그랬지. 독립협회가 해산되고 탐관오리들은 이상재와 그의 아들을 개혁 음모죄로 옥에 가두었지 않았는가.

M 07 찬송가 반주음

이상재 성경 낭독
「나는 너희에게 이르노니 네 이웃을 사랑하며 너희를 핍박하는 자를 위하여 기도하라 이는 하나님이 그 해를 악인과 선인에게 비취게 하시며 비를 의로운 자와 불의한 자에게 내리우심이니라 그러므로 하늘에 계신 너희 아버지의 온전하심같이 너희도 온전하라」 (M Doun)

이상재 : 아! 그런데 갑자기 왜 이리 가슴이 뜨거울까? 내 몸이 타는 것 같아. 그때 소리가 들렸어요
소리 : 상재야, 내가 너를 불렀노라. 나는 길이요 진리요 생명이니 나를 믿으라
이상재 : 오! 하나님 (땅에 엎드린다) 저를 불쌍히 여기시고 고통 속에서도 힘과 용기를 주소서. 이 민족을 긍휼히 여기시고 도우소서.

Narration : 이상재는 옥중에 있는 동안 성경을 통독하면서 하나님을 만나고 성령을 체험했다. 모든 것이 새롭게 보였다. 나라와 민족을 위한 기도를 쉬지 않았으며 친일파 인사들로 채워진 상황에서도 나라의 운명을 구할 것은 기독교라는 결론을 내리고 기독교 신앙을 통한 부국강병책을 찾았다. 감옥에서 나온 이상재는 임금님께 견백서를 올렸다.

이상재 : 전하! 애국하는 도적들과 한 조정에 함께 설 수 없사온즉 폐하
께서는 만일 신이 그르다고 생각하시거든 신의 목을 베사 모
든 도적들에게 사례하시고 신의 말이 옳다고 여기시거든 모
든 도적들의 목을 베어 국민에게 사례하소서.
임금 : 그럼에도 을사 5조약이 맺어졌으니 고종황제 위기가 참으로 위
태롭구나. 을사 5조약으로 나라의 주권이 흩어지고 조정은 이권
을 밝히는 신하들로 가득 차 있으니 짐은 뼈저린 고독을 느낀다.
그대가 다시 참관으로 와서 짐을 도와주기 바란다.

M 08 시낭송

청년이여 일어나라

나라가 피사의 탑처럼 기울어져 있는데
참찬 자리에 앉아 내가 앉아 무엇을 할꼬
애국애민 정신을 팔아넘긴 탐관오리들 틈에
내 의지와 노력이 심히 애처로울 뿐
내가 할 수 있는 일이 무엇인가
아하, 이것이로다
청년들을 지도하여 나라를 바로 세우는 것
원대한 구상을 품고 나라를 구하는 것 이것이로다

동포여! 청년이여! 일어나자
뜻이 새롭고 푸르면 청년이 아니겠는가
우리 모두 청년의 마음으로 일어서서 나라를 일으키세
조선의 청년이여! 일어나라 (M 서서히 Doun)

대신 : 그렇습니다. 우리 모두 청년의 마음으로 일어나야 합니다.

Narration : 이상재는 황성기독교청년회 일을 맡으면서 청년들을 교육하고 지도하는데 활동 영역을 넓혀갔지요. 그러자 일제 당국은 황성기독교청년회를 해산시키려는 공작을 꾸미고는 접근했어요.

일본인 : 우리가 5만 원을 줄 것이니 고향에 돌아가 편안히 지내시오.
이상재 : 지금 무슨 짓거리하고 있는가. 돈으로 땅을 사라니 나더러 죽으란 말이지.

Narration : 어느 날, 실의에 빠진 YMCA에서는 미국 국회의원들이 온다는 소식을 듣고 이상재를 불러 환영회 답사를 요청했을 때 그는 이렇게 말했다.

이상재 : 우리가 미국을 친애하는 것은 그 나라가 부자 나라이거나 강한 나라이기 때문이 아닙니다. 오직 하나님의 뜻을 받들어서

정의와 인도를 사랑하는 나라이기 때문입니다.

대신1 : 그런데 일본인들은 YMCA를 파괴하려고 일본 총독 데라우치를 암살한다는 암살 음모를 조작해 YMCA 간부들을 잡아 가두었죠.

대신2 : 이것이 105인 사건 아닌가.

대신1 : 이상재가 가만히 있을리 없죠. 이상재는 100만 명 구명운동을 전개하여 힘을 보여 주었어요.

Narration : 그렇다. 이상재는 105인 사건 이후, 일본 YMCA가 한국 YMCA의 일을 간섭할 수 없다는 문구를 YMCA 연합조직 결의서에 포함시키는데 성공을 거두었다. 그 후 YMCA 잘레트는 추방되고 이상재가 임명되었다.

대신1 : 하하하, 정말 멋진 성공입니다.

대신2 : 일본 거시기들 YMCA 단체까지 파괴하려고 넘보다니 말입니다.

Narration : 이상재는 서재필과 독립협회를 창립하고 YMCA 운동을 통하여 인재를 양성하고 애국계몽운동을 통한 독립의 기틀을 다졌다. YMCA 청년회 대중집회가 있던 어느 날이었다.

이상재 : 여러분 이렇게 많이 참석해 주시니 감사합니다.
그런데 때아닌 개나리꽃이 만발하니 이게 웬일입니까?
대신1 : 하하, 형사는 개로 통했고 나리는 순사를 가리키는 말이었죠.
대신2 : 허허, 그것이 욕인 줄 알고 슬금슬금 자리를 떴다는 일본의 거시기들이었습니다.

Narration : 하루는 일본 파출소 소장이 이상재를 머슴처럼 불렀다.

일본인 : 이상재.
이상재 : 오냐, 나가마.
일본인 : 국빈이 오십니다.
이상재 : 그렇습니까? 이런 누추한 곳에 오시다니… 얘들아! 마당에 황토를 깔고 걸상이 없으니 절구통이라도 가져다 뒤집어 놓거라.
대신1 : 하하하, 이상재다운 대답입니다.

Narration : 얼마 전, 조선 미술협회 창립 발기대회가 있었죠. 송병준, 이완용 따위의 매국노도 자리를 잡고 앉았다 합니다.

이상재 : 대감들은 동경으로 이사나 가시지요.
이완용 : 영감, 그게 무슨 말씀이시지요.
이상재 : 대감네들은 나라 망치는데 선수가 아니십니까? 그러니 일본

으로 가시면 일본도 망할 것 아닙니까.
대신2 : 하하하 이상재다운 독설입니다.

(이상재 일본 군수창을 둘러본다)
일본인 : 일본 군수창을 둘러본 소감이 어떤가?
이상재 : 동양에서 제일 큰 병기를 구경하니 과연 동양에서 제일가는 강대국임을 알겠소. 그런데 성서에 이르기를 '칼로써 일어난 자는 반드시 칼로써 망한다'는 구절이 있으니 그것이 자못 걱정이요.

Narration : 1918년 도쿄의 유학생들은 세계 각지의 동포들과 함께 독립운동을 벌일 때가 임박했다고 확신했다. 1918년 12월 말부터 이듬해 1월 초까지 웅변대회 등의 명목으로 회합을 가졌으며 일본경찰의 감시 속에서도 독립을 열망하는 연설이 이어졌다.

대신1 : 터졌어요.
대신2 : 무엇이요?
대신1 : 독립선언을 준비한 사실이 알려져 잡으러 다닌답니다.
대신2 : 그런데 이게 무슨 소리죠.

M 09 ♬ 〈국민들의 우는 소리〉

대신1 : 고종황제가 소천하셨답니다.
대신2 : 그건 독살입니다.

함께 : 이때입니다. 우리 모두 일어나야 합니다 (M ♬ Doun)

Narration : 1919. 1.21 고종 독살설이 소문으로 퍼진 틈을 타 1919년 3·1 만세 운동은 한국인들이 일제의 지배에 항거하여 독립을 선언하고 비폭력 만세운동을 시작한 사건이다.

M 10 ♬ 독립운동 만세. 독립운동 만세. 함성

- 일본 경찰소 (영상) -

일본인 : 이 소란은 누가 먼저 시작했나
이상재 : 이천만 민족이 다같이 시작한 것이다.
일본인 : 아니 더 구체적으로 답변하라.
이상재 : 하나님의 지시로 시작했다.
일본인 : 당신이 시작한 것이 아닌가.
이상재 : 나도 했다.

일본인 : 누가 연루되었는지 불어라.

이상재 : 연루자를 데라고? 독립운동에 연루자가 있을리 없다.

일본인 : 무슨 흑막이 있지 않은가.

이상재 : 흑막이라고? 나는 백막으로 했지 흑막은 없다. 2만 명이나 되는 경찰이 전국에 거미줄처럼 펴져 있으면서 너희가 그것을 몰랐다는 것이 무슨 소리냐? 거기에 흑막이 있다니…

일본인 : 문제가 커지니까 책임을 피하려고 그런 말을 하는 것 아닌가

이상재 : 들어라. 3.1 운동은 하늘의 뜻으로 일어났고,
둘째 이천만 백성의 민심으로 펴졌으며,
셋째 독립운동의 독이라는 한자 뜻대로 각자의 양심에 따라 행한 것뿐이다. 너희들 치하에서 십 년을 살아 본 조선 백성들이 이를 깨닫고 하늘의 뜻에 따라 행동한 것이다.

Narration : 이상재는 기소됐다. 모든 일이 결국 하나님의 뜻대로 된 것임을 알았기에 그의 기상은 총칼 앞에서도 당당했다.

M 11 ♪ ♪

Narration : 合室能文 합실능문 이면 自是盛事 자시성사 니라
(집안이 화합하고 학문을 잘 익히면 모든 일이 바르게 성사되느니라)

인생에 가장 중요한 지침이 되는 교훈을 우리에게 주셨지요. 1925년 배재학교 손자 졸업식에서 내빈 대표로 축사를 하던 당당한 모습을 우리는 기억합니다.

이상재 : 여러분 조선말 들을 줄 아시오.
　　　　나는 일본 말을 몰라서 조선말로 하오
대신 : 우리는 보았습니다. 민족을 사랑하는 교육자요, 독립운동가의 당당한 기개를 말입니다. 수안 군수로 있는 둘째 아들이 논을 샀을 때 이런 글을 보냈답니다.
이상재 : 대대로 청빈을 자랑하며 살아온 우리 가풍을 오손시키고 논밭을 사다니 말이 되느냐 도저히 용서할 수 없다.

Narration : 청빈을 자랑하던 월남 이상재는 이 시대가 다시 그리워하는 진실 정대한 사람입니다. 월남은 청년들을 잘 키우는 것이야말로 민족의 미래를 밝히는 것이라 생각했다. 자신은 전세방을 전전하면서도 어려운 고학생들에게 학비를 마련해 주기 위해 동분서주하셨다.
　　그 후, 월남은 1927년 4월 7일 전세방에서 77세의 일기로 병사했다.

① 장례는 우리나라 최초의 사회장으로 거행되었지요.

② 네, 그 당시 서울 인구가 35만이었는데 20만 인파가 몰려와 슬픔에 잠겨 서로 껴안고 울었습니다. 이러한 일은 전에도 없었으며 앞으로도 없으리라 하였다니 애타게 그리워집니다.

① 어려운 시대에 민족혼을 불태운 월남은 광복을 맞은 이후 1956년이죠. 이승만 대통령의 특별지시로 공보처에서 「이상재 약전」이 발간되었구요.

② 1962년에는 건국훈장 대통령장이 추사 되었죠. 독립기념관에는 다음 문구가 새긴 어록비가 세워져 있습니다.

「서리가 오기 시작하면 반드시 굳은 얼음이 얼고야 마는 것은 필연의 이치인데 하루 이틀 지날수록 한 가지 두 가지 일이 외국에 침식되니 계속 이와 같이 나간다면 몇 날 몇 달이 못 가서 전국에 권한이 모두 외국에 양도되어 태아(太阿)의 칼자루를 거꾸로 쥐게 되는 후회를 남기게 될지 어찌 알겠습니까」

Narration : 뒷날 동아일보는 이상재에 대해 이렇게 썼습니다
        - 그는 진실 정대한 조선의 사람이었다
        - 조선 사람의 마음에서만 월남 이상재가 있을 것이요
        - 조선 사람의 마음 밖에서는 월남 이상재를 찾지 못하리라

2. 행복은 둥근거야

등장인물 ; 할머니 1~5. 할아버지.
(등장인물은 리딩해보고 캐릭터에 맞게 설정하기)

1막. 찜질방

   다섯 명의 할머니들이 찜질방에서 한나절을 보낸다. 기울어진 몸둥이를 풀기 위해 오는 곳 보다 따뜻한 것은 동료들의 수다다. 계란을 까먹으며 수다를 떨고 있다. 누워 있거나 핸드폰을 보고 있는 사람, 전화를 거는 사람, 다양한 포즈를 취하고 있다.

할 1 : 앤디 할머니, 미국에 있는 아들에게서는 연락이 자주 와요?
할 2 : 가끔 오지.
할 4 : 가끔 온다는 건 잊을만하면 온다는 거야.
할 3 : 그래도 끈 하나는 갖고 있다는 이야기네. 나무는 종일 그림자를 끌어안고 있어도 가랑잎 하나 신경 안 쓰거든.

(잠시 슬픔에 잠긴 듯 침묵이 흐른다)

할 5 : 자식은 보내고 나면 다 그래. 한 지붕밑에 살아도 전화받기 힘든데 뭘 그려. 궁금 한 거 하나 없을 거야.

할 1 : 그나 저마 엔디 할머니 자식만을 위해 살았는데 딸이랑 같이 살지 왜 나온겨?

할 2 : 에고, 딸이랑 살아 봤어? 그것도 눈치 보여. 내사 건강하면 뒤치다꺼리라도 하겠다만 관절에 괴사증에 눈치 보여서 못 있겠드라구. 여기처럼 수다 떨 친구도 없구.

할 4 : 맞아. 수다 떠니까 좋지.

할 5 : 너는 수다를 뭐라고 생각하니?

할 3 : '수다' 수다는 껌이다. 씹을수록 단맛도 나고 딱딱 씹는 재미도 있으니까.

할 1 : 하하, 그러고 보니 껌 같다. 미운짓 하는 놈들 딱딱!

(시끄럽게 딱딱거린다)

할 2 : 그만 딱딱거려. 그래도 자식 없는 것보다 낫지.

할 5 : 그럼 손주가 얼마나 예쁜디(핸드폰 열어 자랑한다) 예쁘지? 손주 한 번 보려면 관람료가 비싸요. 그래도 보고 나면 그날 하루는 그냥 좋더라구.

할 4 : 관람료를 내고 봐요?

할 5 : 그럼 고렇게 예쁜 것을 공짜로 볼라 했시오. 내는 오마 용돈 쿡쿡 찔러준 데이. 고거이 관람료가 아니고 뭐꼬.

모두 : 하하 (배를 움켜쥐고 웃는다)

할 1 : 나는 우리 손주가 유치원에서 할머니 할아버지들을 위한 행사를
한다고 오라는데 가야 하는지 싶네요.

할 2 : 당근이지. 무슨 소리고.

할 3 : 자갈길 황홀하게 밟고 가는 것이 낙엽이 듯
당당하게 종을 울려보는 것이 어떠하리
들풀도 이슬방울이 구슬을 만들어 몸을 두르는데
늙음을 탓한들 누가 대접하고 알아주리

할 1 : 자네는 시도 잘 짓네. 그런데 요즘 시니어 모델 하는 사람들이
많아졌습디다. 우리도 한 번 해볼랍니까.

할 2 : 이 나이에 워킹이 교정되겠습니까?

할 4 : 우리 나이 6070인데 아직도 뭐든 할 수 있어요.

할 3 : (할머니 일어서며 모델처럼 걷는다)나처럼 해봐요 이렇게!
(모델 강사처럼 능숙하게-할머니들 하는데로 따라한다)
내가 누구냐고요
I'm sinior model
모델 채조로 하루를 시작해 봐
가슴과 어깨를 자신 있게 피고 나를 바라봐
라운드 숄드는 NO NO
그리고 벽에 몸을 붙이고 오르내려 봐
두 무릎사이에 흐르는 에너지가 있어
그 기운을 느껴 봐
오! 까치발로 서있는 그대 모습 그림 같은 걸

　　　　무릎을 스치며 똑바로 내게 걸어와 줄래
　　　　너의 강렬한 눈빛에 빠질 수 있게

할 2 : 어머나! 너무 멋지세요.

할 3 : 오! 너무 좋아요. (할머니들 멋지게 걸으며 퇴장하도록 한다)

할 4 : (따라 걷다가 갑자기 넘어진다) 악!

할 1 : 괜찮아요? 나이들마 몸이하는 말을 들어야지. 생각대로 움직이면 다친답니다. (부축하며 퇴장)

2막. 유치원 강당

유치원 강당. 할머니, 할아버지들이 모여 앉아 있다.

원장 : 안녕하세요 저희 아라 유치원에 오신 것을 환영합니다. 요즘 자녀들을 위해서 황혼 육아를 하시는 어르신들께 감사함을 전하고자 파티를 준비했어요. 행복한 시간이 되시길 바랍니다.

할 1 : 이런 자리도 만들어 주시니 정말 감사합니다.

할버 1 : 쑥쓰러워 안 오려고 했는데 우리 손주가 꼭 오라고 해서 왔습니다. 허허허.

원장 : 잘 오셨습니다. 환영합니다. 저희 원에서 어르신들께 깜짝 선물을 준비했어요. 그럼 환영의 문을 열겠습니다. 지난 젊은 날, 나 때는 어떻게 보냈는지 타임머신을 타고 추억 여행을 떠나 보시겠습니다. (타임머신 통에서 미리 준비한 사진을 꺼낸다)

원장 : 아름다운 추억여행! 이 사진 누굴까요?
    (스크린에 사진이 동시에 나온다)
할 3 : 어머나! 저예요. 나도 이런 때가 있었다우. 예쁘지 않나요?
모두 : (동시에) 예뻐요.
할 4 : 어머나 젊을 때 이쁘셨네요. 그런데 그 모습 누가 훔쳐 갔을까?
할 3 : 글쎄요. 사랑하던 애인이 훔쳐 갔나 봐요. 하하하.
원장 : 다음은? (통을 뒤적이며 꺼낸다) 스크린을 봐주셔요. 누구일까요?
할 1 : 저요! 오랜만에 앨범을 뒤적이다 여학교때 찍은 사진이 있어 가지고 왔어요. 손주 유치원에 와서 추억을 돌아보니까 너무 좋네요.
할버 1 : (노래 부르는 사진을 흔들어 보인다)
원장 : 와! 민호 할아버지, 가수가 꿈이셨나 봐요.
할버 1 : 네, 노래 부르는 걸 좋아해요.
    (기타를 치며 랩으로 노래 부른다)
    세월이 흘러도 아직도 내게 꿈이 남아있어
    임영웅처럼 뜨지 않아도 그 감성 아직도 있음이야
    나는야 노래하는 할비 새 노래하는 할비 새라오

    (모두 눈을 지그시 감으며 듣고 있다)
원장 : 할아버지 랩도 잘 하시네요. 발음하고 리듬을 타는 프레이징이 아주 좋아요. 여러분, 지금도 늦지 않았어요. 요즈음 어르신들이

꿈을 찾아 활동하시는 분들도 많아요. 우리의 꿈은 색이 바랬을 뿐이지 지워진 게 아닙니다. 건강한 모습으로 다시 무지개를 타기로 해요.

모두 : 와! 와!

할 1 : 내가 찾던 것이 있었습니다.
그것은 바로 내 안에 있었습니다.
행복이란 나를 찾아 사랑을 나눌 줄 아는 것이리

원장 : 둥근 것이 네모를 모르고 네모가 둥근 것을 모른다 해도
마음이 소금처럼 하얘지지 않게
관심을 갖고 사랑으로 바라봐 주면 좋겠습니다

할 3 : 네. 감사합니다.

원장 : (스크린에 돌하르방 영상 이미지)
장기숙 시인의 '제주도 돌하르방' 시를 윤송하며 마치도록 하겠습니다.

제주도 돌하르방 1. (윤송 낭송)

그도 젊은 날이 있었을까
어떤 젊은 날의 노트가 있었기에
새벽부터 관광객이 몰려오는 것일까
늘어진 안경이 세월의 무수한 흐름을 읽게 만든다
잠이 짧은 얼굴들이 길게 서있다

캄캄한 얼굴을 아침 햇살이 갈아끼우고 있다
내 손자들도 저렇게 햇살을 갈아끼우며
맑은 유리창으로 내 앞에 읍조할까
제주도 돌하르방
다정한 이웃으로 보는 눈빛
무슨 일이든 덮어주고 감싸주던 우리 할머니
늘 웃음을 재활용하고 있는 하르방
그 눈빛이 돌하르방에 있다

할버 : 언젠가 할머니 품에서 내 신발이 나올지 몰라요.
할머니들 : (눈을 크게 뜨며) 어머나! 하하하하.
        (할머니들의 웃음소리 점점 사라지며 막이 바뀐다)

3막 청춘 카페

시니어들이 청춘 카페에 앉아 이야기를 나누고 있다.
그때 할버가 들어서자 할머니들 흐트러진 옷매무새를 가다듬는다.

할 1 : 할리 모임에 할버가 있음 뭔가 어색해요.
할버 : 그러지 말아요. 나도 써먹을 데 있을 거에요. 할버들은 집에서도
     환영을 못 받고 나가도 환영을 못 받으면 갈 때가 없어요. 받-
     아-주세요.(할버 일어나서 어린아이 같은 모습으로 시를 읊는

다)

할버 : 나에게도 꽃 같은 노래를 주십시오
　　　아침에 나를 찾는 새들의 소리와
　　　수로(水路)에 반짝이는 물방울들도
　　　나를 닮은 은빛 신호등 불빛인가요

할 2 : 어머나! (주위를 돌아보며) 은빛 신호등이 많이 켜졌네.

할버 : 하하, 인생이 행복할 때가 어느 땐 줄 아세요? (서로 쳐다보며 수근댄다) 어린아이로 돌아갔을 때라고요. 나이 먹었다고 으 스장 놓지 말고 욕심도 버리고 아이 같은 순수로 돌아간다면 행복하겠죠. 안그래요?

할 2 : 맞아요. 그런데 맘대로 되야 말이죠.

할 3 : 구겨진 돈 버리지 않죠? 내 지폐를(자기를 가리키며) 은행에 맡겨도 될 만큼 건강하게 사는 것이 꿈이라면 꿈이지요.

할 1 : 나도 구겨진 돈이지만 쓸만하네. 그나저나 오늘 많이 못 오시네.

할 3 : 수정이는 요즘 많이 아픈가 봐. 영숙이는 지난번 워킹하다 다리 삐었지. 다원이는 치매 증상이 있다고 아들이 못 나가게 하지.

할 2 : 그렇구나. 나도 깜빡깜빡할 때가 많아. 통장을 잘 둔다고 두었는데 생각이 안 나. 결국 또 만들었다니까.

할 1 : 그런 머리 기지고 우리가 할 수 있는 게 무엇이 있을까?

할버 : 할 거 많습니다. 내가 기타칠테니 노래 불러 보실래요?

(할비새 가수 '바램' 노래부르기 시작하자 모두 따라 부른다)

할 3 : 노래도 잘하시고 기타도 잘 치시고 멋지세요.

할버 : 필수품으로 쓸만한가요?

할 1 : 어머나! 칭찬했더니 금방 취하셨네.

할 2 : 인생을 노래한 가사가 너무 좋아요. 지친 나를 안아줄 사람 없을까?

할 3 : 갑자기 왜 그래? 내가 안아줄 게 (친구를 안아주며)
　　　있잖아 외롭다고 슬퍼하지 마
　　　너는 혼자가 아니야 우리가 있잖아
　　　서로 색깔이 달라도 친구가 될 수 있었던 것도
　　　우리 안에 사랑이 있기 때문이야
　　　바람도 햇살도 나를 어루만지며 지나가고
　　　길가에 핀 들꽃도 지날 때마다 웃고 있어
　　　네가 사랑스러워서

할버 : 그동안 살아오면서 짊어진 무게가 힘들었지요? 이제는 다 내려놓고 모임에도 나오셔서 수다도 떨고 시도 읊고 노래도 부르고 건강하게 사십시다

할 2 : 외로움이 눈송이처럼 내릴 때에도
　　　사치스런 욕망을 밟고 홀로 걸어야 했어요
　　　갯벌 속에서 진주를 캐는 여인처럼
　　　생명의 잔 속에 나를 담아 마셔도 보았지요
　　　아픔과 고통 속에서도 진주가 있다는 걸
　　　기나긴 길을 걸으며 알았어요

할 3 : 시심(詩心)도 예쁘시네. 삶도 건강도 내 것이라. 내가 지켜야지.

할 2 : 그럼요, 한 백년 살자더니 남편도 일찍 가버렸는데 건강이라도 해야지요.

할버 : 혼자 자녀 양육하시느라 많이 힘드셨겠어요.

할 2 : 그라지요. 대학까지 공부시키느라 안 해본 거 없어라. 가끔 외로워 울 때도 있었지만---

할 1 : 울지 마라

외로우니까 사람이다

살아간다는 것은 외로움을 견디는 일이다

그리고 뭐더라 정호승 시 '수선화에게' 외운다고 외워도 자꾸 잊어버리네요.

할 3 : 살아간다는 것은 외로움을 견디는 일이지. 우리도 외로우니까 만나서 수다 떠는 거구.

할버 : 마음 통하는 친구가 있으마 외롭지 않을 겁니다. (커피잔 들고) 건배! 카마우나하! (커피를 마시고 우정을 나누면 하루가 즐거워)

할 1: 하하, 무슨 중국 말인가 했네요. (따르릉) 가만있어 봐. 수정이한테 온 전화같은데, 여보세요? 수정이니?

(아무 말이 없다. 모두 굳은 채로 바라본다)

할 2 : (폰을 뺏으며 다시 묻는다) 수정이한테 무슨 일이 생겼나요?

아들 : 네, 아침 먹은 게 소화가 안된다고 방에 들어가 눕겠다고 하기에 편히 쉬시라고 했는데--- (말을 잇지 못한다) 그런 줄만 알았는

데 어떻게 이럴 수가 있나요? 깨워도 일어나지 않아요. 흑흑~.

친구들 : 정말 인생이란 헛되고 헛되구나. 어쩜 그렇게 갈 수가 있어.

   (친구들 모두 넋 나간 듯 앉아 흐느낀다)

할 3 : (눈물을 흘리며) 우리 살아있을 때 조금이라도 잘해줬어야 했는데 눈물보다 미안하다는 말이 앞서네.

할버 : 가고 나면 못해준 기억밖에 없대요 우리 인생 살아있는 날보다 갈 날이 가깝죠. 우리도 언제 어떻게 갈지 모르겠다. 천상병 시인의 '귀천'이 생각나네요

  나 하늘로 돌아가리라

  노을빛 함께 단둘이서

  기슭에서 놀다가 구름 손짓하면은

  나 하늘로 돌아가리라

  아름다운 이 세상 소풍 끝나는 날

  가서 아름다웠더라고 말하리라

할 3 : (최희준의 '나그네' 곡에 맞춰 쓸쓸히 노래 부른다)

  인생은 소풍-길 나 홀로 왔다가 나 홀로 가는 길

  보물을 쌓아둔들 다 두고 가는데 소풍길 놀다가자

  세상 미련 두지 말자 인생은 소풍-길 손잡고 놀다가자

할 2 : 그렇게 바꿔 부르니까 의미가 좋네요

할버 : (괴테의 '나그네의 밤' 낭송)

  산마루마다 쉬어야 할 곳이 있고

  나뭇가지에 걸리는 산들바람도

어디로인가 숨어버리고
새도 숲에서 잠을 청한다
잠시만 기다려라, 나그네여
또한 그대도 쉬어야 하네.

할 1 : 우리도 언젠가 오래 잠을 청할 때가 오겠지요.

할 3 : 새벽이 오면 찬란했던 별들도 보이지 않고
푸르른 날의 추억도 앨범에서 웃고 있을 뿐
아끼어 입던 옷도 바래지면 옷 투입구에 던져 넣거든
빛바랜 시간들이 가랑잎처럼 흔들릴 때
그대 옷자락을 잡으면 힘없이 늘어지는 실밥들이 슬프다

할버 : 악!

할 2 : (놀래며)갑자기 왜 그래요?

할버 : (슬픈 소리로)옷 투입구에 던지듯 나도 화장구 투입구에 던져진
다? 이렇게 들려요

할 3 : 시간이 손짓할 때 또다시 별은 뜨고 있어요
별들이 노래하고 있는 소리를 들어 봐요
(배경음에 맞춰 출연진들 사방에서 그림처럼 들어온다)

우리 서로에게 소중한 의미가 무엇인지를 (AB 팀 교송)
삶은 시장의 상품과 같은 것이라기보다
한 편의 시와 같은 것이다

하나의 시, 하나의 노래, 하나의 춤이다.

- 오소 라즈니에 〈삶〉 중에서

제주도 돌하루방 2. (출연진들 윤송)

어느 추운 날
돌하루방처럼 문 앞에 서 있는 할머니
울 할머니의 그리움이다
할머니가 된 우리는 무엇이 꿈이었을까
늙었지만 젊게 사는 거
세상을 꽃으로 보는 눈빛
깨물어도 아프지 않은 눈빛
그 눈빛만은 갖고 사는 것
나도 돌하루방이 되는 것이다
꽃지는 저녁보다
바퀴를 달고 떠나는 낙엽이 더 아름답다
나무는 나뭇잎에게 불타는 절정을 가져다 준다
말을 하지 않아도
눈치를 주지 않아도
손을 내밀지 않아도
그렇게 늙어가는 것이 나무의 바램이다
이슬로 사라지는 보석이다

새로운 창을 위해 잠시 머물다가는

나는 빛이 있다.

나는 빛이 있다.

나도 빛이 있다.

할 3 : 둥글게 둥들게 손을 잡고 서로 바라봐요.
  (할머니 할아버지 윤송하며 서로 손을 잡으며 원을 만든다)
  행복은 둥근 거야. 서로 따뜻하게 바라볼수록 행복은 둥근 거야
  우리 둥근 마음으로 조문 갔다 옵시다.

(시낭송을 마치고 하나씩 둥근 원을 풀면서 다양한 모습으로 퇴장)
할아버지는 억압된 현실을 풍자하는 시를 읊고 나간다)

할버 : 사람들이 모두
  혓바닥에 시멘트를 바르고 있습니다
  '조용한 아침의 나라' 감사합니다

이세룡 시 '뻐꾸기 둥지위로 날아간 새'

3. 아름다운 귀천(歸天)

등장인물 : 남편, 부인, 아들, 의사, 간호사, 목사

1막. 진찰실

부인 : (들어오면서) 의사 선생님 전화 받고 왔는데요. 우리 남편이 어떻게 됐다구요?

간호사 : 누구시죠? 차례를 지켜주십시오.

부인 : 저는 오라고 해서 왔는데요. 좀 전에 전화 주셨잖아요. 최민호라구요.

간호사 : 아, 최민호 가족이시군요. 이리 들어오십시오
    (의사 선생님께 안내한다)

의사 : (손으로 의자를 가리키며) 여기 앉으세요.

부인 : (조심스레 의자에 앉는다) 제 남편이 어떻게 됐나요?

의사 : 검사를 마치고 최선생님은 급한 일이 있어 회사에 갔다 와야 한다고 하더군요.

부인 : 회사에 갔다구요? 아침에 아프다고는 했지만 별일 아닌 줄 알았
  어요. 그 양반 엄살이 좀 있거든요. 약방에 가서 약 사 먹으면 될
  걸 가지고 병원까지 왔나 보네요. 다른 별일은 없는 거죠?
의사 : 아닙니다. 병원에 오시길 잘 한 겁니다.
부인 : (의아한 표정 지으며) 잘한 일이라구요?
의사 : 언제부터 아프다고 했나요?
부인 : 요즈음 좀 불편한 눈치였어요. 어디 아프냐고 물었더니 "괜찮아,
  괜찮아" 하면서 나가드라구요.
의사 : 평소에 담배를 많이 피우시나요?
부인 : 아이구 담배 얘긴 하지도 마세요. 그런 첩년이 없다니까요. 아침
  부터 잘 때까지 데리고 살아요. 그런데 뭐가 잘못됐나요?
의사 : 제 소견으로는 폐에 종양이 자라고 있는 듯합니다.
부인 : (놀란 듯) 그럼 암이란 말이에요. 초기예요, 말기예요?
의사 : 오늘 입원시키십시오.
부인 : 아이고 이 양반, 담배를 끼고 살더니…
  (넋나간듯 투덜대며 전화를 걸며 나간다)

2막 병실

부인 : (병실에 들어서며) 여보, 어떠세요
남편 : (편안하게) 괜찮아. 별일도 아닌 것 같고 입원하라고 호들갑을
  떨고 그래.

혹시 이화 물산에서 전화 오기로 돼있는데 잘 돼가나 모르겠네.
여보, 담배 없어?

부인 : 병원에서 무슨 담배를 찾아요. 아유 딱하셔. 이제 회사 걱정은 하지 마세요. 전화 오면 김 부장이 알아서 처리하겠죠. 맨날 일~ 일~ 그게 뭐 그리 중요하우. 당신 건강이나 챙겨요.

남편 : 그래도 내가 그만하니까 사는 줄 알아. 내가 어때서 그래? 의사 말이야 멀쩡한 사람 붙잡아 놓고 없는 피 쭉쭉 빼고 사진 빵빵 찍어대면서 입원하래? 거 출판업하는 친구 있지. 그 친구도 정밀검사해야 한다고 초음파에, MRA 찍으라고 겁주더니만 아무렇지도 않대. 생돈만 날렸다 그러드라.

부인 : 에고, 병이 없다면 감사할 일이지. 개뿔 나게 불평 좀 하지 말라 그래. 당신 그동안 너무 과로했어요. 이 기회에 병실에서 푹 쉬시구려.

남편 : 남편 : 열녀 났군. 열녀 났어. 나보다 건강한 사람 있으면 나와 보라 그래. 당신도 번쩍 안아줄 수 있어. 자 보라구.
(팔둑을 으스대며 가슴을 펴 보인다)

부인 : (눈시울 뜨거워 남편 앞에 엎드린다) 허형만 시 '상실에 대하여'
나는 지금 잃어버린
너를 기다리다 머리가 허옇게 쇠었다.
추억은 상자에 담긴 보물이 아니다.
추억이란
물수제비 뜨다가 호수가 꼴깍 삼킨 돌멩이

잃어버리고 찾다가, 찾으려 애쓰다가
　　마침내 돌아선 곳에 삶이 있다.
　　너는 떠났다.
　　호수가 삼킨 돌멩이에 물이끼 돌듯
　　우리가 있었던 시간은
　　아무도 추억으로 간직하지 않으리라
　　그러니 상실에 대하여
　　상심하지 않기로 한다 나여.

남편 : 잘했어. 시인들은 감성이 남다른 거 같아. 담배 한 대 물었으면 좋겠네.

부인 : (딱하다는 듯) 담배! 말만 들어도 몸에 붉은 반점이 생기거든요.

남편 : 어! 그럼 안 되지.(잠시 먼 곳을 응시한다)

부인 : …… (말없이 눈시울을 적신다)

남편 : (무언가 의식하 듯) 왜 그리 눈물 짜고 불안해하는 거야. 의사가 암이래? (한숨쉬며 불안해 한다) 아휴 답답해. (큰소리치며) 여보, 의사 불러와! 내가 직접 들어야겠어. 그거 돌팔이 의사 아니야.

- 이때 목사 들어 온다-

부인 : 목사님, 어서 오세요

남편 : (상황을 의식한 듯) 당신이 오라 그랬어?

목사 : 하나님이 보내서 왔습니다

남편 : (빈정대며) 하나님, 난 그런 거 안 믿어요. 이놈의 마누라 맨날 예수 예수하더니 좋은 게 뭐 있어? 착한 척하면서 남편 빨리 죽으라고 기도했냐.

목사 : (환자 손을 꼭 잡는다)

남편 : 목사님, 제가 정말 암이란 말입니까? 난 그동안 열심히 살았다구요. 구제를 안 했습니까. 가정을 돌보지 않았습니까 제가 무슨 나쁜 짓을 했냐구요? 왜 암에 걸려야 하느냐구요. 이건 잘못 된 거라구. 대답 좀 해 봐요.

목사 : (남편 손을 꼭 잡고) 실망하지 마시고 용기를 가지십시오.
　　　(목사 기도하고 아내랑 퇴장)

남편 : (병실에서 거울을 보며 허탈하게 낭송하듯 말한다)
　　　내 얼굴이 거울 속에 있다
　　　안경을 끼고 게슴츠레한 모습이 영락없는 내 얼굴이다
　　　내가 무슨 죄를 지어 너는 나를 수배하고 있니?
　　　너는 일만 하고 살았지 사랑하지 않은 죄
　　　그래서 여기 갇힌 거야

3막. 병실 밖 벤치

어머니 : 얘야, 아버지가 아무래도 오래 못 살 것 같다. (눈물 훔친다)
아들 : 건강하신 아버지가 암이라니. 너무 뜻밖이에요.

어머니 : 암이 소식 전하고 온다든.

아들 : 요즘은 치료만 잘하면 암도 치료받을 수 있어요. 천국 이송을 늦출 수 있으니까 너무 걱정하지 마세요

　　　(눈시울 적시며 어머니를 위로한다)

어머니 : 내가 민감하게 반응하고 짜증을 냈던 것이 왜 이리 가슴이 아픈지 … 아들아. (울먹인다)

아들 : 어머니 (어머니의 손을 꼭 잡는다)

어머니 : 요즈음은 질병뿐만 아니라 뜻하지 않은 재해로 많은 사람들이 예고 없는 죽음을 맞잖아. 교통사고도 그렇고 지진으로 또 얼마나 많은 사람들이 죽어가는지… (먼 산을 바라보며) 아들아, 죽음준비는 필요한 것 같다.

아들 : 맞아요. 어머니.

어머니 : 물론이지. 내가 입학시험을 앞두고 미리미리 준비하 듯 인생의 죽음도 슬기롭게 준비하는 것 매우 중요하지. 얼마전인가 어느 시인이 5층 계단을 올라가는데 숨이 차더래. 그래도 그까짓것하고 4층까지 올라갔는데 갑자기 심장마비로 쓸어져 병원도 못 가보고 숨을 거두었단다. 모두들 놀라고 당황했단다.

아들 : 어머니, 저는 젊다고 남의 일로만 생각했는데… 건강하게 지내시던 아버지가 오래 못 사신다는 생각을 하니까 너무 슬퍼요. 아버지를 어떻게 도와드리면 될까요?

어머니 : 아버지가 분노하시더래도 들어 들여라. 분노의 단계가 지나면

수용하려 들게야. 아버지가 여유 있게 지낼 수 있도록 기대와 희망을 주고 존중해 드리고 격려해 드려야 한다. 그리고 바쁘더라도 옆에서 지켜주고 아버지가 행복을 느낄 수 있도록 해 드리면 좋겠다.

아들 : 네, 어머니. 아버지가 기다리시겠어요 (母子 손잡고 퇴장)

4막 병실

아버지 : (병실에 누워 단풍잎을 시름없이 바라보며 중얼거리고 있다)

단풍잎 떨어지듯 기꺼이 그렇게 나도 죽게 하소서

- DC 클로슨 시

승리의 황금옷과 빨강옷을 입고 그들은 만든다.
산을 기적으로 골짜기를 경이의 나라로 만든다
그러나 이들 나뭇잎들은 죽고 있는 것이 아니다
나뭇가지에서 기다리는 땅으로 나비가 날듯 떨어져
죽음 속에서 낙엽이 되었다가
거름이 되었다가 흙이 되었다가
다시 새잎이 되는 것이다
그렇게 나뭇잎들은 죽는다
그옛날 보드라운 새 잎눈으로 태어나던 따뜻한 봄날이나

무성한 잎이 되어 갑작스러운 비바람에 휩쓸리던 여름날을
고통속에서 기억하기를 거부하면서 낙엽이 되었다가
거름이 되었다가 흙이 되었다가
다시 새잎이 될 것이기에 나뭇잎들은 기쁨의 옷을 입고 죽는다
빨강과 노랑 그들은 죽으면서 행복하다
하나님, 단풍잎이 떨어지듯
기쁜 마음으로 그렇게 나도 죽게 하소서.

어머니, 아들 : (병실에 들어서려다 낭송하는 시를 조용히 듣는다)
어머니 : 시를 읊고 계셨네요. 단풍이 아름답지요. 그렇게 편안하게 지
　　　　내면 좋아질 거예요.
아버지 : (창밖을 보며 안재찬 시 '이별학 개론' 일부 낭송)
　　　　녹색은 다 어디로 갔는가
　　　　해는 점점 식어가고 갈색 나뭇잎
　　　　- 중략 -
　　　　언젠가 지구를 떠날 목숨
　　　　꽃향기와 고요만 숨쉬는 세상 은밀하게 숨겨둔다
　　　　가을은 이별 찍어내는 공장,
부인 : 가을은 이별을 찍어내는 공장이지만 영원한 이별은 없어요. 공
　　　장에서 재가공하면 새싹이 돋겠죠. 희망을 가지세요. 암도 관리
　　　잘하면 나보다 오래 살지 몰라요.
아버지 : 그동안 사업한답시고 돌아만 다녔지. 생각해 보면 나를 감옥

에 가두고 산거였어. (허영자 시 '이픈이의 노래' 낭송)

아마도 나

아프지 않았다면

외로운 병상을 지켜주는

새벽 별 떠 있는 줄을 몰랐으리

아마도 나

아프지 않았다면

아픔도 은혜인 하나님의 섭리

미처 헤아리지 못하였으리

부인 : 아파 봐야 아픈이의 마음도 헤아리죠. 나 아프다할 때도 몰랐죠?

남편 : 미안하오.

아들 : 아버지, 저도 미안한 게 많아요

아버지 : 이 자식아 너와 나 사이에 미안한 게 뭐 있냐. 아버지는 섭섭한 거 없다 지금 내 곁에 있는 니가 그냥 좋다.

아들 : 아버지, 아버지랑 같은 침대에 눕고 싶어요. 괜찮죠?

남편 : 그럼, 언제나 너를 사랑해. 얼마 만이냐. 이렇게 누워보는 것이…… 아들아, 쉬하고 싶은데…

아들 : 아버지, 제가 받아들일게요. 아버지가 저를 데리고 쉬, 시원하겠다. 그러셨잖아요. 저도 그렇게 할 게요.

남편 : 하하하, 그래도 될까? 쉬! 쉬!

아들 : 아버지, 문인수 시인의 '쉬'라는 시에 이런 시구가 있어요.

'아버지, 쉬, 쉬이, 어이쿠, 어이쿠, 시원허시것다아" 농하듯 어리광 부리듯 그렇게 오줌을 뉘었다고 합니다. 쉬! 우주가 참 조용하였겠습니다.'

남편 : 참 좋은 시네. 쉬 -

아들 : 아버지 (아들 아버지를 꼭 끌어안는다)

남편 : 아들아, 내가 살아있는 시간이 얼마일지 모르지만
가족들과 여행을 떠나고 싶어. 그리고
하늘을 나는 새도 바라보고 밤에는 달과 이야기도 나누고
손때 묻은 물건도 들여다보고 이별 아닌 이별을 말해야겠지.
그동안 함께 있어 주어 고마웠어
돌아보니 모두가 감사였는데 표현을 못 하고 살아 미안하다

아내 : (남편의 등을 어루만지며 따뜻하게) 여보, 사랑해요
(김수환 추기경 시 '우리가 서로 사랑한다는 것은' 3. 4연 낭송)
꽃이랑 보고 싶은 사람을 볼 수 있는 눈.
아기의 옹알거림과 자연의 모든 소리를
들을 수 있는 귀.
사랑한다는 말을 할 수 있는 입.
기쁨과 슬픔과 사랑을 느낄 수 있고
남의 아픔을 같이 아파해줄 수 있는
가슴을 가진
나는 행복합니다.

남편 : 고마워. 아파해줄 수 있는 당신이 있어 행복하다. 어제 꿈을 꾸

었어. 죽음이 나를 삼키겠다고. 한강의 시 '저녁의 대화'에 나오는 시처럼. (6연중 일부 낭송)

죽음은 뒤돌아서 인사한다
너는 삼켜질 거야
검고 긴 그림자가 내 목줄기에 새겨진다

아니
나는 삼켜지지 않아

이 운명의 제스판을
오래 끌 거야
해가 지고 밤이 검고
검어져 다시
푸르러질 때까지
-생략-
당신 귓속에 노래할 거야

나직이 더없이
더없이 부드럽게
그 노래에 취한 당신이
내 무릎에 깃들어

　　　　　잠들 때까지 (아내 품에 포근히 안긴다)

아내 : (남편 안아주며) 당신을 사랑해요. 당신 무릎에 누웠을 때 귀지를 파주던 기억이 나요. 그냥 편안해서 잠들었는데.

남편 : 허허, 그랬었지. 오랫동안 잔치 속에 살았지. 몸은 나를 알고 있었지만 나만 모르던 몸뚱어리… 이제 그와 친구가 되려고 해.
　　　따스한 당신 가슴에 몸을 기대면
　　　마치 천국에 온 것 같은 기분
　　　"당신을 사랑해요"
　　　그 말 한마디에
　　　한없이 한없이 눈물이 흘러내린다.

아내 : (노래 부르 듯 들려준다)
　　　당신의 눈물은 사랑입니다
　　　가슴 깊이 흐르는 기도입니다
　　　음악처럼 흐르는 보석입니다
　　　다시 시작하는 간절한 시간
　　　더는 울지 마셔요 그리고
　　　내 몸을 사랑한다 말해주세요
　　　내 몸이 웃을 수 있게

남편 : 허허 웃어야겠지. 하하하 하하하하 (신명나게 웃는다)
　　　당신 시인 같다. 시처럼 들려주니 더 따뜻하고 좋네. 고마워.
　　　(아내 그 모습에 눈물을 훔치고, 남편은 자신에게 사랑한다 말하며 쓸어준다. 그리고 병실에 둔 몇 송이 꽃을 매만지며 이승하

시 '찬양 아침'을 읊는다)

머리맡에 있는 몇 송이 꽃
힘겨운 밤을 함께 넘기느라
고개 푹 수그리고 있다
돋을볕 들자 그대 두 눈 가득 고인 눈물과
이마 가득 돋아난 땀방울이 반짝인다

다시 시작할 수 있는 아침이다
너와 나의 머리 뒤로 놀빛이 번지는
이 경건한 아침을 위해
나 이제 기도할 수 있게 되었다
다시 살아난 것이다.

아들 : 아버지, 저도 기도할 게요. 사랑해요.

영상 화면 문구
「기도를 계속하고 감사함으로 깨어 있으라」 골로새서 4;2

- 가족들 서로 안아주며 퇴장

IX
시간을 함께한 사람들

1. 윤동주를 만난 문학관

 '윤동주 문학관'은 종로구 창의문로 119. 창의문이 위치한 곳에 있다. 청와대 뒤 북악산이 있고 인왕산을 바라보고 오르는 언덕을 아름답게 조성한 곳이 바로 '윤동주 시인의 언덕'이다.

 청운 상수도 수도가압장이었던 곳에 윤동주 문학관이 세워진 데는 특별한 이유가 있다. 윤동주 시인이 연희전문학교를 다니던 시절, 종로구 누상동 9번지에 살고 있는 소설가 김송의 집에 하숙을 하면서 언덕을 오르내리며 시작(詩作)한 명편의 시들이 이곳에서 씌여졌다며 친구이자 국문학자인 정병욱은 증언하고 있다.

 이에 박해환 대표는(현재 시인, 문학박사, 윤동주문학산촌 촌장, 윤동주 문학사상 선양회 대표) 윤동주가 거처하였던 행적을 살려 이곳에 윤동주 문학관을 세우며 윤동주 시에 취해 자신을 몰입시켰다. 함께 일하면서 윤동주 시를 읽고 해설을 하고 낭송을 들려주었던 나로서 또 한 번 느끼는 건 시인과 시를 바로 알고 들려주는 일이 얼마나 중요한가를 아는 것이다. 윤동주 시인의 시를 읽으면 역사를 보는 눈이 밝아진다. 개인 속의 내가 아니라 '역사 속의 나', '민족 속의 나'를 사명감으로 인식하게 된다.

  그 후, 종로구청은 그곳에 또 하나의 물탱크를 발견하고 개조하기 시작했고 윤동주 문학관이 시가 있는 공간으로 새 단장을 한 것이다. 종로구는 민족적 문학관을 확립하기에 이르렀고 항일정신을 고취하였다.

  윤동주 문학관은 김영종 종로구청장, 박진 의원(현 외교부 장관) 외 종로구 의원들이 참여한 가운데 두 번에 걸쳐 개관식을 가졌다.

1차 개관식

새롭게 개관한 윤동주 문학관   左측부터 아뜰리에 리옹 이소진. 윤인석 교수 (6촌), 임헌영 평론가. 김영종 종로구청장. 장기숙시인. 구의원

새 단장을 하기 전 나는 전시됐던 모든 자료를 세밀하게 작성하여 아뜰리에 리옹 이소진 건축가에게 건네주었다. 원본 소장 일본의 야나기하라 야스꼬 교수는 윤동주 시인이 옥사한 '후쿠오카 형무소'가 헐리고 있다며 사진을 보내왔다.

후쿠오카 형무소가 헐리고 있는 사진

사진을 보낸 야스꼬는 제2회 윤동주문학 한.중.일 국제심포지움에서 [이제 윤동주 시인의 메시지를 깨닫기 위해] 발표한 가운데 가슴에 남는 글을 발췌했다.

윤동주의 맑은 시혼을 접했을 때 마음 깊은 곳까지 정화되는 듯한 감동을 느꼈고, 27세의 젊은 나이에 후쿠오카 형무소에서 옥사했다는 사실을 알았을 때 일본인으로서 가슴이 아프고 수치심을 느끼지 않을 수 없었다. 윤동주 시에 담겨진 평화를 향한 간절한 염원이 민족의 벽을 넘고, 언어의 벽을 넘어 모든 것을 초월해 현대를 사는 우리들의 가슴에 뜨겁게 전해져 온 것이라고 할 수 있다. 그것은 윤동주의 시와 사상이 시대적 가치관에 머물지 않고 보다 숭고한 이념과 보편성을 갖기 때문이다.

  야스꼬는 윤동주 시의 아름다움과 그 배경에 있는 역사적 진실을 보다 많은 사람들에게 알리고 싶어 '윤동주의 시를 읽는 모임'을 매달 열고 시간과 정성을 들여 그의 시를 읽고 음미한다고 한다.

  윤동주 문학관에서 그의 시를 들려주고 봉사하면서 윤동주 시 읽기 모임을 활성화하는 것이었다. 윤동주 시와 생애를 재조명해 보고 폭넓게 탐색하며 시인의 내면 풍경과 시정신을 공부하는 분들이 많이 늘어나면서 지역마다 지부도 생겨났다.

  윤동주 시인이 출판하려고 하던 자필 시집이 좌절되고 3부를 만들어 이양하 교수와 정병욱 친구(연대 명예교수)에게 나눠준 이야기는 모두 알고 있을 것이다. 정병욱 어머니의 지혜로운 배려로 유고가 보존되어 윤동주 시를 만날 수 있는 축복을 누리게 된 것이다. 광양시에는 윤동주의 시가 보존된 정병욱의 가옥이 국가등록문화재로 지정됐다.

윤동주 시인의 언덕에서 윤동주 시와 해설을 듣는 이화여고 학생들

2. 연변에 전한 시낭송 물결

가을이 익어가기 시작하는 9월! 중국 연길로부터 전화를 받았다.
"선생님, 연길 한 번 오시면 좋겠어요. 숙식은 저희가 준비하겠습니다. 이곳에 오셔서 시낭송의 이론과 실기에 대해 교육을 해주셨으면 좋겠습니다."

김부식 시인으로부터 전화를 받고 망설여지는 건 왜일까?

잠시 머뭇거리는 동안, 카톡으로 사진이 왔다. 한국 시낭송계의 거목 장기숙 회장을 모시고 시낭송 특별강좌가 있다는 해란강 신문에 실린 기사였다.

이렇게 열정적인 관심을 가지고 있는데… 나는 가겠노라고 하며 교재를 만들어 급히 비싼 비자 발급을 받아 가지고 홀로 떠났다. 시는 우리에게 무엇을 주는가? 시낭송은 나에게 무엇을 주는가?

신은 우리에겐 다른 분들이 갖지 못한 남다른 감성을 주었다.

「말도 아름다운 꽃처럼 그 색깔을 지니고 있다」〈L.리스〉의 말이 생각난다. 9월 24일~27일까지 '시낭송 이론과 실제' 강의가 시작되었으며 시낭송의 역사로 시작하여 발성법, 시의 의미와 리듬, 시낭송 기법,

개인별 시낭송 실제로 이어졌다. 글로리 카페 강의실은 시를 좋아하는 문인, 일반인, 종교인이 모였으며 시낭송이라는 매개를 통해 동포의 따스한 교류를 나눌 수 있는 시간이었다.

27일(토)은 (사)연변 시랑송협회가 주최하고 4.19 동포후원장학회가 후원하는 '조선말(한국말)사랑' 시낭송대회와 동화구연대회가 한국관에서 열렸다. 아침 특강 의뢰를 받고 9시 30분부터 30분간 동화구연에 대한 특강을 했으며, 심사는 석화시인(연변 대표적시인, 연변작가협회 부주석, 연변시인협회 부주석), 서방흥(연변대학교 연극학부 교수, 연변인민방송국 아나운서실 주임), 장기숙 시인(재능시낭송협회 전임회장, 강서문인협회 시낭송분과장, (사)색동어머니회 고문)이 맡았다. 특이한 것은 채점 점수를 바로바로 넘겨주어 사회자(용정중학교 국어선생)가 점수를 바로 공포하는 것이다.

이 행사는 우리말을 잃어가고 중국어만 사용하는 현실이 안타까워 4.19 장학회가 10년 넘게 동포 행사를 후원하였지만 우리말 대회(동화구연. 시낭송)는 2014년 9월 2일 '조선 어문의 날'로 제정되면서 처음 실시된 것이다. 이세현 후원 회장은 "우리말이란 얼이요 정신이요 지혜이다. 우리말을 잊지 않고 잘해나가도록 격려하였으며 우리는 너희들을 응원한다."라는 말을 전했다.

우리말 보급에 앞장서고 있는 것이 시낭송이라고 본다. 소학생들은 모두 한복을 예쁘게 차려입고 우리말로 동화를 구연하고 시를 낭송하였으며 그들의 표정 속에서 밝음과 희망을 보았다. 토스토앱스키는 「꿈을 밀고 나가는 힘은 이성이 아니라 희망이며, 두뇌가 아니라 심장이다.」라고 설파한 말이 생각난다.

그들의 가슴은 따뜻했으며 우리는 감동했다.

저녁에는 『아리랑 노래 부르며』 시낭송의 밤 행사가 진행됐다. 연길뿐 아니라 북경에서 하얼빈에서 오신 문인과 일반인이 함께한 시축제였다. 음악과 회원들 시낭송과 '윤동주 시낭송 퍼포먼스'를 보여주었다, 마지막으로 이북 시인 랑덕보의 시 '아리랑 노래 부르며' 낭송이 끝나자 모두 아리랑 노래를 부르며 축제는 막을 내렸다.

행사장은 화기애애한 대화가 오고 갔으며 더 계시다 갈 수 없느냐며 권유하는 분, 하얼빈에서 오신 교장선생님은 평생 가슴에 두고 잊지 않겠다 한다.

시낭송은 우리 모두에게 감동이였고 힐링이 되었으며 즐기는 나에게도 기쁨이 되었다.

시진핑 정부이래 요즈음 교회에서는 외부인 초청행사에 신경을 곤두세운다하여 28일은 연길 한인교회에서 1부 예배만 드리고 두만강을 앞에 두고 있는 도문 교회로 이동했다. 11시 예배에 '특별 시낭송'이 주어졌기 때문이다. 김현승의 '호소'와 '기도시'를 낭송했다. 한 컨에서 '아멘!' 소리가 나오고 주의 은혜로 촉촉한 눈망울, 기쁨의 눈망울을 보면서 시낭송의 물결이 이곳 연변 교회에서 시작되었으면 하는 바램을 가져본다. 바로 앞에 있는 두만강을 바라보면서 북한에도 갈 수 있기를 소망해 본다.

시낭송은 시에 음보(音譜)를 그린 언어예술이며 시의 재창작품이다. 같은 악보라도 지휘자의 표현능력에 따라 음악에 대한 평가가 달라지고, 똑같은 재료라도 요리사의 손맛에 따라 요리가 달라지는 것과 같다 시낭송도 같은 이치이다. 시를 사랑하는 사람은 예도(藝道)의 길을 걸어야 되지 않을까라는 생각을 가져본다.

길을 가는 과정에서 취하지 않으면 길이 힘들다.

거울 같은 물속에서도 Light mind를 느껴보면 보이고 들리듯 시를 가슴 한 켠에 들여놓고 사랑하는 마음으로 즐겨야 한다.

시에 대해 아는 사람과 즐기는 사람의 차이는 크다.

쇠를 단금질하여 때리듯 정신과 마음을 단련하고 감성과 사상을 표현하고 시어(詩語)의 정보와 지식이 무엇인지 제대로 느껴보고 낭송하지 않으면 표피적인 시낭송이요. 입술만 달삭이는 낭송일 뿐이라고.

시를 읽고 내 것으로 만들다 보면 힐링이 되는 문학적 기가 나를 치유하고 있음을 느낄 수 있다. 6박 7일 시와 함께 동고동락하는 가을이었습니다. 누군가에게 목적을 위해 쓰이는 것은 기쁜 일이다.

* 그 후로 그들은 2015년 8월 연변시낭송협회를 발족하고 축사를 해주셨음하여 글로 축사를 대신했다.

3. 시낭송의 대모 mbc 이코노미 인터뷰

시에 소리를 담아 감동을 전하는

시낭송의 대모 장기숙 시낭송가

우리 겨레는 예로부터 시로부터 하루를 열고 시를 끝으로 하루를 마무리하는 민족이었다. 자연과 소리 어느 하나 실 읊어내지 않은 것이 없었다. 문자를 알면 아는 대로 모르면 모르는 대로 시를 읊었다.

시낭송을 전문으로 하는 사람이 있다. 다소 생소할 수 있지만, 시의 운율을 살려 시를 눈으로 보는 것에서 귀로 듣는 것으로 승화시키는 사람들이다. 장기숙 시낭송가는 '시낭송가'라는 명칭을 받은 최초의 인물이다. 시낭송가를 시작으로 시인, 작가의 삶을 살고 있는 장기숙 시인을 만나보았다.

시낭송은 언제부터 시작했나요?

1991년 김수남 선생님의 권유로 1회 전국시낭송대회에 참여 최우수상을 받고 '시낭송가'라는 새로운 칭호를 받게 되었습니다. 바로 그 해, 청와대 춘추관에서(노태우 대통령) 김옥숙 여사가 논개를 좋아한다고 하여 '논개'를 낭송하기도 했습니다. 이후, 배재, 대광, 계성 등 중·고등학교 문학행사에서 청소년을 위한 시낭송을 했습니다. 1993년 '민주자유당 시와 음악', '기관행사', '국화축제', '일반 초청행사' 등 행사에서도 시를 낭송하였습니다.

근래에는 낭송대회도 다양화되고 많아졌습니다. 시를 좋아하고 낭송하는 사람들이 많아졌다는 것은 사회가 아름다워져 가고 있다는 것이라 생각합니다.

[출처] 시낭송의 대모 장기숙 시낭송가 〈mbc이코노미〉 인터뷰 기사 1면
인터뷰/취재/자유기고가 허성환

X
시 목록

1. 전국 시낭송대회 참가 시 목록

강우식	어머니의 물감장사
고재종	앞강도 야위는 이 그리움
곽재구	온선리 오층석탑 이야기, 사평역에서, 겨울의 춤
고 은	자작나무 숲으로 가서, 상구두쇠, 성묘, 촛불 앞에서, 첫 눈
김규동	느룹나무에 대하여
김광섭	성북동 비둘기
김남조	마지막 장미, 설목, 후조, 가난한 이름에게, 독도를 위하여
김기림	어머니 어서 일어나요, 우리들의 팔월로 돌아가자
김기택	바퀴벌레는 진화 중
김소월	그 사람에게, 바라건대
김수영	나의 가족, 어느날 고궁을 나오면서, 여름 아침
김승희	남도창
김영랑	두견, 독을 차고, 바다로 가자, 춘향
김용택	아름다운 집, 그집, 그 분, 세희
김종길	성탄제
김지하	고구려 길, 타는 목마름으로
김소엽	팬대를 타고 흐르는 바람, 사막에서 9
고정희	상한 영혼을 위하여

김춘수	꽃, 부다페스트에서의 소녀의 죽음
김현승	목적, 호소, 플라타너스, 감사하는 마음, 슬픈 아버지
김후란	비밀의 숲
나희덕	뿌리에게, 못 위의 잠, 오분간
노천명	추풍에 부치는 노래
도종환	영원히 사랑한다는 것은, 함께있는 우리를 보고 싶다, 당신은 누구십니까, 맨발
문병란	땅의 연가, 새벽이 오기까지는, 희망가
문정희	새 아리랑, 흙, 작은 부엌노래, 물새
문충성	제주바다1
문태준	외할머니의 시외는 소리, 가재미, 맨발
모윤숙	문을 여소서, 국군은 죽어서 말한다, 기다림
박노해	그해 겨울나무
박두진	청산도, 푸른 하늘아래, 어서 너는 오너라, 해의 품으로, 갈보리의 노래, 돌의 노래, 해, 마법의 새, 설악부, 올라갈 수도 없이 높은 산의 하늘마당, 강강수월래, 바다의 연가, 거울 앞에서, 어떤 노을, 유전도, 휩쓸려 가는 것은 바람이다, 기
박목월	어머니의 눈물, 만술 아비의 축문
박인환	목마와 숙녀, 세 사람의 가족
박재삼	울음이 타는 가을 강
박재천	비천, 파도 식당
백 석	남신의주유동박시봉방, 흰 바람벽이 있어, 국수, 수라, 허준, 북방에서
문병란	불혹의 연가
서정주	귀촉도, 자화상, 상리과원, 바다, 견우의 노래, 풀리는 한강가에서, 쑥국새 타령, 이런 나라를 아시나요, 신부, 광화문, 석굴암 관세음의 노래, 인연설화조, 역려, 무슨 꽃으로 문지르는 가슴이기에 나는 이리도 살고 싶은가, 산하지일초, 부활, 산중문답
서정윤	사랑의 전설, 소나기 같이, 이제는 가랑비 같이
조지훈	석문, 고풍의상, 절정, 염원

조병화	창외설경
성춘복	나를 떠나보내는 강가엔
손택수	아버지와 느티나무, 바늘구멍 사진기
송수권	종이학, 정든 땅 정든 언덕 위에, 한국의 강
신달자	국수를 먹으며, 눈물나비, 저 거리의 암자
신경림	강은 가르지 않고 막지 않는다, 어머니와 할머니의 실루엣, 나무여, 큰 나무여, 새벽은 아우성 속에서만
신동엽	껍데기는 가라, 누가 하늘을 보았다 하는가, 금강 7장, 종로 5가
신동집	목숨, 오렌지
신석정	산이여 통곡하라, 꽃덤불, 그 먼 나라를 알으십니까, 고원에 보내는 시, 차라리 한 그루 푸른대로, 역사, 아직 촛불을 켤때가 아닙니다
신석초	처용은 말한다, 불춤, 바라춤, 비취단장
심 훈	나의 강산이여, 마음의 낙인, 통곡
안도현	양철지붕에 대하여, 나무, 빈논, 연탄 한 장
유안진	자화상
유치환	행복, 생명의 서, 깃발, 초상집, 바다
윤동주	별 헤는 밤, 길, 투르게네프의 언덕, 쉽게 쓰여진 시
이수익	승천, 우울한 샹송
오규원	사랑의 감옥
오세영	원시
오장환	신생의 노래
오탁번	타지마할
이기철	열하를 향하여, 지상에서 부르고 싶은 노래, 지상의 길, 물긷는 사람, 고요한 왕국, 여기에 우리 머물며, 근심을 지펴 밥을 짓는다, 언제 삶이 위기 아닌적 있었던가
이근배	노래여 노래여, 한강, 청룡포에 와서, 바다여 끓는 빛의 노래여
이상화	빼앗긴 들에도 봄은 오는가, 나의 침실로
이성복	꽃피는 시절
이성선	하늘문을 두드리며 22

이생진	그리운 바다 성산포, 저걸 어쩌나
이승하	늙은 어머니의 발톱을 깍아드리며
이용악	낡은 집
이해인	바다여 당신은
이육사	교목, 절정, 해후
전봉건	뼈저린 꿈에서만
정일근	둥근 어머니의 두레밥상, 날아오르는 산, 울란바토르행 버스를 기다리며
정지용	향수, 백록담, 석류
정진규	놀고 있는 햇빛이 아깝다
정한모	바람 속에서, 새벽
정호승	정동진, 종이배, 첨성대, 임진강에서, 연어
주요한	해의 시절
조동화	낙동강
조지훈	승무, 고풍의상, 염원, 석문, 절정
천양희	직소포에 들다
하재봉	안개와 불
한용운	님의 침묵, 알수 없어요, 복종, 산거, 칠석, 눈물, 논개의 애인이 되어서 그의 묘에
함민복	사과를 먹으며
황금찬	심상, 어머님의 아리랑
황동규	풍장3, 즐거운 편지, 풍장1
황순원	압록강의 밤
황지우	겨울-나무로부터 봄-나무에로, 너를 기다리는 동안
홍윤숙	팽이, 장식론
허영자	그 눈부심 불기둥 되어

2. 수능 출제 작품과 꼭 읽어야 할 교과서 수록 현대시 작품

한서고 국어교사 김동기(수필가)

번	작가	회	수능 출제 및 대표 작품
1	김소월	3	산, 삼수갑산, 진달래꽃, 산유화, 초혼, 가는 길, 접동새, 나의 집, 삭주구성, 먼 후일, 님의 노래, 바라건대는~
2	한용운	3	찬송, 나룻배와 행인, 님의 침묵, 알 수 없어요, 논개의 애인이 되어, 당신을 보았습니다, 수의 비밀
3	이육사	5	자야곡, 꽃, 교목, 강 건너간 노래, 초가, 광야, 절정, 청포도, 황혼, 초가, 소년에게, 노정기
4	윤동주	5	서시(2), 별헤는 밤, 자화상, 바람이 불어, 쉽게 씌어진 시, 십자가, 참회록 간, 또다른 고향, 오줌싸개지도
5	정지용	4	향수(2, 듣기 1회), 인동차, 조찬. 유리창, 바다, 고향, 백록담, 별, 비, 발열, 삽사리, 석류, 장수산, 춘설
6	유치환	4	생명의 서, 바위, 출생기, 채전, 일월, 깃발, 행복, 선한 나무, 귀고
7	서정주	2	귀촉도, 외할머니의 뒤안 툇마루, 자화상, 무등을 보며, 견우의 노래, 추천사, 춘향유문, 신선 재곤이, 동천

번	작가	회	수능 출제 및 대표 작품
8	박목월	2	이별가, 나그네, 청노루, 하관, 가정, 만술 아비의 축문, 산이 날 에워싸고, 산도화, 산, 연륜, 윤사월
9	조지훈	4	석문, 멋설(수필), 승무, 파초우, 고풍의상, 봉황수, 낙화, 동물원의 오후, 완화삼, 산상의 노래
10	박두진	1	청산도, 해, 어서 너는 오너라, 묘지송, 도봉, 하늘, 꽃구름 속에
11	백 석	1	고향, 남신의주 유동 박시봉방, 여승, 여우난 골족, 나와 나타샤와 흰당나귀, 수라, 흰 바람벽이 있어, 모닥불, 국수, 팔원-서행시초3, 적막강산, 바다, 두보나 이백같이
12	이용악	3	그리움(2), 낡은집, 전라도 가시내, 오랑캐 꽃, 우라지오 가까운 항구에서, 풀벌레 소리 가득 차 있었다
13	김영랑	1	내 마음 아실이, 모란이 피기까지는, 독을 차고, 거문고, 돌담에 속삭이는 햇발같이, 오월, 끝없는 강물이 흐르네
14	김수영	4	폭포(2), 사령, 구름의 파수병, 풀, 눈, 거대한 뿌리, 푸른 하늘을, 파밭 가에서, 어느 날 고궁을 나오면서
15	김춘수	2	내가 만난 이중섭, 샤갈의 마을에 내리는 눈, 꽃, 꽃을 위한 서시
16	김광균	2	외인촌, 와사등, 설야, 은수저, 수철리, 노신
17	신동엽	1	그의 행복을 기도드리는, 금강, 껍데기는 가라, 산에 언덕에, 봄은, 누가 하늘을 보았다 하는가, 종로 5가
18	신경림	1	가난한 사랑 노래, 농무, 목계장터, 갈대, 파장, 특급열차를 타고 가다가, 장자를 빌려-원통에서, 고향길
19	박재삼	1	추억에서, 울음이 타는 가을 강, 흥부 부부상, 수정가, 겨울나무를 보며, 고향소식, 친구여 너는 가고

번	작가	회	수능 출제 및 대표 작품
20	김광섭	1	산, 성북동 비둘기, 저녁에
21	신석정	2	아직 촛불을 켤때가 아닙니다, 들길에 서서, 꽃덤불, 대바람 소리, 대숲에 서서, 그 먼 나라를 알으십니까
22	황동규	2	조그만 사랑노래, 즐거운 편지, 기항지, 풍장, 먼지 칸타타, 우포 늪
23	강은교	1	우리가 물이 되어, 사랑법, 물길의 소리, 일서서라 풀아
24	곽재구	3	은행나무, 구두 한 컬레의 시, 사평역에서, 절망을 위하여, 새벽 편지, 전장포 아리랑
25	김종길	1	고고, 성탄제, 설날 아침에, 저녁해
26	김광규	2	나뭇잎 하나, 묘비명, 때, 상행, 대장간의 유혹, 영산, 희미한 옛 사랑의 그림자, 어린 게의 죽음
27	송수권	1	지리산 뻐꾹새, 까치밥, 대숲 바람소리, 세한도, 여승, 등꽃 아래서
28	고 은	1	선제리 아낙네들, 문의 마을에 가서, 눈길, 머슴대길이, 화살, 어떤 기쁨, 저녁 논길, 성묘
29	오규원	1	살아 있는 것은 흔들리면서-순례11, 그 이튿날, 물증, 프란츠 카프카
30	이시영	2	마음의 고향6-초설, 마음의 고향2-그 언덕, 봄 논
31	이형기	1	낙화, 폭포, 호수, 나무
32	오장환	1	고향 앞에서, 소야의 노래, 여수
33	최두석	1	낡은 집, 성에꽃
34	박남수	1	아침 이미지, 새, 거울, 할머니 꽃씨를 받으시다, 종소리

번	작가	회	수능 출제 작품 및 대표 작품
35	김기택	2	풀벌레들의 작은 귀를 생각함, 새, 멸치, 바퀴벌레는 진화 중, 우주인, 밥 생각, 소, 벽
36	김관식	1	거산호2, 폐가에 부쳐
37	나희덕	1	음지의 꽃
38	정끝별	1	가지가 담을 넘을 때, 저린 사랑, 현 위의 인생
39	허수경	1	혼자 가는 먼 집, 여름 내내
40	장석남	1	배를 매며, 배를 밀며, 궁금한 일- 박수근의 그림에서, 수묵 정원9-번짐

▶ 주목해야 할 작가와 대표적인 작품 / 프로스트, 가지 않은 길(외국시, 출제)

기형도 : 빈집, 안개, 엄마걱정, 질투는 나의 힘, 홀린 사람

문정희 : 겨울일기, 찔레, 성에꽃

고정희 : 상한 영혼을 위하여, 우리 동네 구자명 씨

도종환 : 담쟁이, 생애보다 긴 기다림

정현종 : 들판이 적막하다, 섬, 떨어져도 뛰는 공처럼

안도현 : 연탄 한 장, 제비꽃에 대하여, 기다리는 이에게. 모닥불, 고니의 시작, 겨울 강가에서

정호승 : 슬픔이 기쁨에게, 또 기다리는 편지, 봄길, 우리가 어느 별에서, 희망을 만드는 사람이 되라

정희성 : 저문 강에 삽을 씻고, 숲, 민지의 꽃, 길, 물구나무 서기

최승호 : 아마존 수족관, 북어, 대설주의보, 통조림으로 만리장성을
천양희 : 한계, 마음의 수수밭
황지우 : 새들도 세상을 뜨는구나, 너를 기다리는 동안, 겨울-나무로부터 봄-나무에로

참고문헌

최동호(1999) 『시 읽기의 즐거움』 고려대학교 출판부
장기숙(2003) 「성경구연의 이론과 실제」 에벤에셀
재능시낭송협회(2002) 「시낭송 이론과 실제」 재능교육
 - 장기숙 '낭송문학'
 - 양영숙 '장단음의 시의 실제'
김성우(2009) 「시낭송 교실」 재능교육
윤동주문학사상선양회(2005) 「서시」 창간호
조남익(1993) 「한국 현대시 해설」 미래문화사
최문식.김동훈 「윤동주 유고집」 연변대학출판사
문덕수(1993) 「시론」 시문학사
윤재근(1990) 「시론」 (서울.둥지)
계간 아송문예(2020~23) 장기숙 '시낭송과 힐링'
정호승(1982) 「서울의 예수」 민음사
이정록(2006) 「의자」 문학과 지성사
한강(2013) 「서랍에 저녁을 넣어 두었다」 문학과 지성사
이봄비(2023) 세계명시 「삶의 시」 문지사
윤옥자(1997) 「표준발음지도」 육일문화사
바른국어사전(2007) 바른사
(사)한국성우협회 강의(2022)
史記, 論語, 詩經

시낭송의 미학

인쇄일	2025년 6월 10일
발행일	2025년 6월 13일
저 자	장기숙
발행처	뱅크북
신고번호	제2017-000055호
주 소	서울시 금천구 가산동 시흥대로 123 다길
전 화	(02) 866-9410
팩 스	(02) 855-9411
이메일	san2315@naver.com

* 지적 재산권 보호법에 따라 무단복제복사 엄금함.
* 책값과 바코드는 표지 뒷면에 있습니다.

ⓒ 장기숙, 2025, Printed in Korea